Preface

前言

十年树木，百年树人。树人之路，始于胎教。胎教之行，源于博爱，实为自然。自然之事，蕴于点滴，藏于生活。

胎教是宝宝所受到的最早的教育，也是最重要的教育之一，将会影响宝宝的一生。它是集优生、优育、优教于一身的学科，包括优身受孕、优境养胎和胎儿胎教等方面。

准妈妈的心智、乐趣、审美、营养饮食、休闲运动、日常起居、生活环境皆与胎教相关。准爸爸和其他家庭成员以及准妈妈的同事朋友也在一定程度上影响着胎教的质量。正所谓，无处不胎教。

对于小生命的到来，准爸爸、准妈妈要做好抚养宝宝的物质准备和心理准备，更要认认真真做好胎教的准备。

十月怀胎，胎教如影随形。十月胎教，宝宝受益终生。在整个孕期，胎教需要准父母花费大量的时间和精力去进行。因此，在实施胎教之前应做好充分的准备，提前制定好胎教计划，全面提高身体素质，避开一切不利因素的影响，为成功孕育健康聪明的宝宝而努力。

注重生活质量的现代人，更重视胎教的质量。如果之前你对胎教还是一知半解，那么现在就要好好补补课，充充电了。

优秀的父母，一定是宝宝优秀的启蒙老师。从胎教开始，成为宝宝一生的良师益友吧！

编　者

目录 Contents

胎教，也要认认真真来备课

WANMEI
TAIJIAO
QUANJIE

完美胎教全解

刘 婷⊙编著

中国纺织出版社

给宝宝的祝愿

孕1月，迎接幸“孕”之星

孕2月，幸“孕”路上也有艰辛

孕3月，“小种子”变成了真正的胎宝宝

孕4月，有模有样的胎宝宝

孕5月，胎宝宝动起来

孕6月，听懂准妈妈的心声

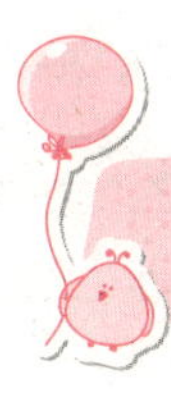

孕7月，好强壮的胎宝宝

菜谱

孕8月，不甘寂寞的小宝贝

孕9月，为了相见快成长

孕10月，喜迎瓜熟蒂落时

胎教，也要
认认真真来备课

众所周知，胎教对宝宝的生长很有益。胎教是一门科学，掌握正确的胎教方法，在正确的时间里做着正确的事，就会孕育出一个健康聪明的宝宝。

实践证明，经过良好胎教训练的宝宝，出生后在智力、情商方面具有明显的优势。也许胎教无法点石成金，让您的宝宝成为一个天才，却有可能让您的宝宝在未来成为一个令父母骄傲的人。

宝宝需要科学的胎教

究竟什么是胎教

胎教是一门胎与教相结合的科学。所谓胎教，就是从怀孕早期起，尽可能地协调准妈妈体内外的各种因素，有意识地给予胎儿良好的刺激，防止不良因素对胎儿的影响，以使孩子具有更好的先天素质，为出生后的健康成长打下一个良好的基础。

具体来说，胎教是集优生、优养、优教于一身的学问。它包括优身受孕、优境养胎和胎儿教育3个方面。

优身受孕

优身受孕是指健康的父母，在最佳年龄段、最佳身心状态下，使精子和卵子结合成受精卵的过程。

优境养胎

优境养胎是指为胎儿创造一个良好的生活环境，使胎儿得到更好的发育。胎儿能通过母体中物质的变化来感知母亲的情感意图，母亲的情绪会直接影响胎儿神经系统的发育和性格的形成，这正是优境养胎的基础。

胎儿教育

胎儿教育分为直接教育和间接教育。直接教育是指直接作用于胎儿，使胎儿受到良好的刺激，如给胎儿听音乐。间接胎教是通过母体对胎儿产生的间接影响。

特别提示

不了解胎教的人，都会认为胎教就是和胎儿说话、听音乐、多看可爱婴儿的照片等。这是对胎教的误读，胎教其实是一门系统的科学。

胎教形式之直接胎教

研究表明，每一个胎儿都具有相近的潜能，如果这些潜能得不到开发，就有可能会被永远掩盖。胎教的主要功能之一就是帮助胎儿开发潜能。下面我们来了解一下胎教的形式之一直接胎教。

直接胎教又称“狭义胎教”，是根据胎儿各感觉器官发育成长的实际情况，有针对性地给予适当合理的信息刺激，促进胎儿大脑机能、躯体运动机能、感觉及神经系统的发育。也就是在胎儿发育成长的各时期，科学地提供视觉、听觉、触觉等方面的刺激，如光照、音乐、对话、抚摸等，使胎儿脑细胞和周围神经细胞不断增殖，神经系统和各个器官的发育得到合理的促进，最大限度地激发胎儿的潜能。

胎教形式之间接胎教

间接胎教又称“广义胎教”，指为了促进胎儿出生后在生理上和心理上健康地发育成长，同时确保准妈妈能够顺利地度过孕产期所采取的精神、饮食、环境、劳逸等各方面的保健措施。

间接胎教的要点是为胎儿创造全面、和谐、良好的内部和外部生长环境。胎儿成长必须有好的宫内和宫外环境，胎儿是在母亲宫腔中成长的，他的发育与母亲的身体健康、心理状况、感情、生活环境以及生活方式就会有必然的联系。所以，胎教就有了广义上的内容，也就是环境胎教、情绪胎教、智力胎教、品格胎教以及源自中国古代的气血胎教等，所有这些胎教方法关注点不是教育胎儿本身，而是教育与胎儿有着千丝万缕联系的母亲（包括母亲自身的调理和修养）来影响胎儿将来身体、感情、智力和性格等方面的发育。

直接胎教与间接胎教的区别

间接胎教有利于准妈妈和胎儿身体健康和精神健康，有利于保胎、养胎和护胎等保健措施。

直接胎教相对于间接胎教来说，偏重于品德、精神与性情方面的涵养、陶冶和教育方面，使准妈妈品德高尚、精神饱满、心情舒畅，从而促进胎儿智力、情绪、品质等方面的良好发育。

探究科学胎教的本质

以“环境养胎”为科学本质的胎教，是建立在行为、学习、记忆的神经分子生物学基础之上的。

神经分子生物学领域的科学研究，证实了学习的本质是在大脑的储存过程，而记忆则是从大脑的信息储存中提取信息。

> **特别提示**
>
> 科学的胎教，不仅能引导人们从缺乏生理学和胚胎学基础知识的胎儿早期教育的误区中走出来，更重要的是强调了准妈妈营养的摄取对胎儿全面发育的影响。

医学研究证明：人的大脑皮质脑细胞树突和轴突的发育及脑细胞的多少和一生中的行为、学习、记忆的能力有直接关系。如果在胎儿脑细胞分裂增殖的第一个高峰期（即妊娠第12～第24周）大脑皮质的6层结构将要全部形成时，保证热量、蛋白质、微量元素、维生素供给充分，可以促进脑细胞生长发育得更好。

在此基础上，从妊娠第6个月起，脑细胞体积开始增大，树突开始延伸增多时，增加外界的各种良性刺激，如声、光、触摸等，会促使脑细胞的树突增长，有利于中枢神经和周围神经建立联系。这能使大脑神经网络建立发展得更好，有利于大脑感觉和思维的发育，能更多地储存信息，使宝宝在以后的学习和工作都有先天的、更加聪慧的大脑帮助。

了解科学胎教的基本内容

传统胎教要求准妈妈多看美好的东西，言行举止都要端庄守礼，平时多听美好言词，保持思想纯洁、精神健康等。

现在我们提倡的科学胎教，就是要通过外界刺激，使胎儿接受更多的良性信息，让胎儿发育得更好、更聪明、更健康。只要是对胎儿有益的事情都可以归入胎教的范畴，大到孕前准备、环境改善、情绪调节，小到听音乐、散步以及和胎儿说悄悄话等都是胎教的内容。

妊娠期间，准妈妈本身的情绪及外在的环境，对胎儿生长发育有一定的影响，为促进胎儿身体与智力的良好发育，胎教的基本内容与方法，可概略地分为以下几方面：

- 准妈妈的情绪应尽量处于稳定的状态，必须保持轻松愉快的心情。准妈妈的情绪可以通过内分泌的改变影响到胎儿的发育，准妈妈情绪不愉快，往往会影响胚胎的正常发育。

- 让胎儿摄取丰富的营养。吃好一人，营养两人。为了胎儿能健康地发育，准妈妈要全面地摄入各种营养素。不同的阶段补充不同的营养。

- 对胎儿施以触摸的“呼唤”刺激，通过这些刺激让胎儿能与父母建立感情联系。

- 用特定的音乐，对胎儿进行反复的听觉刺激，并不断强化这种音乐刺激，促使胎儿脑细胞之间的联系发育得更快、数量更多，为胎儿的听觉系统和大脑发育创造一个先天良好的基础。

正确认识胎教

常常听到一些父母抱怨："我们当初积极胎教，又是画画又是听音乐，忙活了半天，也没有生出个神童来。"言语之间对胎教颇感失望。

每位父母都对孩子寄予一定的希望，这是很正常的。问题的关键在于上述这些父母对胎教抱有不切实际的奢望。要知道，胎教的目的只是使胎儿具有良好的遗传素质，为出生后的发展提供良好的条件。

胎教不是孤立的，而是受诸多因素的影响。每个人的身体各有差异，自身修养的水平不同，环境因素的影响不同，以及对胎教实施的程度不同等，这些都将导致胎教产生不同结果。

科学的胎教对宝宝有许多好处。例如，接受过系统胎教的宝宝，出生后很少哭闹，情绪稳定。而现在流行的音乐胎教，更印证了常听优美和谐的音乐可刺激脑部分泌激素、增强身体的抵抗力，大脑释放出的脑啡肽会使人身心舒畅。因此我们说，在一定程度上胎教可以影响宝宝的发育。

另外，现代医学为胎教提供了可行的依据，也有诸多实验、实例证明了胎教的益处。我们对胎教应以科学的态度审视，这便是：相信科学的胎教，但绝不神化胎教；肯定胎教的结果，但绝不夸大胎教的作用；可以保留对胎教的认识，但不拒绝对胎教的尝试。总之，以科学的态度看待胎教，科学地实施胎教，从而收获胎教的硕果，这便是我们所倡导的科学的胎教观。

这样，你就不会感到失望，而只会使你和你的家庭洋溢着幸福的满足感，合适的胎教，健康、活泼的孩子，也将在甜蜜无比的氛围中幸福、健康地成长。

胎儿通过脐带与母体紧密相连，不仅通过脐带吸取氧和营养物质，而且胎儿和母体间的信息交流也要通过脐带。

科学胎教的目的

胎教的目的，不是教胎儿唱歌、识字、算算术，而是通过各种适当的、合理的信息刺激，促进胎儿各种感觉、神经系统的发育成熟，为出生后的早期教育打下一个良好的基础。

胎教不是为了培育天才

不少人认为胎教的目的是为了培育小天才，创造奇迹。这种误解会导致胎教走入歧途。胎教虽然能够改善胎儿的素质，提高人口的质量，但不能够使胎儿出生后都成为小天才，或成为智慧超常的儿童。

只能这样说，接受过科学胎教的孩子成为小天才的几率更大。胎教可以激发个体的潜能，让每一个胎儿的先天遗传素质获得更大程度的发挥。

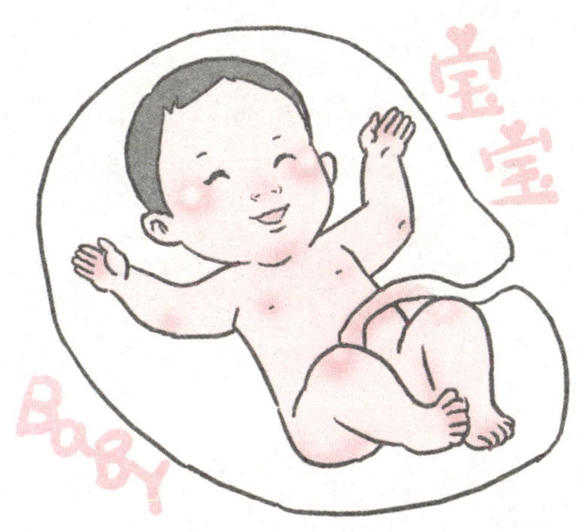

为早期教育打下良好基础

现代科学证明，在妊娠期间对胎儿反复实施良性刺激，可以促进胎儿大脑的良好发育。婴儿出生前形成的大脑旧皮质，是婴儿出生后大脑新皮质形成的基础，只有这个基础发育得好，新皮质学习知识及创新能力、智力发育才能得以发挥。大脑旧皮质发育得好，是塑造孩子良好性格、优秀个性和心理品质、良好素质的决定因素。没有大脑旧皮质，人的情绪就不能稳定，接受知识的大脑新皮质就不能充分发育。

所以，我们只有顺应胎儿发育的自然规律，为其“修路搭桥”，为他的良好发展创造一个优秀的环境，即父母健康的身心，优美、舒适、宁静、和谐的生活环境，这有利于胎儿在智力、个性、感情、能力等方面的发育，为孩子将来的发展奠定基础。

胎教的作用不容忽视

脑部发育与胎教的联系

科学技术的进步，为人类带来了更多的便利，同时也为人类进一步认识世界带来了更大的可能。医学技术的进步相当惊人。就胎教、怀孕、生产、幼儿早教等几个领域，就有着惊人的发展。

随着超声波诊断仪器的发展，在怀孕早期就可以了解腹中胎儿的情况。而且，不断发展的技术，甚至可以观察从排卵到着床的情况。这些技术的进步，推翻了腹中胎儿受到羊水的保护，不会承受外界压力的说法。

而且，胎儿的脑部发育的过程以及各种器官的形成，所需的时间也只有短短几天而已。所以，怀孕期间生活方式的重要性更应受到重视。

胎教最重要的时间就是在胎儿脑部的发育阶段。胎儿脑部的发育，在一定程度上受影响于胎教的实施情况。在胎儿脑部发育阶段，如果受到任何伤害，势必很难恢复。所以，有人说怀孕时期的生活方式在很大程度上决定了胎儿是否能成为聪明的宝宝。

胎教并非是直接教导胎儿学习阿拉伯数字或算术。而是使准妈妈在怀孕期间保持稳定的身心状态、降低准妈妈的压力，不仅益于胎儿脑部的发育，也是胎教的精髓所在。

——小笑话

壁虎在证券公司门口迷了路，一条鳄鱼爬了过来，打算吃了它。情急之下，壁虎一把抱住了鳄鱼的腿，叫道："妈！"鳄鱼一愣，立即老泪纵横："儿啊，刚炒股半个月就把你瘦成这样了？！"

听觉发育与胎教的联系

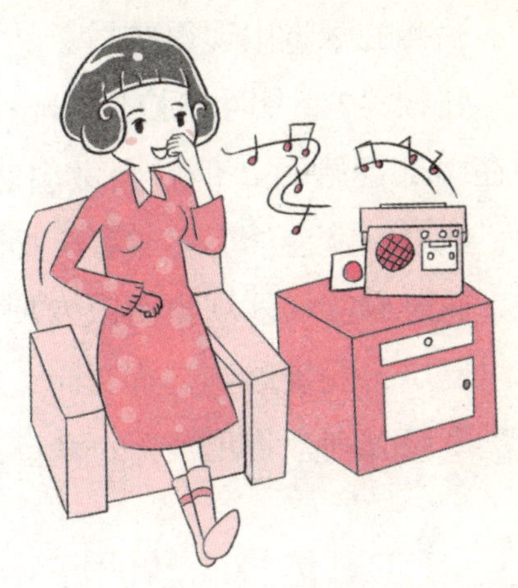

听觉系统是胎儿与宫外环境保持联系的主要器官之一，也是进行听力训练即音乐胎教的基础。因此，人们对胎儿听觉系统发育的研究越来越重视了。

20世纪80年代，人们用科学技术对胎儿听力进行测定，证明了胎儿有完整的听力，在此基础上提出了胎儿在子宫内能接受“教育”，进行“学习”，并形成最初的“记忆”。这种理论，为胎教提供了科学依据。

研究表明，在胎儿的几种感觉器官中，最为发达的就是听觉系统了。在妊娠第4周，胎儿的听觉器官就已经开始发育了，第8周时耳廓已经形成，这时胎儿听觉神经中枢的发育尚未完善，所以还不能听到来自外界的声音。到了妊娠第25周，胎儿的听觉系统基本发育完成。第28周时，胎儿的听觉系统已发育完成并可以发生听觉反应，至此，胎儿就已经具备了能够听到声音的所有条件。

视觉发育与胎教的联系

胎儿的视觉发育比其他感觉的发育要缓慢些。子宫内虽说不是漆黑一片，却也不适于用眼睛看东西。然而，胎儿的眼睛并不是完全看不见东西，从妊娠第4个月起，胎儿对光线就会有感觉。

医学专家对妊娠第16～第42周的胎儿眼睛进行观察发现：胎儿在妊娠第16周时出现慢速眼动，第23周时开始出现快速眼动，而在妊娠第24～第35周间会频繁出现眼动，第36周后常见的是眼无活动，呈现出“深睡眠”状态。胎儿生活在母亲腹中的时期，属于视觉神经发育的准备阶段。主管眼睛视野的视网膜在妊娠第4周左右即可形成，妊娠第7个月时已具有感应光线的能力，但并不表示此时胎儿的眼睛能看得见。但是，胎儿可通过母亲的活动感受光线明暗的变化，从而慢慢形成自己的活动规律。

触觉发育与胎教的联系

胎儿的触觉出现得较早，甚至早于感觉功能中最为发达的听觉。

妊娠第2个月时，胎儿就能扭动头部、四肢和身体。第4个月时，当准妈妈的手在腹部摸触时，他就会做出皱眉、眯眼等动作。如果在腹部稍微施加一些压力，他立刻就会伸小手或者小脚回敬一下。

通过专业仪器观察可以发现，当刺激到胎儿的手心时，他马上就能握紧拳头做出反应，而接触到其嘴唇时，他又会努起小嘴。这一切都表明，通过对腹部进行抚摸可以刺激胎儿触觉的发育，从而促进脑细胞的发育。

潜在记忆与胎教的联系

目前医学专家认为，胎儿具有记忆、感觉的能力，而且这种能力还将随着胎龄的增加逐渐增强。

胎儿在出生前数月内，迅速增大的记忆储存促进了“自我”的形成，并开始引导胎儿行为的发展，胎儿的行为逐渐复杂、成熟，从而产生了感觉以及记忆。胎儿对外界有意识的刺激行为的感知体验，将会长期保留在记忆中，并对其未来的个性、体能以及智能产生相应的影响。

胎教有益于宝宝的心理健康

胎教能够对胎儿出生后的心理产生积极的影响，这不仅有利于培养宝宝将来的感知能力，也有利于培养宝宝将来的情感接受能力。而这两种能力是最基本的情感基础，有了这两种能力，孩子以后在成长过程中就能很好地接受审美教育，形成想象、直觉、领悟和灵感能力，并具有情感体验、调节和传达能力，孩子的心理才能得到全面发展。

胎教有助于提高宝宝将来的智商

智力发育受到许多复杂因素的影响。智力发育以脑组织正常发育为基础。首先得保证孩子的大脑是发育正常的，功能是正常的，再加上后天的教育，才会使孩子获得较高智力。因此，实施胎教，准妈妈就必须处于一种良好的心理状态，注意营养，使胎儿生长发育有一个良好的内外环境。在脑部发育的重要时期，母亲所摄入的任何不良物质，都会经脐带到达胎儿的体内，阻碍脑部的发育。

胎教是有意识地对胎儿进行教育，在胎儿大脑形成期给予充分的营养和适当的信息刺激。胎儿大脑皮质的沟回相应地也会越多，孩子将来也就会越聪明。相反，孩子出生后可能就会发育迟缓、智力低下。

特别提示

研究发现，准妈妈怀孕时的生活方式，可以影响胎儿出生后的智力发育。古今中外的大量事实也表明，胎教对促进宝宝智商的提高是至关重要的。

胎教可以影响宝宝的性格

在母体内有爱动的胎儿，也有不爱动的胎儿。一旦出生之后，立即就会发现他们在个性上的差别，有喜欢睡觉的婴儿、有睁着眼睛张望的婴儿、也有手足乱动的婴儿、在哭泣方式上，有大声嚎哭的婴儿，也有低声长时间哭泣的婴儿。因母体内环境和母子情况的不同，各有差异。

雌激素和黄体酮为准妈妈血液中常见的激素，其分泌量的多少取决于准妈妈自主神经与中枢神经互换信号的平衡状态。而控制信号的是准妈妈的日常精神状态，即准妈妈的思维、感觉、行为、言语等。也就是说，孩子的个性与母亲妊娠期的生活环境、生活方式、身体状况等因素有密切关系。

胎教可以影响宝宝的心理

胎儿能感受到愉悦或不快，大约是在准妈妈妊娠第14周的时候。这正是准妈妈开始适应怀孕的时候，也是胎儿形成人形的时期，胎儿的心理活动也开始形成。

腹中胎儿的“心灵”非常单纯。只要生命的本能获得满足，就会记忆“快感”；若无法获得满足，就会记忆“不快感”。不快的感觉逐渐升高时，胎儿就会踢母亲的肚子，以行动向母亲诉说不满。当胎儿踢的时候，千万不可以一味地认为是“孩子非常健康”的运动，视而不顾。

特别提示

妊娠第14周左右，胎儿脑中的“大脑边缘系统”开始形成。“大脑边缘系统”掌控和支配人类的感觉（视觉、听觉、嗅觉、味觉、触觉等）系统，具有极重要的意义。

胎儿的“心灵”和大人的“心灵”并不完全相同。虽然称之为“心灵”，却因为准妈妈的生活方式不同，而分为“好的心灵”或“坏的心灵”。如果能以平静的心情生活，就可以培养胎儿美好的心灵。

胎教有利于完善宝宝的人格

人格的形成与人生早期经验很有关系，一个人在人生初始阶段受到的审美观教育，会对这个人的心灵产生长远的、深刻的、潜移默化的影响，最终使这个人的人格趋向完善，并使这个人成为真诚、善良、美丽的人，并具有自我认识、自我完善和自我实现的能力。

而胎教就是人生最早的审美教育，它对胎儿具有深远的影响，胎儿学习到的结果也具有整体性。因此，胎教有助于今后宝宝人格的完善。

接受过胎教的宝宝大不同

事实已经证明，接受过胎教与没有接受过胎教的宝宝，其发育差距是很大的。某研究所曾对200多名婴幼儿进行了调查。结果发现：接受过胎教的儿童比没有接受胎教的对照组儿童的发育要好得多。下面是受过胎教的孩子具有的特点：

睡眠好，不爱哭

接受过胎教的孩子身体健康，营养充足，很少有不适感，自然睡眠良好。接受过胎教的婴儿听觉更为敏锐，当听到母亲的脚步声、说话声时，就会停止啼哭。

生活有规律

由于胎教活动多在白天进行，夜间父母睡眠，胎儿也静静地休息或睡眠，所以宝宝在出生后比较容易养成正常的生活规律。有的宝宝满月后就能养成白天醒、晚上睡的习惯。

较早与人交往

接受过胎教的婴儿出生后2～3天就会用小嘴张合与大人“对话”，20天左右会逗笑，2个多月就能认识父母，3个多月就能听懂自己的名字。

较早学会发音

接受过胎教的婴儿，2个月大时可能会发几个元音，4个月大时可能会发几个辅音，5～6个月大时可能会发出声音能表达一定的意思。

乐感强、智商高

接受过音乐胎教训练的孩子乐感都很强，多数会喜欢音乐。音乐是启发智慧的一把金钥匙，这是因为优美动听的音乐，易于激发胎儿潜能，开发智力，提高智商。

意志坚强

接受过胎教的孩子更能经受挫折和打击，有一种不屈不挠的精神，失败了也会总结经验教训继续努力，直到成功为止，勇于克服困难。

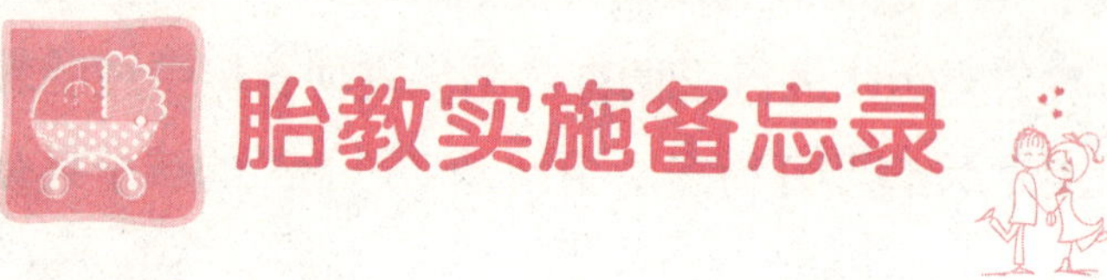

胎教实施备忘录

“教育”从“胎儿期”开始

一般人通常都认为育儿工作是从宝宝出生后才开始的。事实上，就在母体受孕的瞬间，胎儿已经感受到母体的生命之气——意识波动，而开始成长了。

当医生告知母亲已怀孕时，如果母亲持有一种怀孕的喜悦感，胎儿在知道这一“信息”后也会觉得很安心。相反，如果母亲对于怀孕一事所持的是否定的情感，则胎儿也会满怀不安地成长，如此当然就不利于成为心态平静的宝宝。

通常，心态平静的孩子学习过程比较顺利，而心绪不安定的孩子往往会成为无法好好学习的孩子。

美国斯坦福大学的研究表明，准妈妈经常对胎儿诉说梦想，与母亲没有这么做的相比，宝宝出生一年后就会产生很大的差异。

从广义上讲，胎教应该从择偶开始，因为父母的形象、修养、性格、气质和健康状况等对子女都会有深刻的影响。

从优生学的观点讲，胎教应从孕前3个月开始，以确保优良的“种子”和“肥沃的土壤”。

从狭义、具体施加“刺激影响”方面来说，应该从怀孕之初开始。父母传送给胎儿的意识波动，具有影响孩子未来的作用。

由上可知，胎教开始的最佳时期在妊娠的前3个月内，准父母们应该好好把握这个时间。

胎宝宝与你心有灵犀

也许你难以相信，但是，人的一生中的确是胎儿期的素质为最佳。胎儿具有大人已经失去的心电感应能力。

胎儿期可以说是人类的一生中心电感应能力最强的时期之一。胎儿利用心电感应能力与父母沟通。准妈妈只要用手贴着腹部，即能与胎儿开始沟通，“我是妈妈，我好爱你喔！”只要经常传送这些充满爱的意念，胎儿就会感到愉悦，有助于将来发育为心绪平和的孩子。胎教的重点，就是让胎儿与父母的心意互通。

胎儿最舒服的时候，就是准妈妈从心底觉得安详的时候。此时，胎儿也能敞开心扉接受准妈妈的心理暗示。如果准妈妈对胎儿的成长感到不安或焦虑等，心中拥有负面的情绪，孩子就会封闭心灵，无法直接接受准妈妈的心理波动。这时，即使准妈妈想将意念传达到孩子的心中，孩子也会充耳不闻。

实施胎教的先决条件

科学的胎教，“健康的准妈妈”与“健康的胎儿”是胎教的先决条件。

首先是准妈妈的身体要健康。如果准妈妈的健康有问题，则怀孕对母体而言将是一大负担，一旦生病，将不容易痊愈，而且药物也很容易影响到胎儿。特别是糖尿病、心脏病等对胎儿有影响的疾病，一定要趁早治疗。

要保证准妈妈和胎儿的健康，就要求准妈妈做好孕前检查、产前检查和诊断、孕期保健、围产期保健、分娩监护等。在此基础之上，在孕期进行科学的胎教，就能够促进胎儿大脑的发育。

准妈妈：胎宝宝的第一任教师

胎儿是由母亲孕育的，母体既是胎儿赖以生存的基础，又是胎教的主体。一方面，母体为胎儿的生长发育提供了一切必要的条件，母亲的身体素质和营养状况直接关系到胎儿的健康；另一方面，母亲的文化修养、精神状况又不可避免地在胎儿幼小的心灵中打下深深的烙印，对孩子的情感发育将产生不可低估的影响。因此，孩子生命中第一任教师的重要角色便落在了母亲身上。

准妈妈即将成为母亲，此时应充分认识自己所肩负的责任，应增强体质，加强修养，很好地进入“教师”的角色。在胎教过程中，最为关键的莫过于准妈妈的爱心，只要你付出一切可能的精力和时间，倾注你全部的爱心，那么生出的宝宝就一定会令你满意。

准爸爸，做好助教很关键

在胎教过程中，准爸爸做好助教也很重要。准爸爸配合的好坏，直接关系着胎教的质量。

在确定妻子怀孕后，准爸爸就要和妻子一起制定具体的胎教计划，安排好胎教时间，掌握胎教知识，记好胎教日记。

日常生活中，准爸爸还要从具体事情上帮助妻子胎教，比如，要鼓励妻子加强学习，让妻子多听音乐、多看书。吸烟的准爸爸为了孩子和妻子的健康，应该戒烟，为家庭创造一个空气洁净的环境。

妊娠期间，准妈妈操劳过度或激烈运动，会使胎儿躁动不安，甚至造成流产或早产。丈夫要自觉地多分担家务，不要让妻子做重活，要让她有充足的睡眠和休息。

一天，小张的女朋友给他发了一条分手的短信，小张还没来得急伤心，就又接到了女友的第二条短信，上面写道：“对不起，发错人了。”

胎教，全家总动员

不要以为胎教只是准父母的责任，实际上，家庭的其他成员，尤其是未来的爷爷、奶奶、外公、外婆等人，也将在胎教中占据一席之地。

目前我国提倡一对夫妇只生一个孩子。在一些落后的地区，仍有重男轻女的思想，尤其是爷爷、奶奶往往希望生一个“虎虎势势”的小孙子。如果家庭其他成员给准妈妈施加各种压力，就会对妊娠产生不良影响。

因此，在准妈妈怀孕期间，家庭所有成员都应给予热情的帮助，不要给准妈妈造成压力，更不要有重男轻女的言谈，而应共同努力，给准妈妈营造一个宽松的生活环境，使胎儿在祥和的气氛中健康地成长。

营造良好的宫内外环境

科学的胎教就是为胎儿的发育提供最佳环境、创造最好的条件；通过控制母体内外环境，给胎儿以良性刺激，使其各方面的潜能得到最大限度地激发，为胎儿出生后的全面发展奠定良好的基础。

由于胎儿在母体中逐渐长大，子宫就构成了胎儿生长的内环境，因此母亲的喜、怒、哀、乐以及营养、内分泌等变化都会对胎儿的生长发育造成很大的影响。如果母亲以一种轻松的心情生活的话，那么，体内的胎儿也会因情感丰富而比较稳定。

同时，要供给准妈妈充足、均衡的营养，以保持胎儿在母体内环境的稳定。尤其是妊娠中期以后，准妈妈要摄入足够的蛋白质，以保证胎儿脑细胞和整个神经系统的正常发育。

刺激听觉的方法：听音乐

听音乐是对胎儿听觉最好的刺激，也是母亲调节情绪的一种方法。这里所说的音乐，既包括准妈妈听的音乐，也包括专门给胎儿听的胎教音乐。

妊娠早期，准妈妈都会有不同程度的妊娠反应，准妈妈最好准备一台音质较好的音响，经常听听优美的音乐，可以调节紧张的心绪，并使胎儿在喜悦中有节奏地活动，享受音乐中美的憧憬。这一时期的音乐要以欢快的轻音乐和钢琴乐曲为主。早、午、晚饭前后欣赏十几分钟。

准妈妈欣赏音乐，不但能得到精神上的放松和思想上的充实，而且还能促进胎儿脑部发育。

为了促使胎儿对音乐的感觉，准妈妈最好能随着音乐的旋律，哼唱出乐曲的主旋律，或者几个乐句、或乐段，并尽可能地随音乐节奏做出动作，从而更好地发挥音乐胎教的积极作用。

刺激听觉的方法：深情地呼唤

妊娠6个月后，准妈妈或准爸爸每天对胎儿说一些“小宝宝听话”、“小宝宝睡觉啦”这样简单的、孩子出生后会经常听到的话语，有助于让宝宝更早接受语言和掌握语言。

准爸爸的语音中低频率的声音较强，更容易透过准妈妈的腹壁传入子宫内被胎儿听到。所以，准爸爸们应加入到胎教活动中来，发挥积极的作用。

准妈妈也可以经常给胎儿说说简单的外语，虽然胎儿听不懂，但是这些外语的发音可以在胎儿大脑中留下痕迹。

——脑筋急转弯

① 你能以最快的速度把冰变成水吗？

② 冬瓜、黄瓜、西瓜、南瓜都能吃，什么瓜不能吃？

③ 盆里有6个馒头，6个小朋友每人分到1个，但盆里还留着1个，为什么？

【答案在359页】

刺激触觉的方法：轻柔地抚摸

妊娠4个月以后，胎儿体表绝大部分表层细胞已具有接受信息的能力，并能通过触觉神经来感受母体外的刺激，他的反应渐渐灵敏，因而刺激胎儿触觉发育的最好方法就是父母的抚摸。通过抚摸训练，能使胎儿感知到父母的存在，可以增加肢体的反应能力。

亲子抚摸还可以带给父母无穷的乐趣。妊娠期间，准妈妈经常抚摸腹部，可以激发胎儿运动的积极性，胎儿也会在腹内活动，做出回应。

抚摸最好在母亲临睡前进行，每次5分钟，抚摸的时间不宜过长。

刺激视觉的方法：适度的光照

尽管胎儿在妊娠第25周前和第32周之后不愿睁开眼睛，总是把小眼睛紧紧地闭着，但胎儿的视觉系统在妊娠第13周就已经形成了。虽然胎儿不愿去看东西，但对光却很敏感。

专家指出，刺激胎儿视觉发育的最好方法，就是用手电筒照射准妈妈的腹壁。把手电筒光罩紧贴在准妈妈腹壁上，向子宫内透入光线，羊水会由暗变红。

国内外的实验发现，胎儿喜爱看这种颜色。这种颜色可使胎儿视网膜上的锥体细胞和杆状细胞的神经元产生视觉电脉冲，经视神经传入到大脑枕部皮质上的视觉中枢。经常产生这样的电脉冲和向大脑视觉中枢传递，对孩子视觉系统的发育和发展有极好的促进作用。孩子出生后，视觉系统的发育会较快，记忆力也会比一般孩子强。

为了宝宝，行动起来吧

每一对准父母都期望生一个健康聪明的宝宝。这是人之常情。但光有美好的愿望还不行，还必须科学、有计划地实施胎教。

首先，在妊娠期要为准妈妈创造一个安逸优美的环境，避免噪声、尖锐刺激性声响，多听一些和谐的、柔美的、节奏鲜明的音乐。多呼吸新鲜空气，避免剧烈的颠簸和震动，如坐汽车经过坎坷不平的路面等。

准妈妈还要保持坦然舒畅、愉快豁达的心态，对生活充满美好的向往，避免沮丧、忧虑等情绪。

准妈妈可以听音乐，欣赏美术作品，看轻松愉快的小说，追忆美好的童年往事，力求使自己不断产生美的享受，刺激胎儿健康地发育。

不科学的胎教，会伤害胎儿

进行胎教一定要讲科学，盲目地胎教会给胎儿带来伤害。

这里讲述了一个真实的案例。一名出生才一个月的婴儿，在医院被诊断为听觉神经损害。这名婴儿的听力受损，与准妈妈不正确的“音乐胎教”有关。

的确，音乐胎教对刺激胎儿的发育有一定好处，但对胎教音乐的播放有较高要求。准妈妈直接将扬声器放在腹壁上，声波进入母体，使腹中胎儿受到高频声音的刺激，时间长了容易对胎儿的耳蜗及听觉神经造成损伤，引起听力障碍甚至耳聋。

专家建议，准妈妈听胎教音乐时，要选择经过计划生育优生部门推荐的音乐，在室内合适的距离内听，不要离胎儿过近，或声音太大。

特别提示

正确地实施胎教，才能使胎儿真正受益，准妈妈必须认真学习胎教内容，掌握正确的胎教方法，才能达到胎教的目的。

掌握胎教的基本原则

尊重科学

科学的胎教是以教育学、心理学和生理学等学科的理论为指导，根据胎儿生长过程的基本规律，恰当地选择胎教方法，引导胎儿在母体内更顺利、更健康地成长。

每对夫妻都希望宝宝出生后聪明伶俐，健康快乐。可如果这个愿望太功利，不尊重科学，仅为胎教而胎教，拼命给自己和胎儿加码，胎教的效果可能会适得其反。胎教的方法是极其重要的，学习胎教知识，尊重科学，循序渐进地实施胎教，才是正确的做法。

因人而异

根据准妈妈本人及其家庭的具体情况， 选择适宜的胎教方法。由于准妈妈本人的智力、能力、气质、性格等方面都存在着个体差异，所以，胎教的途径和手段也应该随之而异。

比如，不同的人在聆听同一首音乐时，情绪、脑海中的画面和感受等是不一样的。内心对演奏出来的音乐作品也会有不同的心理投射，所以，每个人的性格、经历和爱好不一样，聆听出来的感受也是不一样的，对胎儿的影响也就不一样。所以，在为胎宝宝选择胎教的音乐素材时，一定要遵循准妈妈的性格、心理特征、情感特征和个人喜好来选择，要因人而异，不能盲目从众。

自觉进行

自觉遵循是胎教的基本原则，是胎教成功的前提和保证。胎教原则是人们进行胎教时必须遵循的准则，它反映了胎教的客观规律，同时也是胎教实践经验的概括和总结，贯穿于胎教的整个过程之中，对具体的胎教活动有着极为重要的指导作用。

自觉性原则要求准妈妈在正确认识胎教的基础上，主动学习和运用胎教方法，有目的、有计划地进行胎教。积极主动地对胎儿进行胎教，给予适当合理的刺激，使胎儿和自己建立起信息联系，进而促进胎儿大脑、躯体、感觉及神经系统的发育成熟，为其出生后的教育，奠定良好的基础。

抓准时机

胎教过程具有时效性，因此胎教必须尽早、及时地进行，否则错过了胎教最佳的时机，再采取措施就有些晚了。

专家认为，胎教有两个黄金期。第一个黄金期为妊娠第2～第3个月，第二个黄金期为妊娠第7～第8个月。在第一个黄金期，准妈妈的情绪可以通过内分泌系统的改变影响胎儿的发育，保持健康而愉快的心情是这一时期胎教的关键。除此之外，给予胎儿适当超前的良性感官刺激，是这一时期胎教的另一个内容。准妈妈可用轻柔的手法抚摸下腹部，或在摇椅中轻轻摇动，给予胎儿触觉刺激，促进胎儿神经系统的发育。到了胎儿大脑发育的第二个高峰期，胎儿的听觉系统迅速发育，准妈妈要有意识地对胎儿进行相应的胎教，可以给胎儿播放优美抒情的乐曲、与胎儿聊天、给胎儿讲故事等。

远离胎教的误区

无限放大胎教的作用

爸爸妈妈的最大心愿，就是希望宝宝能成为健康向上的好孩子。但是，准爸爸准妈妈要正确认识胎教，不能无限放大胎教的作用。

胎教培养不出神童，但是胎教可以发掘个体的潜能，让每个胎儿的先天遗传素质获得最大的发展。如果胎教能与出生后的早期教育很好地结合起来，宝宝将会更加优秀。

胎教无用论

有些人不了解胎儿的发育情况，不了解胎儿的能力，认为胎儿没有意识，根本不可能接受外界的刺激，其实这样的想法是错误的。

研究表明，胎儿4个月大时，就已经具备了全方位的感知能力，即具备了受教育的“能力”。但这里所说的“教育”，不同于幼儿园和学校“教育”，而是主要根据胎儿各时期的发育特点，有针对性地、积极主动地给予的各种信息刺激，能促进胎儿健康发育。

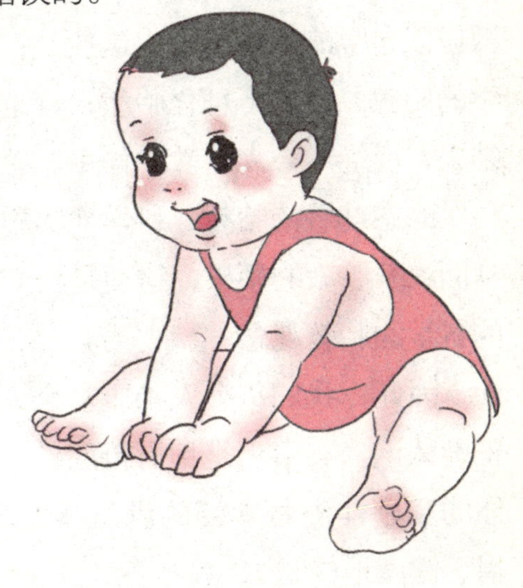

科学的胎教能最大限度地激发胎儿的各种潜能，为宝宝出生后的早期教育奠定基础。

胎教一用就灵

常常听到一些父母抱怨："我们当初积极胎教，又是唱歌又是听音乐，忙活了半天，也没有生出个神童来。"言语之间对胎教的效果很失望。

父母都对孩子寄予了美好希望，这是很正常的。问题是上述这些父母对胎教抱有不切实际的想法。

胎教不是孤立的，而是受诸多因素的影响。每个人的身体都有差异，自身修养的不同，环境因素影响的不同，以及对胎教实施程度的不同等，这些都将导致胎教的不同结果。

以音乐胎教为例，不同民族的准妈妈在选择胎教音乐时，除了选择一些大众化的、自己喜欢的音乐做胎教外，还得选择一些适合自己民族或是民俗文化的音乐来作为胎教音乐的素材，这样才更有利于胎教。

例如，俄罗斯人不一定适合选择中国的民乐作为胎教音乐的素材，而中国人也不一定都适合用外文的诗词来做吟诵。这就是说，选择音乐要因人而异、因地制宜。

现代医学为胎教提供了可行的依据，诸多实验证明了胎教的可行性，我们对胎教应以科学的态度审视，这便是：相信科学的胎教，但绝不神化胎教；肯定胎教的结果，但绝不夸大胎教的作用。总之，以科学的态度看待胎教，科学地实施胎教，从而收获胎教的硕果，这便是我们所倡导的科学的胎教观念。

特别提示

不同准妈妈的胎教音乐应有所差异，准妈妈在购买或是选择胎教音乐作品时，还要遵循自己的内心感受，选择自己喜欢的音乐。

因此，我们每个人都应从个人和家庭环境的具体情况出发，纠正对胎教的不正确认识，实事求是地看待胎教。这样，你就绝对不会感到失望，而只会使你和你的家庭洋溢着幸福的满足感，令人喜爱的宝宝，也将在甜蜜无比的氛围中幸福、健康地成长。

为了胎教而胎教

凡是对胎儿有益的事情都可以归入胎教的范畴。大到怀孕前的准备、环境的改善、情绪的调节，小到听音乐、散步、和胎儿说话，这些都是胎教的内容。

胎教的根本目的，并不是教胎宝宝“长本事”，而是通过各种适当的、合理的信息刺激，促进胎宝宝各个器官、各种功能的发育成熟，为出生后的早期教育打下一个良好的基础。

所以，不能为了胎教而胎教，要让准妈妈和胎儿都舒适和快乐，这才是最重要的。

音乐声越大越好

许多准妈妈进行胎教时，是直接把录音机、收音机等放在肚皮上，让胎儿自己听音乐。这是不正确的，这是一种认识误区，特别是不合格的胎教音乐磁带，将会给腹中的小宝宝的听觉系统造成一生无法挽回的损害，应引起准妈妈们的警省。

正确的音乐胎教方式应该是：准妈妈经常听音乐，间接让胎儿听音乐。此时胎儿的耳蜗虽说发育趋于成熟，但还是很稚嫩，尤其是内耳基底膜上面的短纤维，极为娇嫩，如果受到高频声音的刺激，很容易遭到不可逆性损伤。

因此，进行音乐胎教时，准妈妈应选择外放，音频应该保持在2000赫兹以下，音量不要超过85分贝。

另外，准妈妈不要听摇滚乐，也不要听低沉的音乐，要多听一些优美舒缓的音乐，对准妈妈和胎儿才有好处。

所有名曲都适合胎教

都说接受过胎教的婴儿特别聪明，但具体该怎么做，很多人却说不清楚。

许多准妈妈都知道，给胎儿听世界名曲是一种不错的方法，早在怀孕早期就买来了专为婴儿准备的胎教录音机和各种世界名曲，每天一有时间就把录音机放在肚子上让胎儿听。

经过科学验证，正确的胎教对于胎儿的神经等系统发育有着极大的益处。给胎儿听音乐的做法是有可取性的，音乐对于胎儿的成长有好处，但若是不管是什么音乐全部都拿来听就不可取了。

- 胎教要定时、定点，每天准妈妈可以固定半个小时的时间来听音乐，时间不宜过长。
- 在选择音乐时要有讲究，不是所有的世界名曲都适合用于胎教，最好要听一些舒缓、欢快、明朗的乐曲，而且要因时、因人选曲。
- 在怀孕早期，妊娠反应严重，可以选择优雅的轻音乐；在怀孕中期，听欢快、明朗的音乐比较好。

胎教就是听音乐

许多人认为胎教就是让准妈妈和胎儿一起听音乐，有的听古典音乐，有的为使孩子个性开朗而选择听摇滚乐，有的还会选择流行歌曲等。

孕期适当听音乐是正确的，但要讲究内容和方法，如选择适当的音乐和听音乐的时间，注意音频的高低及音量的大小，对胎儿的发育很有好处。但是，胎教不仅仅是听音乐，胎教还包含其他很多方面的内容，如：运动胎教、情绪胎教、艺术胎教、语言胎教、光照胎教、环境胎教等。

——小笑话

某精神病院的一位病人正在写信。护士小姐正好进来查房，于是问："你在给谁写信啊？"精神病患者说："给我自己。""那你都写些什么呀？""笨蛋，我还没收到信呢，怎么知道写的什么！"

好心情孕育好“种子”

受孕心理，影响胎儿

大多数青年男女组成家庭后，都会有一种想法，共同孕育一个孩子来寄托共同他们的希望。

持有这种心理的夫妻，当然对受孕有积极的心理准备，多数能成功地将情感和理智结合起来，选择最佳受孕时机，创造最好的孕育条件，施行最积极的胎教手段，为即将降临人世的孩子奠定良好的基础。

而有些夫妻缺少受孕的心理准备，糊里糊涂地就怀孕了，一切任其自然发展。对即将出生的孩子来说，这是不够负责任的，当然也就不易产生积极的影响。

由于工作、学习、生活等诸多因素的影响，有些年轻夫妻暂时没准备要孩子，但又未能有效地采取避孕措施，一旦怀孕，他们往往犹豫不决。这种矛盾的心理状态如不及时纠正，会对胎儿产生消极的影响。

有的夫妻对怀孕持排斥心理，这种心理对胎儿的健康是十分不利的，这种心理将直接影响到胎儿的健康发育。

此外，还有一些夫妻盼子心切，一心只想生男孩子，从心理上不能接受女孩；或者是婚姻生活不幸福，想生个孩子来维系日渐冷漠的婚姻，弥补精神上的空虚等。诸如此类的受孕心理都是不健康的，当然也就不能对孩子的心理和生理健康起到积极作用。

良好的受孕心理是胎教不可缺少的组成部分，准父母应重视这一环节，在充分的准备下，在愉快的情绪中，等待与你血脉相连的新生命的诞生。

孕前，调整好心绪

情绪，是人的心理活动。从性质上说，它可以分为积极、消极和不确定3种状态。

这3种状态的形成，与一个人的期望和现实之间有着密切联系。比如，有一对夫妻，希望很快地顺利怀孕，但由于某种原因未能如愿，就有可能导致消极的或不确定的情绪状态产生。相反，如果备孕夫妻持坦荡、乐观的态度，即使没有及时妊娠，也仍然会保持积极的情绪状态。

心境是使人的一切体验和活动都染上情绪色彩的一种持续时间较长的状态，有暂时和稳定两种表现形式。夫妻彼此的心境有强烈的相互感染性，它的形成同社会、家庭、生活、工作和环境等因素有关。

因此，善于协调上述各种因素，特别是善于处理上述因素导致的夫妻间矛盾，就成了保持良好的孕前心绪的前提。

喜迎妊娠

夫妻之间，如果能够有意识地进行妊娠的情感投资，无疑是一种大智慧。以迎接节日的心情迎接妊娠，可以看做是建立优生心理的开始，它将对下一代的身心健康产生深远的影响。

不要向周围的亲友掩饰符合计划生育原则的妊娠愿望，经常有幸接受与妊娠有关的良好祝愿和关切，将有助于烘托这种“节日”般的气氛，对改善女性妊娠期心理问题也很有裨益。

夫妻双方不妨安排一点带有纪念意义的活动。譬如在准备妊娠的时候合影留念。也可以更浪漫一点儿，夫妻分别执笔给未来的小宝宝写一封欢迎的信函，并各自珍藏，相约在适当时机展示。

这样做，不只是具有优化妊娠心理方面的作用，还将对准妈妈顺利度过妊娠期的生理有明显的“支柱”作用。

情绪波动少，宝宝多健康

从胎教、遗传的角度而言，女性在排卵期如能保持乐观开朗、积极进取、豁达幽默等良好的精神状态，会对孩子产生良好的影响，先天赋予的良好心理素质将会使孩子受益终生。

相反，如果夫妻在计划受孕的月份有较大的情绪波动，如精神紧张、悲伤、忧愁、焦虑、抑郁、恐惧等，会对受孕造成影响。

- 情绪的剧烈波动，会使女性内分泌失调、代谢紊乱，从而影响卵泡的生长发育和排卵时间，甚至会抑制排卵。

> **特别提示**
>
> 值得注意的是，不良情绪不光来源于工作、生活的压力，有时过于谨慎的孕前准备也会让人因过度紧张而产生不良情绪。

- 情绪的剧烈波动，对男性精子的生成、成熟和活动能力也有影响，内分泌失调会改变精子存活的环境。严重时可能造成早泄、阳痿、不射精等。

由此可见，情绪也是健康孕育的重要部分，焦虑、抑郁等不良情绪可能会影响神经系统和内分泌功能，影响精子、卵子的生成、成熟和结合。

营造融洽的夫妻感情

对于新婚夫妇来说，心理环境的内容十分丰富，包括夫妻彼此在气质上的互补和性格上的协调等。和谐的孕前心理环境有这样几个鲜明的特征：

- 夫妻双方善于主动调节相互之间的心理平衡，当一方因物质上的或性格上的原因偏离正常的心态时，另一方善于引导对方摆脱困境。
- 善于安排生活节律，消除容易导致心理失衡的因素。
- 彼此都善于在特定情况下，提高处理与对方关系中的“容忍度”。在非原则性问题的争论中，能先忍认对方，留到以后适当的时机解决，也可借助其他方法使之自然解决。

孕1月，迎接幸“孕”之星

一个喜迅，温暖了一个家庭。一个小生命就这样悄悄地在准妈妈的腹中“扎”了根，发了“芽”。欣喜的同时，千万不要忘了一件大事，那就是随时随地给胎宝宝进行胎教。

现在正是受精卵着床、分裂的关键时期，内部、外部环境以及夫妻二人的情绪对胚胎的潜在影响非常大。

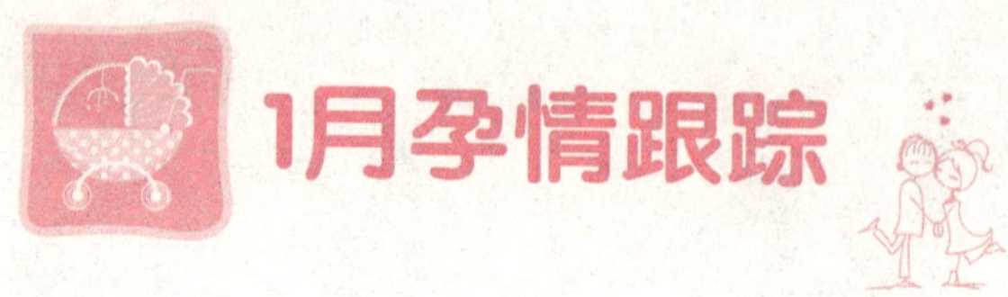

1月孕情跟踪

胎宝宝还是一粒“小豆芽”

孕1月，精子和卵子结合成受精卵，生命旅程开始了。受精卵在子宫里迅速进行细胞分裂，从肉眼看不见的细胞“长”成了一粒“小豆芽”。

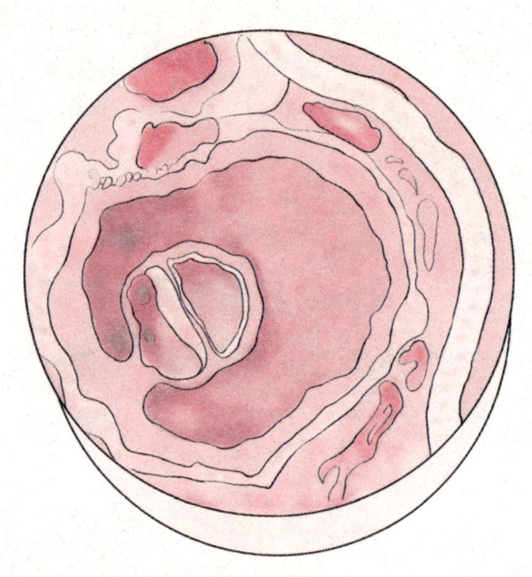

胎儿第1个月的发育是这样的：大约在受精后第7～第11天着床，然后渐渐地长大。最初的受精卵呈圆盘状，被厚厚的胚叶包裹着，由输卵管慢慢向子宫内推进。与此同时，受精卵正高速地发生着细胞分裂。受精后第4～第5天才到达子宫的受精卵并不马上“栽植”在子宫内膜上，而是先在子宫里自由活动3天左右的时间，在充分地做着床的准备。

受精卵着床后5天左右，在受精卵底部的中心部位会形成一个管状物，这就是原始的神经管。这时候的胎儿形状很像“小海马”，头部非常大，占身长的一半。头部直接连着躯体，有长长的尾巴，此时的胎儿只能称之为“胚芽”。胚芽为0.36～1毫米长，肉眼勉强能看见，重量不足1克。

同时，胎儿的心脏、血管、内脏和肌肉等重要器官和组织也在这一时期开始形成。平时测量基础体温的女性，这时就会意识到自己已经怀孕了。在黄体酮的影响下，准妈妈会感觉到腹部不适，也会开始出现呕吐等现象。

不知“孕情”的准妈妈

孕1月，女性其实前半月并未受孕，后半月时受精卵才着床。这时，准妈妈的妊娠反应并不明显，对大多数人而言，只有基础体温能最早传达怀孕的信息。

每天早晨坚持记录体温的女性，若发现体温升高（37℃左右）持续2个星期以上，很可能就是怀孕了。

当然，妊娠的征兆因人而异，月经该来而过了数天仍未来的，也是明显的特征之一。有人怀孕之后，特别容易头晕目眩、发热、腹部下方疼痛或感到不安、易怒，乳房变得很敏感，稍微一碰即有疼痛，这些都是胎宝宝呼唤妈妈的信号。

这时大多数准妈妈尚不知晓自己的“孕情”。这个时期，家人特别是准爸爸一定要多留心，要照顾好胎宝宝和刚刚怀孕的准妈妈。

准妈妈开心就好

一般情况下，当女性得知自己怀孕的时候，多数已是怀孕的第2个月以后了。在过去的1个多月的时间里，腹中的小生命已经历了从无到有、由快速发育到出现轮廓，这样一个天翻地覆的变化。人们常说胎教始于生命之初，准备怀孕的女性，最好在怀孕前就阅读有关妊娠的图书，并多请教他人，做好迎接妊娠的心理准备和知识准备。

这期间，准妈妈的宫内环境对胎宝宝来说特别重要，尤其是准妈妈的心态直接影响着宫内环境的质量。因此，准妈妈从孕育之初就应该保持良好的心态。所以，刚刚怀孕的准妈妈不必担心，此时的准妈妈只要开开心心的，就已经是最好的胎教了。

孕1月，准妈妈日常保健细则

自测早孕

已婚女性若未避孕的话，随时都有怀孕的可能，所以一旦发现身体不适，有类似感冒的症状，就应首先考虑到怀孕的可能性。早日得知妊娠的喜讯，对家人而言是一个好消息，同时也可调整自己的心理，以最佳状态进入幸“孕”里程。

现在有一种早孕的诊断方法更为简便，即早孕试纸法。一般是通过检测尿中绒毛膜促性腺激素(简称hCG)来确定是否怀孕。该指标在你意识到自己月经没来之前就可显示阳性，许多hCG在受精后10天左右即可呈阳性。

一般来说，最好还是等确定停经后再去测试。

使用时，需按照说明书指导，将试纸的一端插入被检测女性的尿中，平放片刻。20～30秒钟后，若试纸条上出现两条紫红色色带则为阳性，可参考说明书的指示，比对检测结果。

到医院去确诊正常妊娠

第一次去检查时，医生在身体检查之前会问诊。如果你能事先做好准备，将资料记在备忘录上，到时就不会感到紧张了。问诊的事项一般包括以下几点：

本人的健康状况

本人的健康状况包括现在的身体状况（有无呕吐、微热等）以及从前是否患过严重的疾病。

月经情况

关于过去月经来潮的情形，如初潮的年龄、月经周期（月经第1天到下次月经来的间隔天数）、月经是否规律、月经持续的天数、来月经时的情形（有无腹痛、腰酸、头痛等现象）、最后一次月经开始的日期及持续的天数。以上这些都要详细回答出来，因为这和妊娠的时间及预产期的推算都有很大关系。

内诊

问诊之后就要开始检查身体了。为了确定是否怀孕，必须观察子宫的膨胀情形和乳房的状态，然后诊查生殖器官。初次怀孕的女性或多或少都会感到羞怯或恐惧，但为了得到正确的诊断，内诊是非常必要的。

有无怀孕、分娩的经历

有无怀孕、分娩的经历？如果有的话，当时的状况是否正常？如果分娩时曾接受产科手术，当时情形如何？是否为剖宫产或用产钳助产？还有，分娩时的出血量、胎儿是否正常，等等。

产前检查，为母子保驾护航

产前检查是保障母子健康的办法之一。怀孕虽然是喜事，但准妈妈和胎儿均有可能发生一些异常变化，可能会影响母子的身体健康和生命安全。

通过全面的健康检查，可以发现准妈妈身体的某些缺陷，如果发现不宜继续妊娠，或者发现胎儿有明显的遗传性疾病，可以及早终止妊娠。通过定期检查，还可以了解胎儿发育和母体变化的情况，如有异常，可以及早治疗。通过全面系统的观察，有助于确定分娩方案，保证分娩的安全。

产前检查的频率

妊娠前3个月至少要检查1次；第27周前，每4周检查1次；第28～第35周，每2周检查1次；第36周后，每周检查1次。

有些准妈妈应增加产前检查的次数，如患有妊娠期的并发症等，具体检查时间和频率要听医生的建议。

产检时主要的检查项目

• 身高、体重。通过监测孕妇的体重变化，可以了解胎儿发育的情况，异常的体重增加，提示有妊娠高血压综合征的可能。

• 腹围、宫高。可了解胎儿的生长情况，增长过快多提示羊水过多或有双胞胎的可能。

• 血压。苦血压短时间内升高过快，应注意妊娠高血压综合征的可能。

• 骨盆测量。可以了解骨产道情况，判断能否自然分娩。

• 妇科内诊。了解子宫大小、位置、胎位等。

• 乳房检查。了解乳腺发育情况，利于在产前纠正乳头凹陷等问题。

产前检查的化验项目

• 血型。为分娩时可能输血做准备，预测是否会和胎儿有血型不合的可能。

• 贫血检查。在怀孕的早、中、晚期均要进行。通过检查血液中的血红蛋白含量，可以了解孕妇的造血情况，使准妈妈能有意识地补充相应营养物质。

• 梅毒血清反应检查。一般只在初诊时检查，没有症状的梅毒感染也会导致流产、早产、死胎和先天性梅毒，及早发现和治疗可以防止胎儿感染。

• 尿糖、尿蛋白检查。通过检查尿蛋白，可以了解准妈妈的肾功能，有助于及早发现妊娠高血压综合征。通过检查尿糖，可以发现隐性糖尿病，可以早期给予相应的生活指导，使准妈妈和胎儿顺利度过整个孕期。

• 乙型肝炎病毒检查。当准妈妈乙型肝炎表面抗原呈阳性时，有可能通过胎盘传染胎儿。

• 风疹病毒抗体检查。可以了解准妈妈对风疹病毒的免疫状况。因为，怀孕早期的风疹病毒初次感染对胎儿有极大的危害。

稚嫩的胚芽，要避免被X射线照射

胚胎对放射线最敏感的时期是在受精后60天之内，尤其是第15～第56天，此时胚胎的各个器官正在高度分化形成中，受X射线照射，极易发生畸形。多数专家认为准妈妈在怀孕的前15周内受X射线照射都有危险性。

胚胎细胞的染色体断裂、基因突变等，可引起流产、死胎、新生儿死亡和出生后小头、小眼、脑积水等先天畸形，也有可能会导致宝宝发育迟缓、智力障碍等。

因此，在怀孕前2个月，准妈妈应绝对禁止X射线照射，妊娠3个月以后也要尽量避免。

外阴清洁，预防感染

女性在妊娠期要特别注意个人卫生，应每天清洗外阴，防止生殖系统炎症等疾病的发生。

阴道是内生殖器官与外界相通的地方，细菌容易侵入。它的位置十分不利，阴道的后方便是肛门，粪便里有大量细菌，极易污染阴道。特别是有些准妈妈患有外痔，大便后如不清洗，更易弄脏内裤，污染阴道及尿道。

准妈妈体内雌激素的分泌会随着孕周增加而逐渐增多，可以促使子宫颈、子宫内膜的腺体分泌，尤其是到了孕晚期，白带会越来越多。如果护理得不恰当，就可能引起外阴炎和阴道炎，导致胎儿在经阴道分娩时被感染。因此，准妈妈在白带增多时，每天最好用温开水清洗外阴2～3次，但不要清洗阴道内。

儿子：“爸爸，你可以省钱了！

爸爸：“孩子，省什么钱呀？”

儿子：“今年你不用再花钱给我买课本了，我留级了。”

需要慎用的药物

药物对于妊娠的影响，是无法预估的，因此，妊娠期准妈妈应尽量避免使用药物。如必须用药，也要选择对胎儿影响小的药物，且必须在医生的指导下使用。

感冒药

感冒药大多是复合制剂，含有多种成分，常见的有速效伤风胶囊、感冒通、康泰克、白加黑、康必得、感康、快克，等等，这些药大都含抗组胺剂、解热镇痛剂，会给胎儿带来不良影响。

抗生素

如四环素、土霉素、氯霉素、链霉素、卡那霉素、强力霉素、呋喃西林等，有可导致胎儿短肢畸形、乳齿变黄、骨骼发育障碍、先天性耳聋、肾脏损害和溶血等可能。

镇静药

如安定、利眠宁、眠而通、反应停、苯巴比妥、鲁米那等，可能会引起胎儿短肢、无耳、无眼、唇裂、视网膜病变、骨骼畸形和先天性心脏病，并能抑制新生儿生长。

性激素

如孕酮、睾丸酮，可能会诱发胎儿外生殖器畸形、脑部畸形，男胎儿尿道下裂、女性化或女胎儿男性化等。

激素类

如强的松、可的松、肾上腺皮质激素和甲状腺素，可能会导致胎儿唇裂、腭裂或无脑。

降糖药

如降糖灵(苯乙双胍)和胰岛素，可能会导致胎儿唇部和肢体骨骼的畸形。

维生素B_6

不正确地用维生素B_6会使婴儿出生后对维生素B_6产生依赖。

抗惊厥药

此类药物可能会导致宝宝将来躯体和智力发育迟缓、眼距宽、低位耳、指甲、指骨发育不良。

暂别可爱的小宠物

动物身上有弓形虫寄生，可通过动物的身体和排泄物传染给准妈妈。

若在孕期感染弓形虫，就会通过胎盘感染给胎儿。如果感染发生在孕早期，就可能导致流产、胎儿发育异常；若感染发生在孕晚期，对胎儿大脑的损害就会很严重，会阻碍胎儿大脑的发育，造成胎儿脑积水或畸形。

如果在怀孕后饲养小动物，此时准妈妈身体抵抗力差，最易受到感染。为了胎儿的健康，准妈妈最好不要和小动物接触，也不要到饲养动物的家庭去做客或到动物园游玩，以免被感染。

向烟、酒、咖啡说不

为了自己，也为了腹中的宝宝，准妈妈要戒烟、戒酒、戒咖啡。

吸烟

准妈妈自己吸烟或是吸入二手烟，对弱小的胎宝宝而言就像在制造一个毒气室。烟中的尼古丁，在被吸入准妈妈身体的时候，会影响胎宝宝吸收营养、氧气的能力，甚至对脑部有害。很多报导都显示吸烟的准妈妈生下的宝宝较不健康，有些甚至可导致妊娠早期流产。

喝酒

女性在怀孕的时候如果喝太多酒，对宝宝造成的伤害也很严重。很多准妈妈或许认为喝一点酒没关系，反正又不是喝很多，这是错误的观念。

每天喝一点点，或是偶尔应酬喝一下，怀孕9个月累积下来，这对胎宝宝的损害是很严重的。准妈妈的体质又存在着个体差异，所以要孕育宝宝，就必须戒酒！

咖啡

现代女性工作压力大，不少人每天喝上1杯甚至好几杯是常事，但这些咖啡中的咖啡因足以伤害到胎宝宝。除了咖啡之外，含有咖啡因的食物，如绿茶、可乐、巧克力等，怀孕期间最好也少进食。

孕1周最佳胎教方案解析

胎教，从舒适的居室开始

居住环境的好坏不仅仅关系到准妈妈个人的健康，更重要的是关系着育孕的质量，包括怀孕后胎儿能否健康发育及智力发育等。因此，计划怀孕的夫妻必须注意生活环境。

居室布局合理

可以选择用环保材料将卧室装饰得温馨舒适、色彩明亮，把房间收拾得干净整洁，家具位置摆放合适。夫妻生活其中，就会感到精神愉悦、心情良好，有利于孕育。

居室空气清新

必须注意室内通风，保持居室内空气清新。居室不必豪华装修，但要选择无污染的合格产品，装修后不要急于入住，最好通风2～3个月。

温度、湿度适宜

居室内的温度、湿度要适宜。一般室内温度保持在18～24℃为宜，湿度控制在30%～60%较为合适。适当的居室环境可以增加要对胎宝宝的良性刺激，给胎宝宝的成长创造更好的环境和氛围。这也有助于激发胎宝宝的潜力，提高胎宝宝的综合素质。

准妈妈的饮食，成就胎宝宝的健康

如果准妈妈在妊娠期营养不良，就容易发生流产、早产、死胎、胎儿畸形、胎儿发育不良、新生儿体重偏低、智力障碍等。营养不良的准妈妈分娩的婴儿多体质弱，易患病，新生儿死亡率高，到学龄前时可能会表现出智力低下。

女性在妊娠期间，体重会不断增加。增加的体重主要依靠准妈妈在怀孕期间的营养补充。而且，随着胎儿的逐渐长大，母亲和胎儿的能量代谢也不断加快，所需要的营养也就越来越多。为了适应母子的需求，孕妇就要均衡摄取食物，包括奶类、鱼肉、肉禽、蛋类、豆类、五谷杂粮、根茎类、蔬菜类、水果类以及油脂类。

要好“孕”，请先调心

准备怀孕的女性一定要保持愉悦的心情，主动调节不利于受孕的不良情绪，使自己的心理有一个好的状态，为怀孕创造条件。

由于未生育的女性大多数是生产、科研及其他工作岗位上的骨干，工作节奏快、生活压力大，在工作和生活中有较高的期望值。这些会导致精神持续紧张。研究证实，孕前心理过度紧张会影响正常受孕。

医学专家也指出，人的神经与内分泌系统受变化受心理活动影响，女性更为明显，如月经的周期、经期、经量等，很容易受情绪的影响。

其实，女性的排卵功能也受心理因素的影响；卵子的受精、受精卵的着床、早期胚胎的发育等，都会受到女方心理因素的影响。

——小笑话

一只小老虎慢慢地走了过来，红着脸问小松鼠：“请问，我可以吃你吗？”小松鼠觉得这个问法挺好玩的，说：“你是第一次吃动物吗？”小老虎更不好意思了，说：“是的，妈妈不在家。”小松鼠又好奇地问：“那你以前吃什么呢？”“……”“什么？说大声点，我听不到。”“吃奶！”说完，小老虎的脸更红了。

小故事：《森林里的小伙伴》

在一个大森林里，住着狮子、老虎、白马和大象。当然，还有一群小伙伴，它们是小兔子、小狗、花鸭和黑猫。

小狗很爱吹牛。它吓走了一只嘴里叼着兔子的老狼后，就在朋友花鸭、白马、黑猫等面前吹起了牛："瞧我本领多大，捉到了一只兔子。"从此以后就一发不可收拾了。

过了几天，小狗自己去玩。忽然遇到一只大老虎。"哎呀！我的妈呀！"小狗吓得魂都飞了，赶紧拼命地逃，大老虎飞快地追。小狗逃呀逃，一直逃到山崖边，往下一看"哎呀，我的天呀！"小狗吓得腿都软了。它眼睛一闭缩成一团。等着大老虎来吃自己！大老虎朝小狗猛扑过去。

结果，由于用力过猛，老虎从山崖上掉了下去。小狗连忙睁开眼睛朝悬崖底下看了看，又跑下悬崖去看，平时威风凛凛的大老虎，现在正四脚朝天地躺在悬崖下呢。原来，它已经一命呜呼了。

小狗回到了家里，对朋友们说："我打死了一只大老虎。"朋友们你看看我，我看看你，都摇了摇头，不相信小狗的话。小狗见大家都不相信他，又说："过几天我打一只狮子给你们看。"

又过了几天，小狗在山上玩到天黑，正要回家，突然，一头大狮子出现在他面前。小狗吓得转身就逃，大狮子在后面穷追不舍，忽然，小狗掉进泥坑里去了，吓得它直喊："救命啊！救命啊！快来救我呀！"

大狮子对它说："听说你要打死我，是吗？"小狗哭着说："呜呜……那些都是我吹牛的，狮子大王，你饶了我吧！"

大狮子一抖，抖下一张狮子皮来。原来，大狮子是白马装扮出来的！花鸭和黑猫也走了出来，一起把小狗救了上来。小狗羞愧地低下了头。

讲这个故事的时候，准父母可以互相配合，进行角色扮演，夫妻二人分配好角色，这样讲出来的故事才更生动。

读唐诗《望庐山瀑布》

日照香炉生紫烟，
遥看瀑布挂前川。
飞流直下三千尺，
疑是银河落九天。

李 白

朗朗上口的《二十四节气》七言诗

地球绕着太阳转，绕完一圈是一年。
一年分成十二月，二十四节紧相连。
按照公历来推算，每月两气不改变。
上半年是六、廿一，下半年逢八、廿三。
这些就是交节日，有差不过一两天。
二十四节有先后，下列口诀记心间：
一月小寒接大寒，二月立春雨水连；
惊蛰春分在三月，清明谷雨四月天；
五月立夏和小满，六月芒种夏至连；
七月大暑和小暑，立秋处暑八月间；
九月白露接秋分，寒露霜降十月全；
立冬小雪十一月，大雪冬至迎新年。
抓紧季节忙生产，种收及时保丰年。

准妈妈可以吟诵优美的诗句给胎宝宝听，通过美妙的诗句所描述的美丽画卷，不仅能陶冶自己的情操，也能对胎宝宝产生一种潜移默化的影响。

诗中的“生”字，把庐山香炉峰写“活”了，这不仅把庐山渲染得更美，而且富有浪漫主义色彩，为不寻常的瀑布创造了不寻常的背景。诗中的“挂”字用得很妙，它化动为静，包含着诗人对大自然的神奇伟力的赞颂。“飞”字，把瀑布喷涌而出的景象描绘得极为生动。诗的最后“疑是银河落九天”一句，则给了人们无限的想象。

孕1月营养套餐特别推荐

营养早餐：面包50克，鸡蛋1个（或酱牛肉4～5片），牛奶250毫升，少量蔬菜。

灵活加餐：酸奶1杯，苹果1个。

经典午餐：米饭1碗或馒头1个；番茄炒虾仁100克；香拌脆藕100克；甜椒牛肉丝50克；奶汁白菜50克。

下午茶点：香蕉1根；坚果适量。

爱心晚餐：米饭1碗或馒头1个；蔬菜沙拉100克；芦笋炒肉片50克；补脑鱼头汤1碗。

准妈妈营养食谱精选

香拌脆藕

【原料】嫩脆藕250克，生姜15克，香菜茎10克，香油适量，盐、白糖、白醋各少许。

【做法】

①嫩脆藕去皮，切成薄片，用清水冲洗干净；生姜去皮切末；香菜茎洗净切末备用。

②锅中加适量水，用大火烧沸，投入藕片汆一下，迅速捞出，放到凉开水中浸凉。

③将藕片、姜末放到一个比较深的碗里，加入盐、白糖、白醋拌匀，静置5分钟。

④加入香菜末、香油，再次拌匀，盛入碟中即可。

【营养功效】

藕中含有丰富的糖类、维生素C、蛋白质及钾等营养素，孕妇食用具有强身止吐的食疗功效。

生姜羊肉粥

【原料】羊肉100克， 大米150克， 生姜3片，盐、鸡精、胡椒粉各适量。

【做法】

①将羊肉洗净，切成薄片；生姜去皮，切丝；大米淘洗干净备用。

②在瓦煲里注入适量水，烧开，下入大米，用小火煲20分钟左右。

③加入羊肉片、生姜，调入盐、鸡精、胡椒粉，用小火煲30分钟左右即可（煲的过程中不要搅动）。

【营养功效】

生姜有温中散寒、回阳通脉之功效，可以温暖子宫，为受精卵着床准备一个温暖的环境。本食谱中还可以再加入一些营养丰富的山药，将山药捣成泥，和生姜、羊肉一起煮粥，还有健脾开胃、补益气血的食疗功效。

豆仁饭

【原料】粳米250克，嫩蚕豆、春笋各100克，腊肉50克，色拉油、咖喱粉各适量。

【做法】

①春笋、腊肉切成丁，嫩蚕豆洗净去皮。

②将粳米洗净，倒入锅内，加水煮，快收水时，将蚕豆、春笋丁、腊肉丁撒在饭上，加盖焖至肉、饭均熟，翻匀，起锅即成。

③锅上火，烧热后加入适量色拉油，将全部材料放入锅内爆香，放入咖喱粉拌匀。

【营养功效】

豆仁饭色泽美观，营养丰富，能开胃增食欲，和中益气。适用于准妈妈孕早期食用，可以摄入更多的营养，以保证胎宝宝生长发育。

孕2周最佳胎教方案解析

让家庭氛围更和谐

感情融洽是幸福家庭的前提，也是优生和胎教的重要因素。在幸福和谐的家庭中孕育出的孩子，出生后往往健康聪明。反之，如果夫妻关系不和睦，准妈妈长期紧张、忧愁、抑郁，可能会引起一些疾病，并且会影响胎儿的发育。

夫妻感情不和的危害

感情不和的夫妻孕育出的胎儿，心理缺陷的概率比婚姻生活美满的夫妻所生的孩子高出1.5倍，胎儿出生后，因恐惧心理而出现神经敏感的机会也比后者高出4倍。因为，在父母剧烈争吵时，母体受刺激后，内分泌系统发生变化，会分泌出一些有害激素，会对胎儿造成不良刺激。

同时，盛怒可能导致准妈妈血管收缩，血流加快、加强，其物理振动传到子宫也会殃及胎儿。而且争吵中准父母的声音较高，无异于十分有害的噪音，可直接危害胎儿。

处理好夫妻之间的矛盾

在妻子妊娠期，丈夫应承担更多的责任，处理好夫妻之间的一些矛盾，与妻子共同分担压力。

夫妻双方应互相尊重，互相理解，耐心倾听对方的意见，理智、心平气和地对待彼此间的分歧。

现在，准父母应以极大的爱心共同关注准妈妈腹中的小生命，关注他的每一次活动，记录他的每一点进步。给胎宝宝一个充满爱的氛围。

纠正不良的饮食习惯

日常生活中，每个人都有自己的饮食习惯，良好的饮食习惯不仅益于自身健康，更能为孕育加分。

准妈妈的一些不良饮食习惯如偏食、挑食等，很容易造成营养摄入不均衡，导致体内缺乏某一种或几种营养。因此，准备怀孕前准妈妈应重新审视一下自己的饮食习惯，对不良的饮食习惯应尽早予以纠正。

纠正偏食、挑食

男性一般比较爱吃肉，而不喜欢吃青菜。虽然说，精子的生成需要优质的蛋白质，但是，如果蛋白质摄入过多，而维生素摄入不足，就容易造成酸性体质，使精子的质量受到影响，反而会降低生育能力。

有的女性为了保持身材的苗条，不吃含有脂肪的食物，只吃蔬菜和水果，这样会导致蛋白质摄入不足营养不良，影响卵子的活动能力，严重的还可能导致不孕。

所以，孕前一定要纠正不良的饮食习惯，要做到营养均衡全面，合理地调整饮食结构，为优生做好准备。

避免营养过剩

研究表明，准妈妈和哺乳期女性对所有维生素、矿物质和微量元素的需要量都明显高于非妊娠女性，但对热量的需求仅增加了约15%。换句话说，如果单纯靠增加膳食摄入量来满足营养需求，很可能维生素、矿物质等需求量满足了，但蛋白质和脂肪的摄入量增加了很多，会造成营养过剩。

建议孕产妇每天摄入：肉类150～200克，鸡蛋1～2个，豆制品50～150克，蔬菜500克，水果100～150克，主食300～500克，植物油30～50毫升，坚果类食物20～50克，牛奶500毫升。

①什么车子寸步难行?

②打什么东西,不必花力气?

【答案在359页】

远离空气污浊的场所

现在有不少公共场所都会采用完全密闭形式的窗户，比如商场，往往没有直接的通风窗户。有的机场候机厅、图书馆、阅览室、豪华写字楼内的会议厅、办公室等，也是只有没法开启的窗户。这些地方新鲜空气少，对准妈妈、胎宝宝的健康不利，所以最好避免去这样的场所。

怀孕以后，准妈妈也不要再去舞厅、K歌房等娱乐场所。

受孕瞬间的情绪胎教

所有父母都希望孩子能继承自己的优点，比如强壮、聪慧、俊美，等等。为此请把握受孕瞬间的关键，要选择好最佳受孕时机，夫妻在情感、精神状态和行为等方面都达到最佳状态时同房。

在同房过程中，夫妻都应该有好的意念，把自己的美好愿望转化为具体的形象。带着美好的愿望和充分的激情进入角色，最大限度地发挥各自的潜能。

女性达到高潮时，血液中氨基酸和糖原能够渗入阴道，使阴道中精子获得能量加速前行，从而使最强壮、最优秀的精子与卵子结合。

常见的音乐胎教方法

• 哼唱法：每天哼唱歌曲给胎宝宝听，抒情的、欢快的都可以，重要的是要有一颗愉快和富有关爱的心，通过歌声将美好的感情和厚望传递给胎宝宝，他会很满足。

• 教唱法：可以在哼歌的基础上进行，唱歌的时候想象胎宝宝正在跟着你唱，等他“唱”完，你再接着教。

• 音乐熏陶法：这种方法就是单纯欣赏音乐，你的感受会通过神经和体液系统传导给胎宝宝。

特别提示

胎宝宝在子宫内不仅喜欢听准妈妈的声音，还喜欢听到准爸爸的声音。因此，准爸爸也是音乐胎教中不可或缺的角色。

选择适合自己的运动方式

准妈妈和准爸爸都锻炼好了身体，让身体保持在最佳状态，才能提供优良的精子和卵子，孕育出最棒的宝宝。

适合备孕女性的运动

女性身体特点是柔韧性和灵活性较强，耐力和力量较差，快走、慢跑、健美操、游泳、瑜伽、户外旅游，都是很好的选择。

这些锻炼是对女性身体素质的提高过程，有助于准妈妈提高免疫力，保持良好的状态，不但有助于缓解将来孕期的不适，也有助于自然分娩。

适合备孕男性的运动

对男性来说，要培养有活力、高质量的精子，运动是十分重要的。运动不仅可以保持健康的体魄，还是有效的减压方式。

较之女性而言，男性的力量和速度更强，适合的运动也更多。如跑步、篮球、壁球、游泳、双杠运动等，也可以做一些锻炼耐力和柔韧性的运动，如体操、太极拳。这些运动对男性的肢体、腰、背都有好处，也能提高男性“性趣”，同时有助于产生健康、有活力的精子，为怀孕创造了重要条件。

运动以有氧运动为主

有氧运动，是指人体在氧气供应充分的环境下进行的体育锻炼。即在运动过程中，人体吸入的氧气与需求量相等，达到生理上的平衡状态。

有氧运动的特点是强度低、有节奏、不中断和持续时间长，所以比较适合备孕期的准爸妈。需要注意的是，有氧运动只有持续30分钟以上才会有效，且要在运动前先热身，做一些伸展运动，不要太急着进入强度较大的运动中，以免发生抽筋。运动结束后，也不要急着休息，还需要做一些伸展运动，使身体逐渐放松。

常见的有氧运动项目有：快走、慢跑、滑冰、骑自行车、打太极拳、跳健身舞、跳绳、做韵律操等。

准妈妈爱思考，宝宝智力好

许多女性怀孕以后往往容易犯懒，什么也不想干，什么也不愿想。于是有人认为，这是准妈妈的特性，随它去好了。殊不知，这却是胎教的一大忌。

我们都知道，准妈妈与胎宝宝之间是有信息传递的，胎宝宝能够感知到母亲的思想。如果准妈妈既不思考也不学习，胎宝宝也会深受感染，变得懒惰起来这对胎宝宝的大脑发育是极为不利的。

如果准妈妈始终保持着旺盛的求知欲，则可使胎宝宝不断接受良性刺激，促进脑细胞和神经细胞的发育。因此，准妈妈要从自己做起，勤于动脑，勇于探索，在工作上积极进取，在生活中注意观察，把自己看到、听到的事物信息传递给胎宝宝。要有浓厚的生活情趣，不断地探索新的问题。

准妈妈这样动脑最有效

· 猜谜语。我们都知道，猜谜语的过程就是一个动脑的过程，准妈妈需要通过分析、推理，才能得出谜底，这个过程就需要思考。

· 玩填字游戏。这个游戏和猜谜语有些相似之处，都需要开动脑筋思考才能得出答案，但难度又不是很大，不会给准妈妈造成挫折感。

· 日常生活中遇到问题可多思考。由于准妈妈有孕在身，家人为了让其安心养胎，常常将家里的事都包揽了，不需要准妈妈过多操心。其实，有些事不妨让准妈妈“出谋划策”，如果建议有用，还能增强准妈妈的自信心，对胎宝宝的发育也有益处。

特别提示

需要注意的是，在选择谜语和填字游戏时，最好选择难度适宜的游戏，难度小的游戏很容易就能得出答案，而难度大的游戏往往会将准妈妈难倒，反而失去了兴趣。

孕3周最佳胎教方案解析

胎教日记，送给宝宝的小礼物

准父母可以通过“日记”记录怀孕期间的点点滴滴，不仅可以记录怀孕期间的趣闻逸事，还可以记录宝宝出生前的生命历程。无论是随笔形式、日记形式或其他形式，无论是母亲写、父亲写或两个人共同写，也无论是快乐的事、担心的事或是难过的事，只要用心去写，就会成为一种记忆，也可以成为宝宝出生后的一份礼物。胎教日记的主要内容有：

记下每天的日程

准妈妈可以把每天去的地方记下来，告诉胎儿，今天带他去哪玩了，心情如何，等等。可以随心所欲地记下当天发生的事情，并把当天的体会告诉胎儿，让他与你一起感受。

记下胎儿的反应

随着妊娠天数的增加，胎儿也在一天天地长大，每天都会有不同的反应。到一定时间，准妈妈会感到明显的胎动，可以把胎宝宝每天的胎动时间和次数记下来，并和胎宝宝进行交流，如“宝宝，你又在踢妈妈啦”。“宝宝，你今天玩的是什么游戏呢，可以和妈妈说吗？”……这样可以加强母子之间的交流。

要持之以恒

妊娠日记是“爱”的日记，是胎儿成长的“珍贵史料”。有时候，因为这样或那样的事情，准妈妈们可能经常会忘了记日记，但不要就此放弃，胎教日记可以培养准妈妈对孩子的爱和尊重，一定要坚持到底。

《弟子规》，让宝贝从“小”懂礼貌

《弟子规》原名《训蒙文》，为清朝康熙年间秀才李毓秀所著，是一部清朝时期广为流传的儿童启蒙读物。它以《论语·学而》篇中“弟子，入则孝，出则弟，谨而信，泛爱众，而亲仁，行有余力，则以学文”的文意为原型，加以引申扩展，以三字一句，两句一韵的形式进行论述，阐释了“弟子”在家、在外、待人接物、为人处世、求学等方面应具备的礼仪与规范。

《弟子规》原文节选

弟子规　圣人训　首孝悌　次谨信
泛爱众　而亲仁　有余力　则学文
父母呼　应勿缓　父母命　行勿懒
父母教　须敬听　父母责　须顺承
冬则温　夏则清　晨则省　昏则定
出必告　返必面　居有常　业无变
事虽小　勿擅为　苟擅为　子道亏
物虽小　勿私藏　苟私藏　亲心伤
亲所好　力为具　亲所恶　谨为去
身有伤　贻亲忧　德有伤　贻亲羞
亲爱我　孝何难　亲憎我　孝方贤
亲有过　谏使更　怡吾色　柔吾声
谏不入　悦复谏　号泣随　挞无怨
亲有疾　药先尝　昼夜侍　不离床
丧三年　常悲咽　居处变　酒肉绝
丧尽礼　祭尽诚　事死者　如事生

解释：

弟子规，是圣人的教诲。人首先要孝敬父母、友爱兄弟姐妹，其次要谨言慎行、讲求信用。

博爱大众，亲近有仁德的人。有多余的时间和精力，就要学习有益的学问。

父母呼唤，应及时应答，不要拖延迟缓；父母交代的事情，要立刻动身去做，不可拖延或推辞。

父母的教诲，应该恭敬地聆听；做错了事，受到父母的责备时，应当虚心接受，不可强词夺理。

冬天寒冷时，要提前为父母温暖被窝，夏天酷热时，要提前帮父母把床铺扇凉；早晨起床后，先探望父母，向父母请安；晚上伺候父母就寝后，才能入睡。

出门时，要告诉父母去向，回家后先向父母报平安；起居作息，要有规律；做事有常规，不要任意改变，以免父母忧虑。

事情虽小，也不要擅自作主行动；擅自行动造成错误，让父母担忧，有失做子女的本分。

公物虽小，也不要私自占为己有；如果私藏公物，缺失品德，就会让父母伤心。

父母喜欢的事情，应该全力去做；父母厌恶的事情，要小心谨慎，不要去做（包括自己的坏习惯）。

自己的身体受到伤害，父母就会忧虑；做出伤风败德的事，父母亲就会蒙受羞辱。

父母喜爱我们的时候，孝顺不是困难的事情；父母不喜欢我们或管教过于严厉的时候，孝顺父母才更难能可贵。

父母有过错的时候，应小心劝导改过向善；劝导时要和颜悦色、态度诚恳。

如果父母不高兴，不听规劝，等到父母高兴的时候，继续规劝；父母不听恳劝，我们虽难过得痛哭流涕，也要恳求父母改过；纵然遭到责打，也要无怨无悔，以免陷父母于不义，铸成大错。

父母生病时，要替父母先尝药的冷热和安全；要昼夜服侍，一时也不离开父母床前。

父母去世之后，要守孝三年，经常追思、感怀父母的养育之恩；生活起居，要戒酒戒肉。

办理父母的丧事要合乎礼节，不可铺张浪费；祭奠父母要诚心诚意；对待去世的父母，要像生前一样恭敬。

欣喜地接受妊娠

母亲是每一位女性内心都渴望成为的角色，但光有愿望不行，还要在心理上也应做好相应的准备，这种准备有时比其他准备更重要。

专家指出，有心理准备的准妈妈与没有心理准备的准妈妈相比，前者的妊娠期较后者更为愉快、顺利、平和。同时，她们的妊娠反应也较轻，孕期并发症较少，胎宝宝健康成长在优良的环境中，分娩时也较顺利。

因此，如果夫妻双方都希望尽快要孩子，在孕前就应该从心理上做好各种准备。包括从心理上接受怀孕期特殊的变化，如体型、饮食、情绪、生活习惯等的改变；接受小生命诞生后夫妻生活空间和自由比以前受限的变化；接受孩子出生后夫妻双方自觉或不自觉地将自己的情感重心转移的变化；接受妻子怀孕后丈夫需要比任何时候都要尽更多责任的变化，如体贴、理解、照顾等。要以平和、自然的心情和愉快、积极的态度，迎接怀孕和分娩。

远离电磁辐射，准妈妈躲躲躲

人们往往不经意间受着电磁波污染：早上一起床便开电视看新闻；上班路上一路用手机听音乐；在办公室里整天用电脑；晚上回家坐在沙发上看电视；使用微波炉加热饭菜，等等。这样的一天，接受的电磁波辐射量实在不少，对准爸妈身体会有不利影响，对胎儿的伤害就更不会小。

所以，对于准妈妈这个对电磁辐射的敏感人群来说，就更应该加强防范意识，尽量避免和减少使用电磁辐射大的电器，如：微波炉、电磁炉、电热毯、电脑等。

特别提示

在女性十月怀胎的特殊时间，丈夫要多注意电磁辐射的问题，要陪妻子购买质量较好的防辐射服，尽量减少妻子使用电器的时间和次数。

盘点适合孕1月的运动

在孕早期，很多准妈妈总担心自己的活动会动胎气，所以不敢运动。其实，这种想法是不正确的。适当的运动能使全身肌肉活动，促进血液循环，增加母子间的血液交换，能使准妈妈食欲增进，从而使胎儿得到更多的营养。适当的运动还能增强准妈妈腹肌、腰背肌和盆底肌的力量，改善盆腔血液循环，有利于分娩时的肌肉放松，减轻产道的阻力，从而实现顺利分娩。

适合本月的运动主要有以下几种：

- 慢舞：孕早期的准妈妈选择慢舞，可缓解不良情绪，有助于睡眠。
- 散步：散步适宜孕1月的准妈妈。它不受条件限制，可以自由进行。准妈妈在散步时，可以边呼吸新鲜空气，边欣赏大自然美景，这样可以放松心情，消除烦躁和郁闷。散步过后，会产生轻微的疲倦，对睡眠也有帮助。
- 简单活动关节操：准妈妈可以适当做一些活动关节的活动，有利于缓解肌肉疲劳感。

需要提醒的是，本月准妈妈刚刚怀孕，以下这些运动准妈妈千万不要做：跳跃、剧烈运动、跳绳、踢毽子、骑自行车、快跑、网球、羽毛球、乒乓球、骑马、跆拳道等。会压迫到腹部的运动，如仰卧起坐、屈腿上抬等也应禁止。

欣赏自然之乐《春野》

由于刚刚怀孕，很多准妈妈的心情是既欣喜又紧张，为了缓解这种情绪，这时不妨聆听一首班得瑞的《春野》。这首曲子轻忽缥缈，乐曲铺陈徐缓，细腻的钢琴配上优美的横笛，仿佛春日清晨淡淡青草的芳香，沁人心脾。

这首曲子最适合在早晨听，最好和丈夫携手并肩，共同沐浴音乐的美好和幸福。

孕4周最佳胎教方案解析

越早补碘，胎宝宝智力越好

碘是人体必需的微量元素之一，是合成甲状腺激素的重要原料。如果准妈妈缺碘，有可能会导致宝宝出生后生长缓慢、身材矮小，甚至智力低下。

为了胎宝宝的健康发育，准妈妈必须注意补碘，平时要多吃含碘丰富的食物，如海带、紫菜、海参、海蜇、海鱼、蛤蜊等海产品。甜薯、山药、白菜、菠菜、鸡蛋等也含有碘，平时可适量多吃一些。

生活在缺碘地区的准妈妈，除多吃含碘丰富的食物外，应选用加碘盐烹调食物。

孕早期，补充叶酸很重要

孕早期是胎儿中枢神经系统生长发育的关键时期。如果在此关键时候补充胎宝宝神经系统发育所需的关键营养素——叶酸，可使胎宝宝患神经管缺陷的危险减少50%～70%。

补充叶酸最好到医院咨询产科医生后再选择合适的剂量，我国卫生组织推荐的剂量是每天400微克。如果过量摄入叶酸（每天超过1毫克），反而会干扰准妈妈的锌代谢，影响胎儿的发育。

特别提示

准妈妈可以多吃含叶酸丰富的食物，如芹菜、菜花、红苋菜、菠菜、生菜、芦笋、龙须菜、油菜、小白菜等。

感受大自然的动听之音

“听”是语言交流的前提，在开始音乐胎教之前，聆听是第一步。而大自然正是最宝贵的课堂。准妈妈在大自然中可以找到无限学习和探索的机会。

鸟语花香、潺潺流水、花开叶茂——大自然奏响的美妙音乐，淳朴、天然，准妈妈静下心来，用心去感受，将另有一番意境。

通过聆听自然之音，也可以锻炼胎宝宝对声音的感觉，提高他对声音的分辨能力，为宝宝将来的听觉系统发育做好准备。

刚刚怀孕，运动要小心

怀孕之初，因为胚胎还没有稳定，不能做剧烈运动，要避免频繁或大幅度牵拉腰腹部。另外，准妈妈运动时应注意以下几点：

- 注意着装。着装宜宽松舒适，鞋要合脚轻便。
- 环境舒适。最好在空气清新、绿树成荫的场所锻炼，这对母体和胎儿的身心健康均有裨益。运动中要及时补充水分，防止虚脱，注意保暖，以免着凉。
- 心率变化。运动时心率不能过快，尽量不超过最大心率的80％。最大心率=(220−年龄)×60%。
- 因人而异。运动中准妈妈如出现晕眩、恶心或疲劳等情况，应立即停止运动。如发生腹痛或阴道出血等情况，要及时上医院检查。

患有高血压的准妈妈则要限制运动量。有习惯性流产史的准妈妈，在妊娠早期要卧床休息。由于每个人情况不同，最好在咨询产科医生后，再安排适当的运动。

胎教故事：《草船借箭》

罗贯中所著的《三国演义》是我国古代四大名著之一，《草船借箭》的故事更是其中非常精彩的一段。准妈妈带着胎宝宝一起来感受一下诸葛亮的智慧吧!

三国时期，孙权、刘备便打算联手伐魏。孙权手下有位大将叫周瑜，智勇双全，可是心胸狭窄，很妒忌诸葛亮的才干。周瑜要诸葛亮在十天内负责赶造十万支箭，哪知诸葛亮说只要三天，还愿立下军令状，完不成任务甘受处罚。

周瑜叫鲁肃去探听诸葛亮的虚实。鲁肃见了诸葛亮。诸葛亮说："这件事还要请你帮忙。希望你能借给我20只船，每只船上30个军士，船要用青布幔子遮起来，还要一千多个草靶子，排在船两边。不过，这事千万不能让你家都督知道，否则就不灵了。"

鲁肃报告周瑜，只说了他要准备的材料，绝口不提诸葛亮的计划。两天过去了，不见一点动静。到第三天四更天的时候，诸葛亮秘密地请鲁肃一起到船上去，说是一起去取箭。诸葛亮吩咐军士把船用绳索连起来向对岸开去。

那天江上大雾迷漫，对面都看不见人。当船靠近曹军水寨时，诸葛亮命军士把船一字摆开，叫士兵擂鼓呐喊。

曹操以为对方来进攻，又因雾大怕中埋伏，就从旱寨派了六千名弓箭手朝江中放箭，雨点般的箭纷纷射在草靶子上。过了一会儿，诸葛亮又命军士将船掉过头来，让另一面受箭。

太阳出来了，雾要散了，诸葛亮命军士将船赶紧往回开。此时顺风顺水，曹操想追也来不及。这时船两边的草靶子上密密麻麻地插满了箭，每只船上至少有五六千支，总共有20条船，总数超过了十万支。

鲁肃把借箭的经过告诉周瑜时，周瑜感叹地说："诸葛亮神机妙算，我不如他。"

把“好孕”喜讯告诉丈夫

当得知自己怀孕的消息时，很多女性可能最想做的事是兴高采烈地把这个消息和周围的亲人朋友分享。当然，除了自己之外，你最先应该告诉的人就是你的丈夫。

这时，你最好采用一种独特的方式向他宣布这个甜蜜蜜的消息，不失时机地向他撒撒娇，可能会更充分地享受到作为女人的幸福。

比如，你给他个打电话，约他去你们曾经约会的地方，说要告诉他一个秘密。在那里，你可以让他千猜万猜，但就是不让他猜到。待他猜得一副山穷水尽的样子时，你出其不意地让他得知这个消息。

这样，会使你和你的爱人都觉得很甜蜜，也很浪漫。

用一种独特的方式欢迎胎宝宝，胎宝宝也会很开心的。

母亲的行为会影响宝宝一生

准妈妈的习惯将直接影响到胎宝宝将来的习惯，如果母亲本身生活不规律、习惯不好，那么胎宝宝在母体内也接受了种种不良习惯的刺激，出生后可能难以改掉。

所以，从准妈妈怀孕起就要养成良好的行为习惯，以积极的生活方式影响胎宝宝，使他终生受益。

相传周文王的母亲在孕育文王时，目不视恶色、耳不听淫声、口不出傲言、坐立端正，因此文王才贤明英武，深得民心。由此可见，早在古代人们就已经懂得了母亲的良好行为对后代有好的影响。

胎宝宝在母体内能感受到母亲言行的感化，因此，准妈妈要清心养性，品行端正，作息规律，给胎宝宝以良好的影响。

——小笑话

伐木工人去应聘工作，工长让他锯几棵树试试，很快工人锯好了20棵树。工长问：“你以前在哪儿工作？”工人：“撒哈拉森林。”工长：“我只听说过撒哈拉沙漠。”工人：“对啊，后来改名字啦！”

准爸爸，胜任助教一职

及时进入胎教角色

准爸爸现在就要进入胎教角色了，用你深沉的父爱去培育妻子腹中的幼小的新生命吧，给他爱的呵护。

丰富生活情趣

早晨陪妻子一起到空气清新的公园、树林或田野中去散步，做做早操，嘱咐妻子白天晒晒太阳。这样，妻子也会感到丈夫的体贴，心情也会更好。

陪在准妈妈左右

准妈妈这个时候特别需要你的陪伴，所以下班后还是推掉些不必要的应酬，最好也不要长时间出差。出门也要记得随身携带手机，电话里的关怀也足够让妻子感到你的关怀。

学习胎教方法

胎教是门学问，也是一门科学，你要认真学习并掌握方法，用你的爱去与胎宝宝“交谈”，用你的智慧去呵护胎宝宝健康生长。

处事风趣幽默

妻子妊娠后，体内激素分泌变化较大，会产生种种不适的妊娠反应，因而情绪不太稳定，特别需要向丈夫倾诉。在这个特殊时期，丈夫用风趣的语言及幽默的笑话宽慰和开导妻子，才是稳定妻子情绪的良方。

孕1月，准爸爸备忘录

从这个月开始，妻子将经历生命中最大的变化——成为准妈妈，也将完成她一生中向完美女人转变的一个重要过程。准爸爸要特别注意生活细节，关注准妈妈的一举一动。

丈夫要自检一下，自己是否关注以下情况：

- 是否为妻子创造了一个舒适宁静的起居环境？
- 你们是否居住在机场附近或繁华嘈杂的地方？
- 妻子每天能吃到可口又营养均衡的饮食吗？
- 你在看优生方面的书刊和画报吗？
- 妻子经常听美妙的音乐吗？
- 你总在关心妻子吗？
- 她是否经常逗留在公共场所？
- 她近期是否有较大的精神创伤？
- 她是否已避免接触高温环境（包括高温作业）？
- 她是否停止口服或皮下埋避孕药不足3个月？
- 她是否因有慢性病而长期用药，停药是否超过3个月？
- 她是否做人工流产术或接受宫内放置避孕环手术不足6个月？
- 她近期是否注射过预防针、或患过病毒性感染性疾病？

另外，准爸爸要多关心体贴准妈妈。此时的准妈妈可能一下很难适应怀孕带来的各种变化，情绪波动很大。因此准爸爸要体谅准妈妈，不要惹准妈妈生气，不乱发脾气，多安慰准妈妈，让准妈妈开开心心。在做好本职工作的同时，准爸爸要多做家务，尽量减轻准妈妈的家务负担，尽自己所能给准妈妈做几道拿手好菜，以增进准妈妈食欲。

孕2月，幸“孕”路上也有艰辛

孕2月，准妈妈可能还沉浸在得知怀孕的喜悦中，而此时正是胚胎各器官进行分化的关键时期。这时的胚胎不仅形态上已产生了巨变，而且还能够感受到外界的刺激，准妈妈切不可以为“怀孕不久，胚胎尚未形成”而掉以轻心。

胚胎发育的关键时期，也是胚胎对致畸因素特别敏感的时期。因此，要慎之再慎，准妈妈在克服早孕反应的同时，一定要积极地进行胎教。

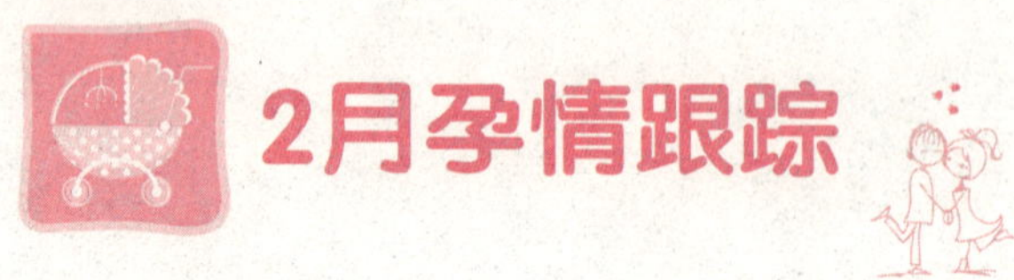

2月孕情跟踪

频发生命讯息的胎宝宝

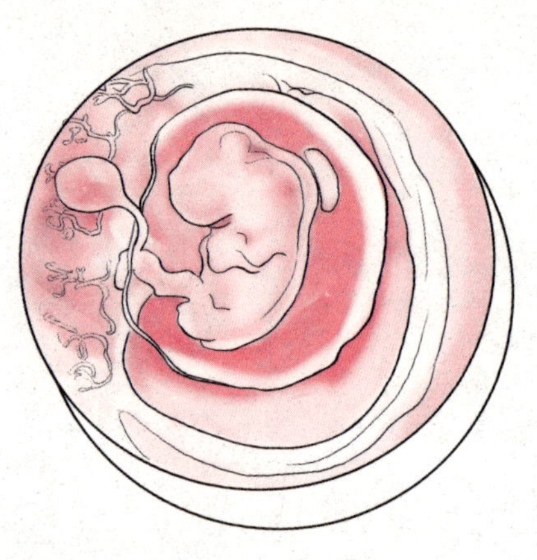

孕2月时，“小豆芽”长大了1倍多。头很大，占了胎体“半壁江山”。

妊娠2个月时，胎宝宝已发育成人的形状了，已能辨别出头、躯干的轮廓了，尾巴也小了一些，身长2～3厘米，重量约为4克。手、脚也已经能分得出来了。眼睛、耳朵、嘴大致轮廓也出现了，已经像人的脸了。

不过，胚胎的眼睛还分别长在两个侧面。骨头还处于软骨状态，有弹性。骨、肠、心脏、肝脏等内脏已初具模样，特别是肝脏在很快地发育。

现在，他的神经管已经鼓起，大脑正在急速发育。从外表上还分不出性别，但内外生殖器官的原型已经能辨认出了。在羊膜腔里积有羊水，胎儿好像漂浮在里面。

此时，胎儿的潜能在不容忽视，从胚胎发育第5周开始，就有较复杂的生理活动，如心脏的跳动等。

出现晨吐的准妈妈

孕2月时，准妈妈的乳房会肿胀，因激素水平变化还会导致全身或局部皮肤颜色加深，并出现害喜现象——头晕、头痛、恶心、呕吐、无力、口水增多等。

平时，精精神神的准妈妈现在总是想睡觉，现在的睡眠时间要比平多一些。准妈妈白天也总想睡觉，晚上也比怀孕前睡得早了。准妈妈千万不要勉强自己，想睡的时候尽管安心地睡。充足的睡眠，对准妈妈和胎宝宝都非常有益。

月经暂停

胚芽着床，月经暂时消失。

子宫变大

子宫开始慢慢增大，白带增多。

孕前女性的子宫长5厘米左右，样子像个握紧的拳头；现在它不但增大了，而且子宫峡部特别软。

胎盘与脐带

母体和胎儿的联系进一步加强。子宫底蜕膜内绒毛不断地繁殖，开始准备制造胎盘；出现了形成脐带的组织；在羊膜腔里积有羊水，胎宝宝就漂浮在里面。

阴道壁充血

阴道壁及子宫颈因为充血而变软，呈紫蓝色。

乳房的变化

乳头刺痛感还未消失，乳房下方的血管越来越明显。

出现便秘和尿频

由于子宫增大压迫到膀胱和肠道会引起便秘、腹泻、多尿等现象，同时，也会感到下腹发胀。

准妈妈的心绪难平静

在怀孕早期（最初3个月），大部分准妈妈都会感到将做母亲的喜悦、幸福和自豪，这种有益的心理反应对胎教是十分有利的。但是也有一部分准妈妈由于内分泌的变化，加上早孕反应十分严重，会产生紧张的心理。

这时，恶心、呕吐、眩晕、食欲减退等因素，还会让准妈妈产生种种担忧：担心妊娠失败甚至厌恶妊娠，担心胎儿流产或畸形，担心分娩的恐怖等，进而易产生烦躁心理。

对于这种不稳定的情绪表现，准妈妈应正确认识和调整，尽量让自己从紧张中放松下来，保持心情舒畅，和喜欢的人聊聊天，有助于减轻妊娠反应和烦躁心理。

①小华在家里，和谁长得最像？

②鸡蛋壳有什么用处？

③小明知道试卷的答案,为什么还频频看同学的?

【答案在359页】

孕2月，准妈妈日常保健细则

妊娠剧吐怎么办

有下列情况的准妈妈容易呕吐：精神紧张；年轻准妈妈；第一次怀孕；肥胖体型的准妈妈；1年以上不孕史；双胞胎准妈妈。

呕吐程度轻重不一，少数准妈妈呕吐频繁，严重时可吐出胆汁，甚至呕吐物带血，体重明显下降，称为“妊娠剧吐”。

正常的早孕反应一般并不影响准妈妈的身体健康，也很少需要治疗。但如果准妈妈出现“妊娠剧吐”，必须及时进行治疗，否则就会影响准妈妈自身的健康以及胎儿的生长发育，甚至还可诱发其他疾病或导致流产。

除及时就医治疗外，准妈妈还要特别注意以下几点：

- 坚持休息，避免过度疲劳。
- 避免一切可能引起恶心、呕吐的不良刺激，如油、烟、异味等，尤其要保持室内的空气新鲜。
- 保持情绪稳定，消除思想顾虑，做到精神愉快，多做些有利于心情愉快的事。
- 少吃多餐，可随时进食，而且饮食要清淡可口、易于消化。
- 及时补充维生素、矿物质等各种营养素。
- 如呕吐严重，出现脏器功能损害，如肝功能异常、肾功能异常等，不应再盲目治疗呕吐，应及时就医，确诊是否能继续妊娠，以保证准妈妈的健康。

阴道检查很重要

妊娠2个月时，要做第一次阴道检查。检查目的是了解准妈妈生殖器官有无畸形、肿瘤，如阴道纵隔、双子宫、盆腔包块以及怀孕子宫与停经日期不符合等；同时还要检查阴道白带有无真菌、滴虫等病原体的感染。

阴道检查可以及早发现并发症，及早治疗。

重视异常反应

孕早期，多数准妈妈都会出现程度不同的早孕反应，如恶心、呕吐、乏力、头晕等，这是怀孕后体内一系列激素分泌变化和生理改变造成的。因此，一般的早孕反应不需要治疗。但如果出现以下异常情况，应引起准妈妈及家属的重视。

- 孕早期突然出现小腹剧痛，并伴有恶心、呕吐，甚至发生晕厥，或有少量阴道流血。遇到这种情况，应考虑到异位妊娠的可能。特别是输卵管妊娠，管腔破裂，出血会很急，严重者会在短时间内因大量失血导致休克，甚至死亡。遇到这种情况，一刻都不要停留，立即到医院检查。
- 阴道流血伴有轻微腹痛，并有腰酸，则可能是先兆流产。出现这种情况要到医院检查，出现先兆流产的征兆后，如果医生认为胎儿正常，经过休息和适当治疗，流血可停止。
- 一般的早孕反应是正常的，经过休息、饮食调理，绝大多数不影响学习和工作。但如果呕吐剧烈，不能进食，应请医生治疗，预防水电解质不平衡，以免影响准妈妈及胎儿的健康。
- 胎儿在宫内生长的速度有一定的规律性，如果子宫增大速度与妊娠月份不符，一般有两种情况：一是子宫增大速度过慢，可能是胎儿发育迟缓或胎死宫内；一是子宫增大过快，可能是多胎妊娠、羊水过多或葡萄胎等，应请医生诊断。

学会推算预产期

在确认怀孕后，多数准妈妈接下来最迫切想知道的是“宝宝什么时候出生呢”。初诊的时候医生会告诉你预产期，那么预产期究竟是如何计算的呢?

通常妊娠期是从最后一次月经开始日算起，共计280天或40周。如果接受精卵结合时间计算，妊娠期应当是自精子和卵子相遇并受精的时候或自受精卵在子宫中着床的时候至婴儿出生的时间段，但是很难确定受精或着床的准确时间，因此将妊娠前的月经首日作为妊娠第1天，在末次月经首日上加281天就是预产期（妊娠期内的1～2周实际上并没有怀孕，胎儿在母亲的身体中停留大约266天）。

预产期可作为与婴儿见面的时间指示。但更重要的是，准妈妈可以以预产期做为基准，有计划地安排与妊娠周数相符的生活，据此实施适当的胎教。

预产期并不一定实际生产日期。资料显示，初产妇的实际生产日期多数会迟于预产期，而经产妇则会早于预产期分娩。实际上，在预产期当天分娩的产妇只占4%～6%，只要在预产期前后两周内分娩，都属于正常分娩时间。

根据基础体温曲线计算预产期

学会绘制基础体温曲线后，就可以根据该曲线确定排卵日和预产期了。将基础体温呈现低温的最后一天作为排卵日，在此基础上加38周（266天），即为预产期。

利用妊娠日历

通常，在医院检查是否怀孕时，医生会通过询问末次月经日期及月经周期后，利用圆盘状的妊娠日历计算预产期。只要将最后一次月经的首日对准刻度线，就可以知道当前的妊娠周数和预产期。

以最后一次月经来临日为基准进行计算

推算时按整个妊娠期280天计算。具体的方法是：

预产期月份 = 末次月经第1天的月份 + 9或 − 3

预产期天数 = 末次月经第1天的天数 + 7

这样，计算得出的时间就是预产期。例如，最后一次月经是在2月1日，则月份2 + 9 = 11月，日期1 + 7 = 8日，那么预产期应该是今年11月8日。如果末次月经是在4月以后，则采取减3的方法计算。如末次月经第一天是4月2日，就是4−3 = 次年1月份，2+7 = 9日，即次年1月9日为预产期。

以上方法适用于对末次月经日期记得清楚的准妈妈，如果月经周期不准、闰月或来末次月经日期记不清时，需求助医生推测预产期。

- 如果准妈妈以往月经周期都超过上次月经周期，计算时要加上平均超出的日数，如有时超过5天，有时超过4天，有时超过6天，就要在算好的日数上加5天。
- 如果准妈妈在哺乳期中，未恢复月经即已怀孕，或记不清末次月经的日期时，则按下述方法推算：妊娠呕吐一般在妊娠第4周左右开始出现，到第12周（即孕3个月）时消失，推算时从呕吐开始出现的日期往前推42天，作为末次月经日期，然后再按一般方法计算预产期。也可按胎动日期计算，一般准妈妈感到胎儿肢体在宫内不规则活动时约在妊娠第20周前后，计算时从胎动开始出现的日期，再往前推140天作为末次月经日期，而后再按一般方法推算出预产期。

特别提示

如果用农历计算，则月份计算相同，只是日期加7天改为加15天。如果遇到闰年，其闰月又正在孕期之中，计算时月份减3应改为减4。

通过超声波检查确定预产期

当无法回忆起最后一次月经的时间时，可以通过超声波检查确定预产期。通过超声波测量胎儿头部到臀部的长度，由此计算妊娠月数；孕4 ~ 7周时可通过包裹胎儿的胎囊大小确认妊娠周数；在能够判断胎儿形状的孕8 ~ 11周时，可通过胎儿的长度确认妊娠周数；孕11周时，可通过胎儿的脉搏声确认妊娠周数。

确定正常妊娠很重要

预防异常妊娠，准妈妈应进一步确认是否怀孕及排除异常妊娠。

确定是否已经怀孕

在门诊采取免疫学方法检测尿液里是否含有绒毛膜促性腺激素（hCG），这种检测只需3分钟便可得出结果，辅助确诊早期妊娠。

确定是否正常妊娠

通过测定血液中的hCG来区别是正常妊娠还是异常妊娠，如宫外孕。如果hCG值低于正常范围，有可能是宫外孕或先兆流产，还有可能是葡萄胎。

警惕宫外孕的情况

宫外孕指受精卵在子宫腔以外的地方着床发育，又称异位妊娠。根据着床部位不同可分为输卵管妊娠、卵巢妊娠、腹腔妊娠，其中最常见的是输卵管妊娠。

宫外孕在输卵管发生破裂之前，与宫内早期妊娠一样有停经、恶心、呕吐等早孕反应；当输卵管破裂或流产后，会出现一侧下腹剧痛或蔓延到整个下腹部或全腹部。

血液刺激可出现肝底疼痛、肛门部坠痛、便意频频；腹腔内出血量多，往往会出现头昏、面色苍白、出冷汗，甚至休克。

此外，常见的症状是持续、少量、暗红色的阴道出血，一般多发生在腹痛后，也有的可发生在腹痛同时或腹痛前。

对以上症状要予以重视，如果及时发现宫外孕，不仅可以避免腹腔内大出血的发生或是更严重的后果，而且还可以进行只取出异位妊娠组织而保留输卵管的手术，这对于那些还没有孩子的年轻女性来说是非常重要的。

葡萄胎形成的原因

葡萄胎来源于胚胎的滋养细胞。由于绒毛水肿增大，形成大小不等的水泡，累累成串，细蒂相连，形似葡萄，故称葡萄胎。

在多数葡萄胎中，胎盘绒毛全部变为水泡状，胎盘失去摄取营养的作用，胚胎死亡并被吸收，因此无胎儿、脐带或胎膜存在，称为完全性葡萄胎；少数病例中，胎盘绒毛只有部分发生水肿变性或血管内可见有核红细胞，常有胚胎、胎儿或脐带，称为部分性葡萄胎。

准妈妈感染病毒、卵巢功能失调、细胞遗传异常及免疫机制失调等，可导致胚胎的滋养细胞失去正常的功能，造成胎盘绒毛水肿、变性，绒毛变为小水泡，形状像未成熟的葡萄，肉眼即可辨认。

关注孕早期乳房的变化

妊娠第5周前后，准妈妈通常会出现各式各样的害喜症状，此时乳房也开始发生变化，如乳晕颜色变深、乳房正下方的血管越来越明显。

妊娠第3～第4个月，大部分准妈妈的乳房开始变大，除了轻微疼痛，偶而还可触摸到肿块，这是乳腺增大以及孕激素分泌增加的缘故。另外，乳房表皮正下方会持续出现静脉曲张，乳头颜色也会变得更深。

这些变化是为了日后分泌乳汁所做的准备，所以不必太紧张。几乎所有准妈妈都会有肿胀的感觉，只是有些人并不会明显感觉到疼痛，有些人的疼痛感甚至会持续到分娩以后。

某君第一次坐飞机，很恐惧，不敢睁眼。15分钟后睁眼往窗外看，大叫：“哎呀，飞得真高，人都像蚂蚁一样。！”

邻座道：“那就是蚂蚁，飞机还没起飞。”

孕5周最佳胎教方案解析

孕2月胎教重点早知道

本月大多数准妈妈都要开始承受妊娠反应的折磨了，身体的不适很容易让人心情烦乱。准妈妈可以多做自己喜欢做的事，分散一下对身体不适的注意力。

情绪胎教

孕早期是胎宝宝神经及大脑发育的关键期，需要一个良好的母体宫内环境，因此本月的胎教重点就是准妈妈要保持情绪稳定、心情愉悦，忌大悲大喜。

很多准妈妈因为意外受孕，会忍不住有各种各样的担心，例如喝了酒啊，吃过什么药物啊，担心腹中的宝宝是不是有可能因此致畸。

其实大可不必如此。如果感到不放心，不妨去咨询产科医生，千万不要自己胡乱猜疑、莫名地担心。

运动胎教和音乐胎教

适当的运动和听音乐都可以辅助准妈妈调节情绪，因为胎宝宝现在是胚胎，各种感觉还未发育成熟，针对他的具体胎教课程还略显早。如果准妈妈愿意，可以先试着与他分享一下自己的心情，就算是胎教的热身，也是让自己感到幸福的小妙招。

营养胎教

胃口不适，吃不下太多东西，没关系，胎宝宝还很小，需要的营养重质不重量。呕吐后可适量吃些爽口的水果、绿叶蔬菜，也可以吃些蛋羹、清淡的汤粥等。

特别提示

除了以上列出的胎教方式，准妈妈也可以试试联想胎教、环境胎教等，以此来丰富自己和胎宝宝的生活。

早孕反应来了，也要吃东西

准妈妈恶心、呕吐现象的产生，主要是由于雌激素对胃肠内平滑肌的刺激作用所致。

孕吐也不要禁食

准妈妈本身和胎宝宝都需要营养，呕吐减少了营养的供给，再少吃则更不利于健康。轻度恶心、呕吐，可以不必治疗，更不要少吃或禁食。相反，还应该多吃一些食物，这样会感觉好一些。

准妈妈最好少吃多餐，每天吃6次饭，准备一些饼干，随时吃一点，清晨喝杯牛奶或豆浆就更好了。准妈妈吃完饭后可以卧床休息20～30分钟，恶心时吃几块饼干，感觉就会好一点。

早孕反应严重也要吃早餐

孕早期，胎宝宝还小，对营养的需求相对孕中期和孕晚期要少。但孕早期是胚胎细胞分化和主要器官的形成期，因此均衡的营养是最重要的。再忙的准妈妈也要坚持吃早餐，早餐尽量做到精简而营养丰富。

有的准妈妈有不吃早餐的习惯，或者晚饭过于丰盛，这对准妈妈自身及胎儿都不利。通常人们上午的工作或劳动量较大，所以在工作前需要相应地供给充足营养，才能满足身体上、精神上的需求。

倾听自然之音《晨光》

这首曲子也是由班得瑞创作，乐曲中表现出的晨光柔和而又充满活力。旭日东升之时，曲中新鲜的朝气将你从梦境中唤醒。清新的早晨，你会看到一个格外美好的世界，仿佛眼前有一片绿油油的麦田，人们正在起床，孩子们正在上学的路上欢唱。

孕早期，聆听音乐的主要目的是为了舒缓准妈妈的情绪。此时的胎宝宝还只是胚芽，听觉器官要到妊娠4个月以后才会发育。所以，准妈妈只要心情好，就达到胎教的目的了。

避免情绪过度紧张

准妈妈的精神状态和情绪，不仅影响本人的食欲、睡眠、精力、体力等，而且可以通过神经—体液系统影响胎儿的营养供给、心率、呼吸和胎动等许多方面。如果准妈妈情绪不佳，便可能对胎儿产生不良影响。

实验观察表明：准妈妈情绪过度紧张，可能导致胎儿发生兔唇；如受到惊吓、恐惧、忧伤、悲怒等刺激，或其他原因造成的精神过度紧张，能使大脑皮质与内脏之间不平衡，关系失调，引起与胎儿间的血液循环紊乱，严重者可直接导致胎儿死亡。

可见，准妈妈的情绪虽然属于间接胎教范畴，但对胎儿大脑发育有着相当大的影响，务必要引起足够的重视。

多做体操有益母子健康

进入妊娠第2个月，胎儿的运动天赋就已经开始显露了，他会在妈妈的肚子里活动了。现在，当他在你的子宫里觉得懒洋洋时，偶尔也会转个身或伸个懒腰，准妈妈不妨抓住这个大好机会来和胎宝宝一起来做个胎教操吧。

做一做轻松的胎教操，可以使胎宝宝有安全感，让他感到舒服和愉快，身体发育会更好，而且这样的胎教还可以激发胎儿“做体操”，这样的训练能促进他出生后翻身、抓、握、爬、坐等各种动作的快速发展。

胎教体操是依据女性孕期身体变化编排的运动项目，其类型多种多样，准妈妈可以根据自己的身体状况选择适合的项目进行锻炼，只要运动强度在正常范围之内，都可以达到锻炼的效果。

孕2月营套餐特别推荐

营养早餐：豆包50克，二米粥1碗（大米和小米共50克），煮鸡蛋1个，蔬菜适量。

灵活加餐：苹果1个，牛奶300毫升。

经典午餐：面条150克，土豆炖鸡肉100克，黑木耳炒黄花菜50克，奶油白菜50克。

下午茶点：银耳水果羹1碗。

爱心晚餐：米饭100克，补脑鱼汤100克，番茄炒鸡蛋50克，素什锦50克。

准妈妈营养食谱精选

土豆炖鸡肉

【原料】土鸡1只，土豆300克，葱白2段，生姜3片，八角2粒，花椒8粒，红糖、酱油、植物油、盐各适量。

【做法】

①将土鸡去毛、去内脏，用清水洗净，切成2厘米见方的大块。将土豆洗净，去皮后切成2厘米见方的块备用。

②锅内加入植物油烧热，放入花椒、八角、姜片，爆香后放入鸡块，翻炒均匀。

③加入土豆、盐、酱油、红糖，炒至鸡块颜色变成黄色后放入葱白和适量水（以刚没过鸡块为宜），先用大火煮开，再用小火炖1小时左右即可出锅。

【营养功效】

这道菜口味清淡，不但能保证孕早期准妈妈的营养摄入，还有温中益气、助消化的作用，特别适合孕早期没有食欲的准妈妈食用。另外，土豆中富含膳食纤维，可以帮助准妈妈预防便秘。脾胃虚弱的准妈妈多吃此菜，更为适宜。

黑木耳炒黄花菜

【原料】干黑木耳20克，干黄花菜80克，葱1小段，素鲜汤(超市有售) 100毫升，水淀粉、盐、植物油、鸡精各适量。

【做法】

①将黑木耳用温开水泡发后去蒂、洗净，撕成小朵。将干黄花菜用冷水泡发，择洗干净，沥干水后备用。葱洗净，切末备用。

②锅内加入植物油烧热，加入葱花爆香后放入黑木耳、黄花菜，煸炒均匀。

③加入素鲜汤，烧至黄花菜熟后加入盐、鸡精，用水淀粉勾芡即可。

【营养功效】

这道菜不但清淡可口，还可以补气强身、滋阴益胃，适合有贫血及出血性疾病的准妈妈食用。准妈妈常吃此菜，还可以排出体内的各种毒素，补充有利于胎宝宝大脑及神经系统发育的营养物质，促进大脑发育。

盐水猪肚

【原料】猪肚300克，葱白1根，生姜3片，花椒5～10粒，八角1粒，桂皮少许，料酒、醋、盐各1小匙。

【做法】

①将猪肚处理干净，放入锅中，煮沸后捞出。

②将葱白去根洗净，用刀拍裂，切成5厘米长的段备用。生姜洗净备用。

③将猪肚切成3厘米左右长的菱形块， 放入一个比较大的盆中，放入姜片、葱段， 加入料酒、醋、花椒、八角、桂皮和盐，加入适量清水（以淹没肚块为宜）。

④蒸锅中加水烧开，将装猪肚的盆放入蒸笼，蒸20分钟左右后取出晾凉即可。

【营养功效】

这道菜含有蛋白质、脂肪、糖类、维生素、钙、磷、铁等营养物质，具有补虚损、健脾胃的食疗保健功效，特别适合于因气血不足、身体瘦弱而食欲欠佳的准妈妈食用。

孕6周最佳胎教方案解析

孕吐时，补充营养的小妙招

孕吐是大部分女性孕早期会出现的现象，有的女性孕吐没多大反应，有的女性孕吐得很严重。为了胎宝宝和准妈妈的健康，孕早期吐后应该及时补充营养，以免造成营养不良。

注意补水

孕吐时，水分补充对于准妈妈来说很重要，准妈妈不要怕吐，吐了以后应再喝，反复几次就不会再吐了。

注意补铁

准妈妈因剧烈呕吐会造成营养不良，钠、铁、钙等营养物质丢失，会出现贫血现象（如面色苍白、头晕眼花、四肢无力等）。

这时要增加食用含铁丰富的食物，如鸡、鸭、猪心和猪肝等，另外，还可多吃一些蚕豆、芹菜、香菇、紫菜、红枣等。

注意补钠

孕吐可能造成低钠现象，可以在准妈妈的水和其他饮料里可加少许盐。

必要时可加餐

晚上孕吐反应较轻，食欲会稍增加，必要时准妈妈睡前可再加一餐，以满足自己与胎宝宝的营养需求。

满足自己的口味

准妈妈孕吐太严重的话，就应该多吃些自己喜欢吃的食物，即使自己所喜欢吃的食物营养价值并不是很高，也比不吃或吃了就吐要好。

心理压力越大早孕反应越明显

在妊娠第2个月，有些准妈妈会出现比较严重的早孕反应、着床性出血等，这主要是因为准妈妈体内绒毛膜促性腺激素水平急速上升所致。此外还与准妈妈的心理状态有关，准妈妈的心理压力越大，早孕反应也会越明显。

准妈妈要缓解这种症状，要注重自我心理调节，如看看书、翻翻杂志、听听音乐，都是不错的选择。另外，准妈妈还可以从合理的饮食和生活细节上调整，如平时多注意休息，避免劳累和提重物等。

花花草草，应对污染

在家中养几盆观赏性植物，气味芳香，赏心悦目，还可以清除室内污染，准妈妈可以适当选择。

- 可清除甲醛的植物有：散尾葵、发财树、文竹、中国兰、仙人掌、富贵竹、绿萝等。
- 可清除苯的植物有：绿萝、发财树、绿巨人、散尾葵、合果芋、元宝树、海棠花、垂叶榕等。
- 可清除室内挥发性有机物的植物有：吊兰、芦荟、仙人掌、常春藤、龟背竹、绿萝、虎尾兰、龙舌兰、袖珍椰子、千年木、无花果等。
- 可减少电磁辐射的植物有：仙人掌、松树盆景、柏树盆景、杉树盆景等。

不宜长期放在室内的花卉

有些植物的气味或花粉会使人产生不适症状，尤其是对准妈妈和胎宝宝的影响不容忽视。以下几种植物不宜摆放在准妈妈的房间：

- 松柏类花木：如郁金香、接骨木等。
- 洋绣球花类：如五色梅、天竺葵等。
- 丁香类花卉：如夜来香等。
- 其他类：如月季花、紫荆花、百合花等。

名曲欣赏《春江花月夜》

《春江花月夜》原是一首琵琶古曲，1923年被改编为丝竹合奏曲，并且借用《琵琶行》中“春江花朝秋月夜，往往取酒还独倾”这个诗句改名为《春江花月夜》，至今一直延用此名。

丝竹合奏曲《春江花月夜》共分10段。改编者根据对乐曲内容的理解，用诗歌的语言为每段加了小标题，它可以让人们在欣赏音乐时产生更多联想。

春江花月夜

这首乐曲适合于孕早期准妈妈心情烦躁时倾听，它能镇定准妈妈的情绪。准妈妈在欣赏这首乐曲时，应将自己融入到月夜春江的迷人景色中，在优美柔婉的旋律里，除尽烦恼，洗练出一个宁静、甜美的心境，让自己的情绪在音乐绘就的清丽、淡雅的长卷山水画中变得心旷神怡。

这些准妈妈最好不要运动

适宜运动对准妈妈来说好处多多，但并不是每个准妈妈都适合运动，以下人群在怀孕期间不宜做运动锻炼。

有先兆流产、先兆早产、死胎史、双胎史、羊水过多、前置胎盘、阴道流血、腹部韧带松弛、子宫颈可能提前开口的准妈妈，都不宜运动。如果准妈妈患有心脏病或是泌尿系统的疾病，也不适于孕期运动。

怀了双胞胎的准妈妈也要小心，不宜随意运动。

特别提示

准妈妈在孕早期不宜做背部肌肉的锻炼。背部肌肉锻炼会使给胎儿供血的血管承受过大的压力，影响给胎儿的供血。准妈妈还要避免那些可能撞击到腹部的运动，如足球、篮球等。

做一做脑“呼吸操”

在妊娠第2个月，正是胎宝宝各个器官进行分化的关键时期，准妈妈可用意念胎教的方法使胎宝宝发育得更加完善，最常用的就是脑呼吸操。脑呼吸操胎教是与简单的基本动作一起冥想，即从脑运动开始。

方法是：首先熟悉脑各个部位的名称和位置，闭上眼睛，在心里按次序感觉大脑、小脑、间脑的各个部位，想象脑的各个部位并叫出名字，集中意念，这样做可清楚地感觉到脑的各个部位。

刚开始做脑呼吸操时，先在安静的气氛下做5分钟左右，在逐渐熟悉方法后，可增加时间。吃饭前，在身体轻松的状态下做脑呼吸操更有效果。还可以通过脑呼吸操和胎宝宝进行对话，想象一下肚子里的孩子，想象胎宝宝的身体各个部位，从内心感觉胎宝宝。做脑呼吸操的同时对胎宝宝说话，或写胎教日记，会使胎宝宝和准妈妈更容易进行交流。

孕7周最佳胎教方案解析

准妈妈吃酸有取舍

许多女性在怀孕以后，经常感到恶心、呕吐、食欲减退，爱吃带有酸味的食品。准妈妈喜食酸味食物是符合生理及营养需要的。

第一，准妈妈多吃酸味食物能够帮助胎宝宝的骨骼生长发育。

第二，准妈妈吃酸味食物有利于铁的吸收，可促进血红蛋白的生成。

第三，准妈妈吃些酸味食物可以为自身和胎儿提供较多的维生素C。

准妈妈吃酸有讲究

食酸味食物虽好，但准妈妈吃酸也是有讲究的。喜食酸味食品的准妈妈，最好选择既有酸味又营养丰富的番茄、樱桃、杨梅、石榴、海棠、橘子、酸枣、葡萄、苹果等新鲜瓜果蔬菜，这样既可改善胃肠的不适症状，也可增进食欲，增加营养。

不宜食用腌制品

有的准妈妈喜欢吃腌制的酸菜、醋制品，此类食物虽有一定的酸味， 但维生素、蛋白质、无机盐、糖分等营养几乎丧失殆尽，而且腌菜中的致癌物质亚硝酸盐含量较高，过多食用显然对母体、胎宝宝的健康无益。同时，大量地食用酸味食品，可使准妈妈体内酸、碱平衡失调，容易引起疲乏、无力。

准妈妈忌食山楂

虽然带有酸味的食品可以缓解准妈妈出现的恶心、呕吐等现象，但并非所有的酸味食品都适合准妈妈食用。山楂就是准妈妈不该吃的酸味食品，因为山楂可以刺激子宫收缩，有可能诱发流产。

不适宜准妈妈的工作岗位

女性怀孕后，应回避对身体不利的工作。除了注意避免劳动强度过大的工作外，还要考虑职业对胎宝宝的发育有无危害，必要时应调换其他的工作。为了母婴健康，准妈妈应避免下述工作和环境。

避免接触有放射线和电磁波的工作

包括操作电子计算机、在放射科工作等。妊娠早期的女性最好暂时调离这些工作岗位，以免影响胎宝宝的正常发育。还应避免不良工作环境：如高温、低温、湿度过大及有强烈噪声的工作环境下工作。

避免重体力劳动和有震动的工作

如搬运工作及过重的体力劳动，剧烈的全身震动或局部震动的工作，如使用风动工具及机械操作等。

避免长时间站立的工作

如售货员、收银员、招待员等，即使在办公室内进行较轻松的工作，也不要长时间保持一种姿势，应定时休息，活动手脚。

若准妈妈从事上述工作，争取向单位领导申请给予照顾，按劳动法酌情暂时调换工作岗位。

自我调节情绪的方法

准妈妈应胸怀宽广，心情乐观舒畅，多想孩子远大的前途和美好的未来，避免烦恼、惊恐和忧虑。

把生活环境布置得整洁美观，赏心悦目。还应挂几张娃娃的图画，准妈妈可以天天看，想象腹中的孩子也是这样健康、美丽、可爱。

多欣赏花卉盆景、美术作品和大自然美好的景色，多到野外呼吸新鲜空气。

衣着打扮、梳洗美容应考虑是否有利于胎宝宝和自身健康。常听优美的音乐，常读诗歌、童话和科学育儿书刊。

爱上你的音乐浴

准妈妈进行音乐浴时，录音机要放在离自己远一点儿的地方，音量开到适中，音乐以自己喜爱的乐曲为主，节奏较明快为好，也可先听舒缓的，后听明快的。音乐要连续播放10分钟左右。

- 音乐浴前奏。准妈妈坐在沙发或椅子上，双腿放在前方比座椅稍高的凳子上，手放在双腿两边，闭上眼睛，全身放松。
- 音乐进行时。随着音乐的响起，全身自然放松。首先想象音乐如波浪般一次一次有节奏地向你冲来，冲走了疲乏，冲醒了头脑，血液正在全身随着音乐节奏流动（时间控制在3分钟或一首乐曲为限）。然后，想象音乐如温热的水流，自头顶向下流动，血液也在从头到脚来回有节奏地流动（时间约5分钟或一首乐曲为限）。最后，准妈妈睁开眼睛，随着音乐的节奏，手、脚有节奏地晃动，时间约2分钟。
- 音乐浴结束。当音乐停止以后，起身走动走动。享受完音乐浴之后，头脑的昏沉感和身体的疲乏感会一扫而光，变得精神百倍。

想象一下未来宝宝的样子

妊娠第2个月，是胎宝宝的各个器官进行分化的关键时期，准妈妈可用联想胎教的方法使胎宝宝发育得更加完善。准妈妈不妨想象一下未来宝宝的模样。

自己肚子里的胎宝宝是男是女？像爸爸还是像妈妈？另外，准妈妈还可以看一些自己喜欢的儿童画和图片，仔细观察夫妻二人，以及双方父母的相貌特点，取其长处进行综合，在头脑中形成一个清晰的印象。

现在有科学研究证明：孕妇在孕期设想的孩子形象在某种程度上相似于将要出生的胎儿。因此，许多准妈妈在家中的墙壁上都会悬挂一些自己喜欢的漂亮婴幼儿的照片，每天看上几次。

孕8周最佳胎教方案解析

名曲欣赏《糖果仙子》

《糖果仙子》是著名的芭蕾舞剧《胡桃夹子》中第二幕的舞曲。背景是圣诞节的夜晚，剧中的小女孩梦见自己的圣诞礼物胡桃夹子正在和老鼠军队大战，正当老鼠快要获胜的时候，小女孩拿起拖鞋向老鼠扔过去，因而打败了老鼠军。这时候，胡桃夹子也变成了一位英俊的王子。王子为了答谢小女孩的救命之恩，就带她到由各种糖果做成的“糖果仙国”宫殿中，享受各种美味可口的糖果。而《糖果仙子》正是小仙子们欢迎小女孩所跳的舞。

准妈妈在听的时候可以在脑海中想象仙子们的美丽舞蹈，并与自己的胎宝宝联系起来，勾勒一下胎宝宝的样子，这份甜蜜也会传递给腹中的胎宝宝。

糖果仙子舞曲

作曲：柴可夫斯基

离噪音远一点，再远一点

妊娠2个月时，胎象还不是很稳定，噪声危害极易引发子宫收缩而导致流产，准妈妈一定要重视噪声危害的严重性，消除和远离噪声，为胎儿和自己创造一个安静的环境。

长期生活在噪声污染的区域，会使人烦躁不安、情绪不稳、食欲不佳、休息和睡眠质量也会变差，还可致听力下降。噪声对准妈妈和胎宝宝的危害更大，不仅会影响准妈妈的中枢神经系统，而且还会使准妈妈内分泌紊乱，使胎宝宝胎心加快、胎动增加。

缓解孕吐的食疗方

有孕吐现象的准妈妈，一定要稳定情绪、放松心情，在饮食上，中医食疗有一些行之有效的方法，你不妨试一试。

- 红糖姜茶：生姜、陈皮各10克，加一小勺红糖和适量水，煎成糖水饮用。
- 醋浸姜片：鲜嫩生姜1个，切片后用醋浸泡至变成深色，含食。
- 姜汁柿饼：生姜20克，柿饼两个，加少量开水将柿饼捣烂后蒸煮，每次服食1小勺。

避免产生不好的联想

由于联想对胎宝宝具有一定的“干预”作用，母亲的联想内容十分重要，美好的内容联想无疑会对胎宝宝产生美的熏陶；内容不佳的联想，则会起到不好的作用，或把准妈妈本不想传递给胎宝宝的信息传递给了他。

这一点，准妈妈要千万注意，准爸爸在生活中也要多提醒妻子，避免妻子产生不好的联想。

保持合理的睡眠和休息

孕期最好的休息形式就是睡眠，通过适当的睡眠解除疲劳，使体力与脑力得到恢复，也有利于胎宝宝健康发育。

准妈妈的睡眠时间要比平时多1小时左右，最低也要保证8小时。睡眠不足易引起疲劳，如果感觉疲劳并不容易恢复的时候，就要睡午觉。特别是在酷热的夏季，每天都应该睡午觉。不能睡午觉的人应延长晚上的睡眠时间。

为了能够熟睡，睡眠时要注意姿势。

特别提示

当准妈妈出现腿部疲劳、水肿或静脉曲张时，把叠成两折的坐垫放在腿下，把腿抬高，这样睡眠的效果会更好。

孕早期，仰卧位比较舒服，准妈妈可以在膝关节下面放一个枕头或叠成两层的坐垫，这样容易入睡。在孕中期以后，由于准妈妈的腹部逐渐大了起来，仰卧位会感到难受，这时侧卧位比较舒服，采取一个舒适的体位就能够安然入睡。

孕期体操——踝关节与足尖运动

妊娠第2个月的时候，准妈妈不能做太剧烈、太复杂的运动，也不能压迫到腹部，因此可以做一些简单的体操。踝关节与足尖运动是适合此期准妈妈的体操。

踝关节运动

这个运动可通过活动踝关节，促进局部血液循环，并增强脚部肌肉的力量。

具体做法：准妈妈坐在椅子上，一条腿放在另一条腿上面，下面一条腿的脚平踏在地面，上面的腿缓缓活动踝关节数次，然后将足背向下伸直，使膝关节、踝关节和足背成一条直线。两条腿交替练习上述动作。

足尖运动

足尖运动可通过活动脚尖，促进局部血液循环，并增强脚部肌肉的力量。

具体做法：准妈妈坐在椅子上，两脚平踏在地面，脚尖尽力上翘，翘起后再放下，反复多次，注意脚尖上翘时，脚掌不要离地。

准爸爸，胜任助教一职

了解准妈妈的心理

有时，准爸爸可能会对准妈妈的情绪波动感到不解，其实是因为你们没有了解和理解准妈妈的内心世界。让我们来看一看，准妈妈们都在想些什么吧!

- 希望丈夫与我共享怀孕的快乐和担忧，理解我情绪上的种种变化，并及时安慰我。

- 孕吐使我很难受，我常常会发脾气。希望丈夫能注意到我的性情变化，宽容、谅解我的烦躁情绪和过分挑剔。

- 我一点胃口也没有，很害怕进厨房，希望丈夫能主动为我下下厨，减轻我对恶心、呕吐的恐惧。

- 我的身体不舒适，又怕流产，对性生活没兴趣，希望丈夫能够理解我，并愉快地与我配合。

- 我心绪不佳时，希望丈夫能在我身边，耐心劝慰我，并多抽一些时间陪陪我。

- 为了胎宝宝健康发育，希望一直吸烟的丈夫能戒烟，至少不要在我面前吸烟。虽然这很难为他。

作为家庭主要成员的丈夫，应当经常关心和体贴怀孕的妻子，不仅从家务劳动和饮食起居上要照顾自己的妻子，还要经常注意妻子的心理和情绪变化，及时给予妻子适宜的开导或具体的帮助，从实际事务的处理上和心理宽慰方面来照顾好妻子。

减少准妈妈的不适

怀孕给准妈妈带来的是喜悦，但接踵而来的还有恶心、呕吐、厌食等早孕反应，有时还会伴有头晕、倦怠等症状。同时，由于身体的变化也会使准妈妈心情跌宕起伏，因此准爸爸此时的作用是很重要的。准妈妈的呕吐、发脾气给生活带来不和谐，准爸爸马上应拿出爱、勤、乖三字箴言的本领，去体贴准妈妈。

温馨的家庭环境

家庭并不是游离于社会之外的孤岛，而是社会的重要组成部分，一天24小时，一般只有1/3的时间是在工作岗位，其余的时间多数是在家庭中度过。有一个温馨的家庭环境，对于调节准妈妈的情绪，增强胎教的信心，激起对未来生活的期盼等，都是大有裨益的。

准妈妈的整个妊娠过程，绝大多数的时间是在家庭中度过的，家庭气氛的和谐与否对胎宝宝的生长发育影响很大。和谐的家庭气氛是造就身心健康后代的基础，在和睦融洽的氛围中，准妈妈得到的是温馨的心理感受，胎宝宝也能在良好的环境中获得最佳熏染，从而有利于将来宝宝的身心健康。

体贴、关爱准妈妈

要多协调婆媳间的关系，注意准妈妈的情绪和心理变化，为其创造一个和睦的生活环境。

孕早期，胎宝宝虽然没有明显的表现，但此时的胎宝宝很脆弱，很容易流产。因此准爸爸不能让准妈妈干重体力活儿，要帮助准妈妈提重的物品，帮助准妈妈从高的地方拿东西或者放东西，抢着做家务，让准妈妈尽可能得到充分的休息。

在准妈妈因孕吐吃不下东西时，准爸爸应做一些准妈妈喜欢且可口的饭菜，以保证营养的供给。此外，还要帮助准妈妈创造一个良好的胎教环境，应经常陪同准妈妈到空气清新的大自然中去散步。空气清新、景色秀美的环境是胎宝宝健康发育的必要条件，引导准妈妈爱护胎宝宝，要同准妈妈一起想象胎宝宝的情况，描绘胎宝宝的活泼与健康。

孕2月，准爸爸备忘录

妊娠第2个月，是胎宝宝各个器官分化发育的敏感时期，准妈妈要特别注意远离一些容易会使胎宝宝致畸的因素，如电磁辐射、X射线、化学药品等。有些准妈妈会开始出现强烈的妊娠反应，身体虚弱的准妈妈更需要休息，过度劳累容易引起先兆流产。所以准爸爸从这个月开始就应该做到以下几点：

- 主动多承担一些家务，减轻妻子的体力消耗和负担，保证她有充分的休息和睡眠时间。
- 多体贴妻子，安抚她不安的情绪。更多地关心、体贴、照顾妻子，使妻子保持一个好心情，是帮助妻子战胜妊娠反应的最好办法。
- 把房间布置得干净温馨，多添置一些妻子喜欢的物品和宝宝海报。
- 对于早孕反应的准妈妈，准爸爸更要悉心关照，在妻子呕吐时多给予关心，为她准备好能接受的食物。
- 给妻子准备好防辐射衣，电脑防辐射屏等，叮嘱妻子远离家中的辐射源，如微波炉、电脑、电热毯等。

孕3月，“小种子”变成了真正的胎宝宝

妊娠第3个月，你腹中的“小种子”已经成了真正意义上的“胎宝宝”。准妈妈的行动还需要十分小心。

闲暇时，准妈妈不妨和胎宝宝一起享受音乐浴，让自己拥有一个平静、安详、恬美的心情，让胎宝宝随着跳动的音符快快乐乐地发育成长。你还可以给胎宝宝讲讲你小时候喜欢的小故事，胎宝宝也会很喜欢听的。

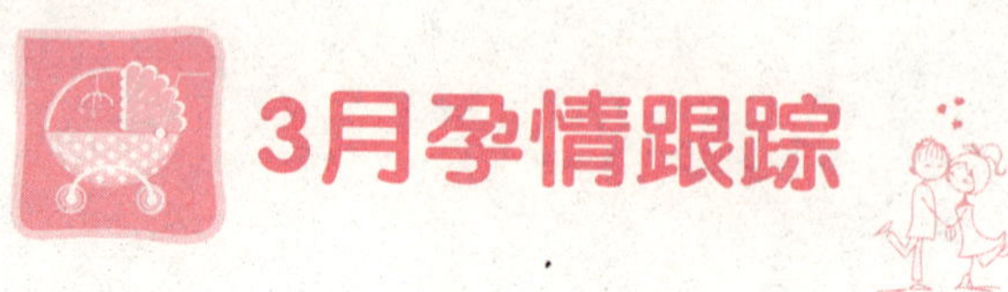

3月孕情跟踪

胎宝宝的小尾巴不见了

此时，胎宝宝的体重约20克，与妊娠第4～第7周相比，猛然增长了3～4倍。胎宝宝的小尾巴在此时基本上会完全消失，躯干和腿也都长大了，头还是相对很大。下颌和脸颊也发育得很快，更重要的是已经长出了鼻子、嘴唇、牙龈和声带等，眼睛上已也出眼皮。

因为胎宝宝的皮肤还是透明的，所以可以从外部看到皮下血管和内脏等。他的心脏、肝脏、胃、肠等更加发达了，指甲、眉毛和头发也在逐渐长出。此时已经可以区分胎宝宝的性别了，他的内生殖器的分泌功能也活跃起来了。现在，他的脐带也长了，胎宝宝可在羊水中自由转动。

这个时期，胎宝宝的头、躯干、手、腿、脚已可分辨，体长也长至6～7厘米了。通过仪器，也可以听到胎心音了。

妊娠第3个月的胚胎是真正意义上的胎宝宝了。胎宝宝在子宫里悠闲地游着，仿佛在游泳的样子。其实，那是胎宝宝在挥舞着双手，前后左右摆动头部，全身像小虾般弯曲着，宛如有意识的活动。

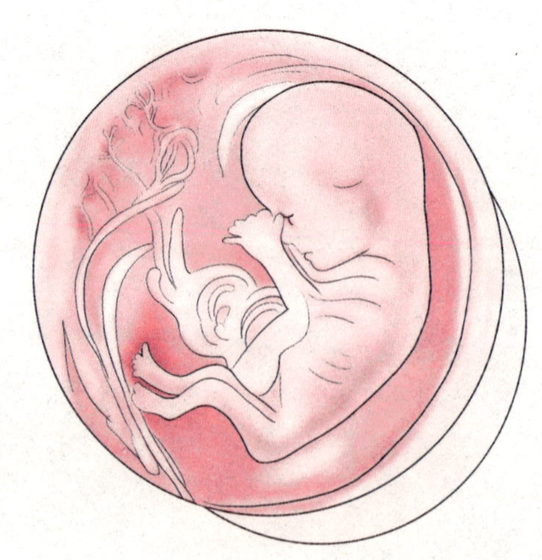

这个时间，虽然准妈妈尚未实际感觉到胎宝宝的活动，但胎宝宝已经开始拙壮地在进行成长了。

小心翼翼的准妈妈

准妈妈食欲开始增加，下降的体重也逐渐回升。在胎盘尚未形成的时期，准妈妈的妊娠反应仍然存在。现在，准妈妈的下腹会开始有压迫感，害喜症状达到顶峰。此时准妈妈还可能出现妊娠痒疹，腹部、四肢冒出像被蚊子叮咬后的红疹。除此之外，准妈妈还有可能出现易流鼻血、长痔疮、情绪烦躁、睡不安稳、腹胀、便秘、四肢无力和头晕等症状。

乳房的变大

乳房更加膨胀，在乳晕、乳头上开始有色素沉着，颜色发黑。

腹部有了小小的变化

下腹部的隆起还不明显，有的准妈妈可在下腹部骨盆边缘触及增大的子宫底部。

外阴呈深紫色

因供血增加阴部会呈深紫色，阴道分泌物也会增多。

喜悦与紧张并存的准妈妈

准妈妈经历了最初的喜悦和紧张之后，面对呕吐、眩晕等妊娠反应时，难免会产生烦躁、忧郁的情绪。大多数准妈妈都能积极调整自己的情绪，渐渐变得开朗起来，然而也不排除有少部分准妈妈会产生情绪和心理上的另一个极端，即由烦躁而发展至脾气暴躁、容易发怒。

准妈妈发怒时，血液中的激素水平和有害化学物质浓度会剧增，并会通过胎盘进入羊膜，使胎儿直接受到伤害。发怒还会导致准妈妈体内血液中的白细胞数量减少，从而使机体的免疫力降低。因此，为了胎宝宝，准妈妈一定要尽量克制自己的冲动。

由于此时胎宝宝已实实在在地在母亲体内成长了，怀孕后仍需继续工作的准妈妈，这时就必须一面克服早孕反应，一面创造良好的工作条件。准妈妈千万不要提重物、不要让自己受寒、不要匆忙赶车、不要过于疲劳，这样可以使胎宝宝有个良好的生长环境，也能使身体反应减小到最轻程度。这不仅有利于准妈妈的身心健康，还益于胎教的顺利进行。

孕3月，准妈妈日常保健细则

第1次产检要空腹

产前检查能及时了解准妈妈身体情况及胎宝宝的生长发育情况，保障准妈妈和胎宝宝的健康与安全。根据妊娠各阶段不同的特点，将妊娠全过程分为3个阶段，孕早期（12周内），孕中期（13～27周），孕晚期（28～40周）。不同的时期，产前检查内容也有所不同。在确诊怀孕后，在停经后12周内到相关妇产科机构建立《孕产妇保健手册》，并进行第1次产前检查。

孕早期产检相关的主要事项是记录既往病史、药物过敏史、家族史、月经史、生育史等，了解有无影响妊娠的疾病或异常情况。

- 常规检查血常规、尿常规、乙肝五项、肝功能、肾功能、梅毒筛查及心电图检查等。
- 全身检查：血压、体重、身高、内科检查、乳房等，了解准妈妈身体状态和营养状态。
- 妇科检查：子宫位置、大小，确定与妊娠月份是否相当，并注意有无生殖系统炎症、畸形和肿瘤等。

特别提示

第1次检查前，准妈妈需要了解自己直系亲属及丈夫家族人员的健康状况。所以，准爸爸最好能和准妈妈一起去检查，因为医院也需要了解准爸爸的健康状况。

值得注意的是，第1次产检前要空腹，因为需要抽血，所以前一天晚上九点以后就不能吃东西了。准妈妈可以在袋子里放些食品，抽完血后，可以吃一点儿。产检不一定非要挂专家号，有一定经验的产科医师就能很好地为准妈妈进行身体检查。

不可或缺的早孕检查

女性在妊娠12周内都应进行早孕检查。

重要意义

- 确定妊娠是否正常及怀孕的周数。月经周期不规律者，受孕日期常难判定，早孕时检查子宫大小对核实预产期具有一定意义。
- 发现不宜继续妊娠的情况，可以及早采取对母体损伤较小的方式终止妊娠，如孕早期病毒感染、接触剧毒物质及患有急性或严重全身性疾病者。
- 有些情况，虽然可以继续妊娠，但需要进行治疗或在孕期采取有计划的措施以确保顺利妊娠及分娩，如准妈妈患有贫血、心脏病、糖尿病、某些性传播疾病以及不良育产史等。
- 孕妇孕早期的血压、体重能代表非孕时的水平，作为参考值，对妊娠晚期并发症的鉴别诊断有参考价值。
- 早期确诊，接受孕期卫生指导，可以有效防止各种孕期并发症。

检查内容

- 问诊：以问诊资料为基础，医生再进行更深入的追问。

过去曾有过流产或进行人为中止妊娠的准妈妈，为了能继续正常怀孕以及顺利生产，最好能告知医生详情。医生会为你保守秘密，并制定相应保健措施，请如实和医生讲明情况。

- 阴道内诊：阴道内诊时，医生会检查阴道、子宫颈等是否正常。
- 尿液检查：检查尿液测定尿液中的绒毛膜促性腺素是否为阳性。如果怀孕，绒毛组织就会分泌绒毛膜促性腺激素，且会从尿液中排出，依此可判断是否怀孕。但这种检查无法得知异常妊娠或绒毛组织的疾病反应。因此，想了解是否为正常怀孕时，必须再进行其他的检查。

准妈妈的妆容会更美

准妈妈的美容与服饰一样，应首先考虑身体健康，美观要放在第二位。不要因脸上出现色斑而用浓妆遮盖，这样会使皮肤下腺体分泌受阻。要经常洗脸，保持脸部皮肤的清洁。为防止皮肤对化妆品过敏，孕期最好使用无刺激的孕妇专用护肤产品。

化妆

准妈妈在妊娠期间皮肤会变得粗糙，脸色较差，不够滋润，看上去不够健康。准妈妈可以进行简单的化妆，保养肌肤，增加肌肤活力，这有助于改善不良情绪。

皮肤护理

准妈妈在妊娠过程中，黑斑、雀斑、斑痕、干燥等皮肤问题严重的话。外出时，必须做好防晒措施，回家以后，应敷具有美白功效的面膜。

洗脸和洗头

妊娠期由于激素水平变化，准妈妈汗水分泌增多，皮肤容易干燥，最好经常洗脸、洗头。洗脸时宜用中性乳液洗脸，然后用清水将皮肤洗净，再用冷霜敷在脸上并轻轻地按摩，最后用热毛巾擦掉，用乳液滋润。洗头时，涂抹洗发水后轻轻按摩头皮，再用清水洗干净，准妈妈应选用对皮肤刺激性较小的洗发水。

放弃染发、烫发的想法

妊娠初期最好不要烫发、染发。目前虽，没有足够的证据证明烫发剂、染发剂能直接对胎宝宝产生不良影响。但是，这一时期胎盘尚处于未完全形成阶段，而烫发需要长时间坐着不动，因此，烫发对准妈妈来说是个较大的负担而且，目前市场上有很多染发剂、烫发剂中都含有一定量的重金属，这些物质会对胎宝宝的发育造成不良影响。

妊娠期准妈妈的头发会发生变化，变得比较脆，缺乏弹性。这时烫发，对头发损伤较大。染发剂、焗黑剂等，很多都含有化学药品，容易引起过敏，准妈妈最好不要尝试。孕期头发发干、较脆，准妈妈也不必担忧，分娩以后稍加保养即可恢复。

准妈妈预防病毒性感冒很重要

病毒性感冒是冬、春季流行的常见病，轻者鼻塞、流清水样鼻涕、头痛和咳嗽，重症可发高烧并伴有四肢酸痛等。感冒对普通人不会引起严重后果，但对准妈妈来说，情形就不一样了，会产生一些危害。

胎儿经不起感冒的伤害

专家们发现，感染过流感病毒的准妈妈，早产率为未感冒准妈妈的1.5倍，流产及死胎率为1.8倍。专家们曾经对流产的胎儿组织进行了分离培养，发现死胎的许多重要器官里，都生存着大量的病毒，正是这些病毒破坏了胎儿组织的正常发育，带来致命的伤害。被感染的胎儿月龄越小，被危害的程度越大。

此外，专家们还发现，许多孩子的先天性心脏病，与其母亲妊娠期患病毒性感冒有关。特别是在妊娠的前3个月内受到病毒感染，畸形儿的发生率更高。

建立“屏障”防感冒

病毒性感冒对妊娠期女性的危害是多方面的。因此，在冬、春季节，准妈妈要尽量避免到人多、空气污浊的地方去，尽量避开患感冒的人群。外出时，应戴口罩，回家后要先用淡盐水漱口。在室内，要注意空气流通，保持室内清洁。

准妈妈预防感冒最好的方法是加强体育锻炼，经常进行户外活动，多晒太阳，提高机体的免疫力。同时，注意营养，增强体质。

准妈妈感冒不要慌

准妈妈患了病毒性感冒，首先不要紧张，应尽量进食清淡易消化的食物，避免滥用药物。对于轻度的感冒发烧，不要急于用药，可多休息，多饮白开水。准妈妈出现高热、剧吐等症状时，应到医院就诊，最好采用物理降温法，如用湿毛巾冷敷或用40%的酒精擦颈部及两侧腋窝等。准妈妈若需用药，应在医生的指导下选用感冒药和维生素制剂等，以尽量避免药物对自身和胎儿的伤害。

轻微头痛的缓解办法

妊娠早期，与恶心呕吐一样，头痛也是一种早孕反应，也可能是休息不好、睡眠不足所致。孕早期头痛，建议准妈妈保证足够的休息时间和良好的睡眠质量。若妊娠后3个月突然出现头痛，要警惕子痫的先兆。准妈妈若出现早期轻度头痛，可以采取以下办法缓解：

放松头部

在宁静舒适的环境中，喝杯温开水，慢慢地放松神经，深呼吸，闭目休息，并且轻揉两侧太阳穴，按摩头部；转动颈部，让颈部放松。慢慢按摩头颅，然后耸耸肩膀。

精油按摩

按摩颈部也有助于减轻头痛。按摩肩膀、颈部、后脑、太阳到眼眶。可以的话，最好请丈夫代劳，否则自己按摩的话，双肩无法彻底放松。精油种类可选择柑橘、薄荷、熏衣草等，效果较佳。有些精油有活血作用，有些品牌甚至含有酒精成分，对准妈妈来说都不适宜。

避免声光刺激

头痛时，所有听到的声音都成了噪声，所有的光线都显得刺眼，所有的味道都非常难闻，这时最好能找个安静、黑暗的房间静坐、或者躺下，闭眼休息，同时做深呼吸。

呼吸新鲜空气

新鲜空气有利于缓解压力，辅助治疗头痛。当你一出现头痛征兆时，赶紧离开空气沉闷、烟雾弥漫的环境，走到户外去，大吸几口新鲜空气，再缓缓呼出，慢呼吸至少10分钟，努力让身体的每个细胞都吸收足够的氧气。

别饿肚子

血糖低会导致饥饿性头痛，试着在办公室、车内、皮包里放些高能量的糕点，如果允许的话，喝碗热腾腾的汤最有效！不过头痛时味觉比较敏感，味道太重的食物可能会适得其反。

洗澡

洗个热水澡，用热水冲击颈肩部位。

如果持续头痛，或是头部外伤引起的头痛，应立即就医。

孕期乳头疼痛，别紧张

有的女性在孕早期会出现乳头疼痛现象，其实，这是孕早期的正常反应，准妈妈千万不要惊慌。

女性怀孕后雌激素分泌增加，就会刺激乳腺发育，乳腺导管的扩张可能会引起轻微的疼痛。很多人还会出现乳头颜色变深、乳房血管明显等，这都是乳腺发育的表现。

乳头疼痛持续时间因人而异，一般到孕中期就会缓解，但也有个别情况会持续至整个孕期。遇到这些情况，准妈妈要鼓励自己，这些小变化都是为了日后分泌乳汁所做的准备！

准妈妈宜选用宽松的内衣，特别是孕妇专用内衣，可以帮助准妈妈减轻痛感。如果疼得比较厉害，可以考虑用毛巾冷敷，或到医院咨询妇产科专家。

控制体重小窍门

根据准妈妈孕前体重指数可以推测出准妈妈们体重变化的合适范围，体重指数计算方法为：BMI=体重（千克）÷身高（米）的平方。BMI＜19.8的准妈妈，孕期体重总增重量应为12.5～18.0千克。怀孕期间体重过重者最好减少米饭、面食等淀粉类和甜食类的摄取量，或采取以下办法：

- 在家里准备一个体重秤秆，随时掌握体重变化情况。
- 一日三餐一定要有规律。
- 多吃一些绿色蔬菜。蔬菜本身含有丰富的维生素，还可以促进体内钙、铁、锌等的吸收，以防止便秘。
- 避免用大盘子盛装食物，面对一大盘子美味的诱惑，准妈妈可能会失去控制力。可以用小盘子盛装或者实行分餐。
- 少吃油腻食物，多吃富含蛋白质、维生素的食物。
- 吃饭要细嚼慢咽，切忌狼吞虎咽。
- 尽量少吃零食和夜宵，特别是就寝前2小时不能吃东西。

不必惊慌的阴道出血

许多准妈妈刚怀孕时，偶尔会发现阴道有出血的现象。这是因为当女性怀孕之后，随着胎盘的生长，会形成许多血管网，有时候一些微血管破裂，便会有阴道轻微出血的现象。所以，准妈妈们不必惊慌。重要的是，准妈妈应该知道什么时候的阴道出血该担心，什么时候的阴道出血不必担心。

不必担心的阴道出血多半是无痛、短暂、微量，且没有任何其他症状发生（在例行的产检中，应该向医生告知出血的状况）。而出血的颜色应是深红色或粉红色，且不带有血块。以下是孕早期常见的几种正常出血状况：

- 着床出血。通常在受孕后，受精卵进入血管丰富的子宫内膜着床后的第2～第4周会发生出血。这可能会被误认为是月经刚开始，尤其你的月经较不规律时。
- 类似月经出血。怀孕后持续生长的胎盘，会释放出激素以抑制月经的发生，不过由于前几周所分泌激素的量尚不足以抑制即将到来的月经，因此你很可能在怀孕了一两个月时还会有少量、短暂类似月经的出血。
- 宫颈糜烂出血。如孕妇患有宫颈糜烂，会有不规则出血。

不论出血多少，是什么原因引起的，都应到医院请医生鉴别和治疗。

令人担忧的阴道出血

令人担忧的出血多会伴有疼痛、痉挛，大量或持续出血，血色较深或是有凝结血块等。若有上述现象发生时，你不要手足无措，应该马上就医。因为这些现象可能是先兆流产的征兆，也可能是宫外孕的征兆。

如果阴道排出组织样物质（灰色或褐色）而不是血液（红色或肝红色），要将该组织块保存在干净的容器内（小塑料袋或干净的瓶子都行），然后尽快就医。医生会通过组织块病理检查来判断是否会发生流产或是宫外孕。

如果准妈妈出血量多于月经量，而且流血不止，还伴有下腹部绞痛，甚至有眩晕的现象，就必须赶紧就医。在到达医院前，你应该平躺下来，尽量保持冷静。

应对尿频的方法

妊娠早期，子宫体增大但又未升入腹腔，在盆腔中占据了大部分空间，会将膀胱向上推移，并刺激膀胱，引起尿频，给生活带来极大不便。晚上经常起床上厕所，会严重影响睡眠质量。

尿频应对的方法

- 控制饮水。要想不在晚上多起夜，临睡前1～2小时内就要少喝水。
- 少吃有利尿作用的食物。准妈妈在孕早期及孕晚期，在晚上应该少吃有利尿作用的食物，如西瓜、蛤蜊、茯苓、冬瓜、海带、车前草等。
- 避免仰卧位。休息时，要多采取侧卧位，避免仰卧位。侧卧可减轻子宫对于输尿管的压迫，可预防肾盂、输尿管积存尿液而感染。
- 使用护垫。怀孕后，尿意总是想来就来，如果没能及时上厕所，就有可能尿在裤子上。使用护垫就能避免这种情况发生，一定要经常更换护垫，以防细菌感染。
- 常做提肛运动。提肛运动可以锻炼盆底肌的张力，有助于控制排尿。也可做骨盆放松练习，这有助于预防压力性尿失禁。即跪爬在床上或垫子上，背部伸直，收缩臀部肌肉，将骨盆推向腹部；弓起背，持续几秒钟后放松。切记，准妈妈的锻炼要量力而行。

做家务活要小心

孕期适当地做些家务，参加劳动，对母子都是有益的。适度的劳动可改善睡眠，增加食欲，增强体力，预防肥胖，缓解便秘。但孕期家务劳动要适度，要有选择，自己要感觉愉快才好。

打扫卫生

不要登高打扫卫生，也不要在打扫卫生时搬抬沉重的东西。这些动作很危险，必须注意。

弯着腰用抹布擦东西的活也要少干或不干，孕晚期最好不干。冬天在寒冷的地方打扫卫生时，千万不能长时间和冷水打交道，因为身体着凉可能会导致流产。也不要干除草一类的活，因为长时间蹲着，骨盆充血，也容易造成流产。

洗衣服

不要用搓板洗衣服，搓板容易顶到腹部，对胎宝宝不利。洗衣不要过多，不要端盛水的盆。洗衣时宜用肥皂，不宜用洗衣粉。不要用力拧衣服，最好不洗大件东西。

晾衣服时，要向上伸腰。所以，准妈妈最好不要自己晾衣服。

此外，洗的衣服太多时，长时间站着或坐坐会造成下半身水肿，所以应该洗一会儿歇一会儿。

做饭

为避免腿部疲劳、水肿，能坐在椅子上操作的活就坐着做。注意不要压迫已经突出的肚子。

购物

每天出去买东西，就当是散步，选择人不太拥挤的时间去为好。必要时，可分几次去买。

不要骑自行车，特别是在孕早期。这很危险，骑自行车时腿部用力过猛、动作太大，容易引起流产。妊娠期，女性动作的敏捷性降低了，反应也比平时迟钝了，应该处处留心。

应对早孕反应小锦囊

应对准妈妈早孕反应有很多小妙招，准妈妈快来看一看哪条适合你吧！

- 少量多餐：2～3小时进食一次，每次只吃少量食物，以富含热量(例如苏打饼干)及蛋白质的食物为佳，并且避免吃太油腻的食物。
- 进食过程中不要喝汤或饮料，应在吃完饭一小时后再喝，以免出现恶心。
- 避免吃油腻、油炸、含人工香料的食物。对于那些特别容易引发恶心、呕吐的食物，也要尽量避免。
- 宜食用清淡、无刺激的食物，避免用辣椒、胡椒来烹调食物。
- 宜选择季节性蔬果，如此可避免吃到不新鲜的食物。
- 饭后尽量避免平躺，应保持直立的姿势一段时间(约20分钟)，可以避免胃酸逆流造成恶心。睡觉时也要垫高枕头，因为抬高头部可以减少食物返流。
- 早晨起床时动作宜缓慢，避免突然起身。
- 若早晨觉得恶心，可以先吃一些食物，然后再刷牙。
- 尽量远离厨房的油烟味，可以使用排油烟机、抽风机将油烟排除。
- 避免服用铁剂，因为铁剂容易导致恶心、呕吐及上腹痛等情形。
- 服用维生素B_6，以每月50毫克的剂量为限，可有效改善恶心。维生素不可随便服用，应先咨询医师再选择适当的维生素。
- 服用止吐药，但必须有产科医师指导，切勿自行服用止吐药，以免危害胎宝宝的健康。止吐药最好在妊娠10周之后再服用，以避开胎宝宝器官发育的关键期(妊娠第4～第10周)。
- 喝姜汤，对于不怕姜味的准妈妈，这是一种很好的选择，因为生姜是一种中医用来治疗恶心呕吐的药食两用食物。
- 维持室内的空气流通，多到空气良好的户外散步，因为新鲜的空气可以减轻恶心的感觉。
- 避免熬夜。
- 保持轻松的心情，避免过度紧张。

孕9周最佳胎教方案解析

孕3月胎教重点早知道

在妊娠第3个月，情绪胎教依旧是这个月的胎教重点，其他胎教方式也可适当涉及。在调节情绪方面，准妈妈依旧可以沿用前两个月的方法调节自己的情绪，但在营养胎教、运动胎教、音乐胎教以及语言胎教等方面，则需要有所创新。

自我调节紧张的情绪

胎教要从准妈妈自我情绪调整和人为地对胎宝宝的感官进行刺激两方面进行。其实，从怀孕之日起，每个准妈妈都已经在自觉或不自觉地开始了胎教，这就是夫妻双方(尤其是准妈妈)对新生命的渴望，对饮食、起居的安排与调整。

如果夫妻双方或准妈妈对早孕反应过于敏感和紧张，往往会对孕早期的正常生理变化产生焦虑和不安，甚至反感和厌恶。这种情形非常不利于胚胎早期健康地形成，不利于胎宝宝的身心健康和发育。

适当进行感官刺激

准妈妈可以按照胎宝宝感觉器官发育的顺序，给予胎宝宝适当超前的良性感官刺激，这是这一时期胎教的另一个内容。准妈妈如果在平常就能建立良好的人际关系，这时就能在良好的气氛中，边享受初为人母的成就感，边体会工作的乐趣。

妊娠第3个月时，胎宝宝已初具人形，对外界的动作可以感应到，准妈妈可用轻柔的手法按摸下腹部，或在摇椅中轻轻摇动，通过羊水的震荡给予胎宝宝触觉的刺激，以促进胎宝宝神经系统的发育。

孕早期要多吃蔬菜

许多准妈妈受传统观念的影响，在妊娠期间不太注重蔬菜的摄入，尤其害怕一些绿叶蔬菜上会残留农药。妊娠期间的饮食一般都做得相当精细，蔬菜中的维生素破坏得较多，远远不能满足胎宝宝生长发育的需要。其实，准妈妈在怀孕期间应多吃圆白菜、菠菜、芹菜等蔬菜，可以保证体内贮存有充足的叶酸。

圆白菜

圆白菜的营养价值与大白菜相差不大，其维生素C的含量还要高出一半左右。此外，圆白菜富含叶酸，这是甘蓝类蔬菜的一个优点，怀孕的女性、贫血患者应当多吃些圆白菜。

菠菜

菠菜是绿叶蔬菜中的佼佼者。其胡萝卜素的含量很高，其维生素K的含量是绿叶植物中最高的。菠菜能促进胃液和胰液的分泌，有利于蛋白质的分解，所以，对习惯性便秘有一定的缓解作用。菠菜中的铁及B族维生素，能够有效防治心脑血管方面疾病保持皮肤的美观。菠菜有生血功能，故贫血者可常食菠菜。

芹菜

芹菜为伞形花科植物。芹菜中含有蛋白质、脂肪、糖类、纤维素、维生素、矿物质等营养成分，其中，B族维生素、维生素P的含量较多，矿物质元素钙、磷、铁的含量更是高于一般绿色蔬菜。芹菜具有独特的气味，且含膳食纤维较多，有很好的通便作用，可作为降血压的辅助食疗菜。

让准妈妈心情更好的呼吸法

胎教一定要保持好心情，准妈妈应该让保持好心情成为习惯，但集中注意力往往有难度，还常常会被各种杂念所影响。下面给准妈妈们介绍一种简单的呼吸方法，对平复心情和稳定情绪很有帮助。

· 伸出左手，五个手指伸直，掌心向上。

· 用右手拇指按住左手掌心，其余四指握住左手手掌。

· 慢慢呼气，意念集中在拇指上，慢慢地加大拇指向下的按压力量，双眼视右手拇指，此过程持续6秒钟。

· 慢慢地深吸气，静静地撤去右手拇指上的力量，此过程持续6秒钟。左右手互换，重复3次。

一般来说，每天晨起、午休、晚上临睡时各进行一次呼吸放松法，会有很好的效果。

特别提示

孕早期经常抚摸胎体，能够促进准妈妈血液循环，有利于胎宝宝的智力发育。反复的刺激能加强感受器与大脑的联系，从而产生更牢固的记忆。

用双手向胎宝宝传递爱

在妊娠期间，准妈妈经常抚摸一下腹内的胎宝宝，可以激发胎宝宝运动的积极性，并且可以感觉到胎宝宝在腹内活动时反馈给母亲的信号。这是一种简便有效的胎教运动，值得每一位准妈妈积极采用。

正常情况下，孕3月前后，胎宝宝即开始活动了，其活动项目丰富多彩，有吞吐羊水、眯眼、握小拳头、咂指头、伸展四肢等。孕早期抚摸胎宝宝，由于胎宝宝的月份还小，准妈妈一般不容易感觉到胎宝宝所反馈的信号，而随着胎宝宝月份的增长，准妈妈渐渐地就会发觉，每当抚摸腹内的小家伙以后，他就会用小手来推或用小脚来踹准妈妈的腹部。

通过对胎宝宝的抚摸，沟通了母子之间的信息，并且也交流了感情，从而可以激发了胎宝宝运动的积极性，在动作发育的同时，也促进了大脑的发育，从而会使宝宝将来更聪明。孕早期抚摸动作一定要温柔，并且要全身心投入，好像在抚摸你未来的小宝宝那样充满爱心和欣喜。

名曲欣赏《田园》

《田园》是贝多芬的F大调第六交响曲，也是贝多芬最受欢迎的交响乐之一。这部作品1808年在维也纳由贝多芬亲自指挥首演，在首演仪式上，贝多芬写道：“乡村生活的回忆，写情多于写景。”

《田园》的灵感来自大自然，整部作品表达了他对大自然的依恋之情，细腻动人、朴实无华、宁静而安逸。这首乐曲让人感受到了人与自然既和谐又统一的佳境，自然的千姿百态与音乐互相映衬，就像一幅用眼睛看不见的图画，美妙而令人身心舒畅。听一听这首《田园》，满耳的大自然声音和图景会让你从心灵深处呼吸到那纯净清新的空气。闭上眼睛，和胎宝宝一起，美美地感受一下吧！

给胎宝宝起个乳名

准妈妈在与胎宝宝对话之前，是不是要给腹中的胎宝宝先取个名字呢？

“小天天，你好呀！今天感觉怎么样？……”生活在准妈妈子宫中的胎宝宝是个能听懂、能理解父母，有生命、有思想、有情感的小宝宝。

如果家人经常喊胎宝宝的乳名并和他交流，胎宝宝就会知道准爸爸或准妈妈在叫他，然后他就会做出回应。

准父母应该不失时机地与胎宝宝交流，当然了，为了更好地实施胎教，最好给胎宝宝取个乳名，如“奇奇”“乐乐”、“果果”、“童童”等较为中性的名字，因为你还不知道他是男宝宝还是女宝宝呢。

准爸爸要和准妈妈一起给胎宝宝起个乳名，并尊重准妈妈的意见和想法，共同给胎宝宝取一个好听的名字。

从现在起，你就可以用这个乳名和他交流了。另外，给胎宝宝起个乳名，可以有效地把胎教和早教衔接起来。

孕3月营养套餐特别推荐

营养早餐：五谷皮蛋瘦肉粥1碗，煮鸡蛋1个。

灵活加餐：香蕉1根，核桃3个。

经典午餐：米饭1碗，鸡丝烩菠菜100克，韭菜炒虾仁50克，番茄炒鸡蛋50克，小米粥1碗。

下午茶点：酸奶1杯，全麦饼干适量。

爱心晚餐：红豆饭1碗，榨菜蒸牛肉50克，蘸酱菜100克，果仁拌菠菜50克，豆腐山药、猪血汤适量。

准妈妈营养食谱精选

五谷皮蛋瘦肉粥

【原料】小米、高粱米、糯米、紫米、糙米各20克，皮蛋1个，干香菇2朵，猪肉50克，虾皮、葱丝、盐各适量。

【做法】

①将五谷杂粮淘洗干净，加适量清水，搅拌均匀，用大火烧开后，改用小火煮至熟烂备用。

②皮蛋去壳切块，香菇洗净泡发切丝，猪肉洗净切丝备用。

③炒锅中放油加热，倒入香菇、虾皮爆香后加水煮开，倒入煮好的粥，加入猪肉丝和皮蛋，煮熟后加适量盐，撒上葱丝即可。

【营养功效】

此粥可有效为有妊娠反应的准妈妈补充维生素E、B族维生素，并增加粗纤维的摄取量，帮助肠胃的蠕动消化和营养吸收。

韭菜炒虾仁

【原料】虾仁300克，韭菜150克，葱白1段，姜1片，料酒、酱油、盐、植物油、高汤、香油、鸡精各适量。

【做法】

①将虾仁洗净，去肠线，沥干水；韭菜择洗干净，沥干水，切成2厘米长的段；葱白、姜均洗净切丝备用。

②锅内加入植物油烧热，放入葱白丝、姜丝爆香，将虾仁倒入锅中煸炒2～3分钟，烹料酒，加酱油、盐、高汤，稍焖一会儿。

③倒入韭菜，大火快炒至韭菜断生，淋入香油，加入鸡精，炒匀即可。

【营养功效】

此道菜含有丰富的蛋白质、铁、磷、钙、维生素C等营养物质，基本可以满足孕早期宝宝对维生素和微量元素的需求。

榨菜蒸牛肉

【原料】嫩牛肉（肥瘦各一半）200克，榨菜50克，酱油2小匙，盐、淀粉、红糖、白糖、胡椒粉、植物油各适量。

【做法】

①牛肉洗净，切成3厘米见方、0.5厘米厚的片；榨菜清洗干净，切成碎末备用。

②将牛肉片放入碗中，加入酱油、盐、红糖、淀粉、植物油、胡椒粉及1大匙凉开水，搅拌均匀，腌10分钟左右。

③将榨菜末用白糖拌匀，拌入牛肉片中。

④蒸锅加水烧开，将盛牛肉片的碗放入笼屉中，蒸15分钟左右即可。

【营养功效】

这道菜口味咸鲜，营养丰富，不但能够增加准妈妈的食欲，还能补充丰富的蛋白质、维生素、铁、钙、磷、钾、锌、镁等胎宝宝发育所需的营养物质。

孕10周最佳胎教方案解析

莫在空调环境里待太久

夏季对于每个人都是一种考验，特别是刚进入孕期的准妈妈。专家指出，高温环境下出现畸形儿的可能性会增大。长时间在空调环境下工作学习的人，因空气不流通，会出现鼻塞、头昏、打喷嚏、耳鸣、乏力、记忆力减退等，以及一些皮肤过敏的症状。这类现象在现代医学上称之为“空调综合征”或“空调病”。准妈妈需警惕“空调病”对自己和胎宝宝的侵害。

在炎热的夏天，准妈妈适当吹空调是有一定好处的，但不能长时间待在空调房里。在空调环境里待太久，不仅不利于准妈妈的健康，更不利于胎宝宝的成长。因此，准妈妈使用空调需要注意以下几点：

- 温度不得低于27℃，与室外的温差约5℃为宜，温差太大容易感冒。
- 使用空调必须注意通风，每天应定时打开窗户，关闭空调，通风换气，使室内保持一定的新鲜空气，且最好每2周清扫空调机一次。
- 使用消毒剂杀灭与防止微生物的生长，防止细菌滋生。
- 从空调环境中外出，应当先在有阴凉的地方活动片刻，在身体适应后再到太阳光下活动。
- 准妈妈要多喝开水，加速体内水液新陈代谢。

准妈妈口味要“淡”些

从现在开始，准妈妈需要减少食盐量，因为盐中含有大量的钠。在孕期，如果孕妇体内的钠含量过高，血液中的钠和水会由于渗透压的改变，渗入到组织间隙中形成水肿。因此，多吃盐会加重水肿并且使血压升高，甚至引发心力衰竭等疾病。但是长期低盐也会有负作用，正常的情况准妈妈每日的摄盐量以5～6克为宜。

准妈妈习惯于吃低盐饮食，既有助于将来孩子养成良好的习惯，也有助于减轻体内代谢压力，减轻肾脏的负担，减少发生水肿的可能。

要做到降低饮食中盐的量而又不影响食欲，可以参考以下一些做法：

- 把每天所需盐量准备好，每次做菜从总量中取用，用完后尽量不追加。
- 做菜时加用少许酱油和适量的盐，比单纯用盐的色和味都要好一些，能增进食欲。
- 烹饪中巧妙运用醋、柠檬、蕃茄等做辅料，这样既能少用盐，还能提升菜的味道。
- 利用原料本身香味，如香菜、芹菜、青蒜苗等，做菜时可加入这些原料来调节菜的味道。还可以把花生、芝麻等富含脂肪的坚果类捣碎，混在菜里一起吃，可增香调味。
- 有的菜做成红烧味，即使盐放得很少也很好吃，如红烧鱼、红烧鸡和红烧肉等。
- 利用略带甜味的蕃茄或甜面酱调味，如锅包肉、菠萝咕噜肉、京酱肉丝、蕃茄萝卜炖牛腩等。
- 利用鱼汤、肉汤等高汤烹调菜肴，可以减少酱油和盐的用量，也不会损失蔬菜的养分。

—— 小笑话

小明：“哇，你的脸怎么肿得这么大？”

小乐：“唉，昨天我和爸爸划船时，被一只蚊子给叮了。”

小明：“肿得这么厉害，你一定被它给叮了很长时间吧？”

小乐：“没有，它刚停在我的脸上，就被我爸爸用船桨给打死了。”

小明：“！！！”

为胎宝宝哼支小曲

准妈妈的歌声能使胎宝宝获得感觉与感情的双重满足，无论是来自录音机或是音响中的歌声，既没有准妈妈唱歌给胎宝宝带来的物理震动，更缺乏饱含母爱的亲情对胎宝宝感情的激发。

准妈妈给胎宝宝哼歌时，应注意以下几点：

- 轻声哼唱就可以了，不必放声大唱，以免对胎宝宝和自己造成不利的影响。
- 不宜哼唱悲伤的音乐。一直哼唱悲伤情调的歌曲，不禁令人觉得肃杀凄凉。胎宝宝更不会喜欢。
- 比较适合准妈妈哼唱的曲目有《世上只有妈妈好》、《月儿明风儿静》、《小宝贝》等。

孕期体操——床上运动

床上运动是一套简单的体操，它不会花费太多的时间，便可以锻炼四肢和腰部，清晨和晚上都可进行：

首先，自然地坐在床上，两腿前伸成“V”字型，双手放在膝盖上，上身右转，保持两腿伸直，足趾向上，腰部要直，目视右脚，慢慢数至10，然后再转至左边，同样数10个数，恢复正面姿势。

然后，仰卧在床上，膝部放松，双腿平放在床上，两手放在身旁，将右膝抱起，使膝部向胸部靠拢，然后放松右腿再抱左腿。

最后，仰卧，双膝屈起，手臂放在身旁，肩部离床，滚向左侧，用左臀着床，头向右看，恢复至平躺。然后滚向右侧，右臀着床，头向左看，动作可以反复做上几次，以活动颈部和腰部。

用心感受大自然的美

大自然是人类取之不尽的宝库，它不仅是物质宝库，也是精神和生命活力的宝库。准妈妈多到大自然中去走走，不仅可开阔心胸、调节情绪，对腹内的胎宝宝也大有好处。

大自然中有更多的新鲜空气

有条件的准妈妈最好能多去空气清新的郊外，在大自然中散步、游玩，不仅能清理肺中的废气，使自己获得有利于身体健康的空气，也能使胎宝宝获得尽可能好的空气。

大自然能陶冶准妈妈的性情

大自然中各种各样的花草树木、万花盛开的情景、令人赏心悦目的山水、自由自在的小动物、和谐美妙的鸟鸣虫叫，都会给人带来美好的心情。

准妈妈如能多去欣赏，可以从大自然中获得更多的喜悦，对胎宝宝的健康是极有好处的。有时一棵树或一片叶子的形状、一朵花的色彩、一两声虫鸣，足以给人创造美好的心情。在这样的环境下，准妈妈的心情自然会好起来。

不仅如此，慢慢地胎宝宝也能从认识大自然的过程中，陶冶性情，净化心灵，并和准妈妈一起享受大自然的宁静与神奇。

大自然能给准妈妈更多的灵感

当准妈妈面对一座高耸云际的大山时，心中会感觉到它雄伟的气势给自己带来的豪迈和心旷神怡；面对开阔的原野时，心胸又会有被舒展开的美妙感觉打动。

春天鲜花遍布的草地、夏天被风吹动的满地荷叶、秋天金黄色的田野、冬天“山舞银蛇，原驰蜡象”的雪原，还有大自然固有的奇妙的寂静或喧闹的蛙声虫鸣……都可能成为准妈妈良好的精神源泉，从而成为胎宝宝成长的最好“环境营养”。

——小笑话

公司下班后，几台电脑聚在一起斗地主，饮水机也要玩。他每次都输，但仍然坚持每天都参加。沙发很不理解，问椅子：“饮水机每天都输，为啥还打得那么起劲？”椅子说：“问这种问题，你脑袋也进水了么？”

读一读《木偶奇遇记》

准妈妈休息时间相对较多，闲暇时欣赏一本好的文学作品，母子都会受益。《木偶奇遇记》是一部很适合准妈妈和胎宝宝一起欣赏的文学作品。

《木偶奇遇记》是意大利儿童文学家科洛迪的代表作，发表于1880年。小木偶皮诺曹天真无邪、纯洁朴实、正直勇敢，但他任性、淘气、捣乱、不守规矩、有时候还喜欢撒点谎。他既没坏到无可救药，也没好到无可挑剔，他和现实生活中的许多孩子一样，心地善良、聪明伶俐，但又有缺点。《木偶奇遇记》被誉为“意大利儿童读物的杰作”、“意大利儿童读物中最美的书”。

故事简介

仁慈的木匠皮帕诺睡觉的时候，梦见一位蓝色的天使赋予了他最心爱的木偶皮诺曹生命，于是小木偶开始了他的冒险。

如果皮诺曹要成为真正的男孩，他必须通过勇气、忠心以及诚实的考验。在历险中，他因贪玩而逃学，因贪心而受骗，还因此变成了驴子。一路上历经种种险情。最后，他掉进一只大鲸鱼的腹中，意外与皮帕诺相逢。经过这次历险，皮诺曹终于长大了，他变得诚实、勤劳、善良，成为了一个真正的男孩。

与皮诺曹一起感受

其实，《木偶奇遇记》揭示的道理并不复杂，它借一个木偶的形象，不过是为了向我们演绎一个人由不完美走向完美、由不幸福走向幸福的曲折历程。问题是，这个看似简单的道理并非是一个人生来就可以明白的。否则，皮诺曹也就无需煞费周折才能完成这一历程了。

在阅读这篇童话时，准妈妈将会看到一个热爱正义、痛恨邪恶、天真纯洁的小木偶皮诺曹，看他是如何抵御种种诱惑，做一个诚实、听话、爱学习、爱劳动，并能帮助父母的好孩子。这样一个卡通人物，会带给准妈妈和胎宝宝许多感动。

特别提示

为了保持准妈妈心情平静，情绪稳定，准妈妈不宜看那些低级、污秽、暴力的作品，世俗人情写得过分悲惨凄厉的文学作品也不宜看。

孕11周最佳胎教方案解析

名曲欣赏《摇篮曲》

《摇篮曲》是舒伯特在19岁时创作的作品，作于1816年。后被改编为钢琴、小提琴等独奏曲以及合唱曲等，成为广泛流行的乐曲之一。

摇篮曲作为“催眠曲”，最早为母亲抚慰婴儿入睡时咏唱的歌谣，后由舒伯特、勃拉姆斯等作曲家发展为艺术歌曲。

这首摇篮曲特别适合准妈妈在晚上用音乐与胎宝宝交流，能让胎宝宝安静入睡，能平静胎宝宝的躁动。

美文欣赏《春》

朱自清的散文有一种独特的美感，极具感染力，能让准妈妈忘掉生活中的烦恼和不快，全身心地感受文学艺术之美。

盼望着，盼望着，东风来了，春天的脚步近了。一切都像刚睡醒的样子，欣欣然张开了眼。山朗润起来了，水涨起来了，太阳的脸红起来了。

小草偷偷地从土里钻出来，嫩嫩的，绿绿的。园子里，田野里，瞧去，一大片一大片满是的。坐着，躺着，打两个滚，踢几脚球，赛几趟跑，捉几回迷藏。风轻悄悄的，草软绵绵的。

桃树、杏树、梨树，你不让我，我不让你，都开满了花赶趟儿。红的像火，粉的像霞，白的像雪。花里带着甜味；闭了眼，树上仿佛已经满是桃儿、杏儿、梨儿！花下成千成百的蜜蜂嗡嗡地闹着，大小的蝴蝶飞来飞去。野花遍地是：杂样儿，有名字的，没名字的，散在草丛里，像眼睛，像星星，还眨呀眨的。

"吹面不寒杨柳风"，不错的，像母亲的手抚摸着你，风里带着些新翻的泥土的气息，混着青草味儿，还有各种花的香，都在微微润湿的空气里酝酿。鸟儿将巢安在繁花嫩叶当中，高兴起来了，呼朋引伴地卖弄清脆的喉咙，唱出婉转的曲子，跟清风流水应和着。牛背上牧童的短笛，这时候也成天嘹亮地响着。

雨是最寻常的,一下就是三两天。可别恼。看，像牛毛，像花针，像细丝，密密地斜织着，人家屋顶上全笼着一层薄烟。树叶却绿得发亮，小草也青得逼你的眼。傍晚时候，上灯了，一点点黄晕的光，烘托出一片这安静而和平的夜。在乡下，小路上，石桥边，有撑起伞慢慢走着的人；地里还有工作的农民，披着蓑，戴着笠。他们的房屋，稀稀疏疏的，在雨里静默着。

天上的风筝渐渐多了，地上的孩子也多了。城里乡下，家家户户，老老小小，也赶趟似的，一个个都出来了。舒活舒活筋骨，抖擞抖擞精神，各做各的一份事儿去。"一年之计在于春"，刚起头儿，有的是工夫，有的是希望。

春天像刚落地的娃娃，从头到脚都是新的，它生长着。

春天像小姑娘，花枝招展的，笑着走着。

春天像健壮的青年，有铁一般的胳膊和腰脚，领着我们向前去。

（朱自清）

保胎安胎的饮食禁忌

对于正常的准妈妈和一个健康的胎宝宝来说，饮食上并没有什么禁忌。但有些食物会刺激子宫，不宜长期大量食用，特别在比较敏感的孕早期，还是小心为妙。下面这些食物要尽量少吃或不吃：

性寒滑胎的食物

此类食物属性寒凉，有活血、滑胎、利窍的作用，对安胎不利，准妈妈多食会促进子宫收缩，引起腹痛，甚至导致流产，孕早期应少吃或不吃。

此类食物有燕麦、薏米、山楂、空心菜、苋菜、马齿苋、木耳菜、慈姑、螃蟹、甲鱼、豆腐皮、西瓜等。

辛热刺激的食物

性热味辛的食物多具有很强的刺激性，多吃容易上火、燥热、耗气伤阴、破血堕胎，准妈妈不宜大量食用。

此类食物有胡椒、花椒、肉桂、辣椒、洋葱等。

恩爱的夫妻关系有助于胎教

夫妻感情融洽是幸福家庭的前提，也是优生和胎教的重要因素。妊娠期间，丈夫应承担更多的责任，处理好夫妻之间的小矛盾，与妻子共同分担压力。

夫妻双方应互相尊重，互相理解，耐心倾听对方的意见，理智地、心平气和地对待彼此间的分歧。以极大的爱心共同关注母体中的小生命，注视着他的每一次蠕动，探寻他的每一点进步，讨论他的每一项教育，使孕期变成一个相依相伴，充满爱情的又一个“蜜月”时期。

这也是准爸爸和准妈妈给胎宝宝最好的礼物。

准妈妈绘声绘色讲故事

准妈妈给胎宝宝讲故事是有技巧的。以下几点，准妈妈下次给胎宝宝讲故事时，可以试一试。

充满感情地朗读

充满感情地朗读吧！因为胎宝宝真实地在听、在感受，准妈妈在朗读的同时，可以使故事内容在自己的头脑里形成一个具体的形象，以便更加具体地传递给胎宝宝。也就是说，故事必须是经过你的大脑，你理解了，这样你才能把故事形象地传输给胎宝宝。

讲自己感兴趣或擅长的故事

在现实生活中，你熟悉的事物讲起来会更轻松，更容易带有感情色彩，比如说，你喜欢动物，就给胎宝宝讲动物故事；如果你喜欢植物，不妨给胎宝宝讲讲美丽的花花草草。

注意胎宝宝的反应

在给胎宝宝讲故事持续了一个月之后，准妈妈要注意一下胎宝宝是否有如下反应。借着胎宝宝的不同反应，可以和他形成良好的互动、沟通。

- 是否有些特别的字词或句子可以引起胎宝宝的特定反应？
- 胎宝宝听到某一特定的字词或句子时是否会踢脚？
- 胎宝宝是否会对不同的故事做出不同的反应？
- 胎宝宝对准妈妈或准爸爸的声音是否有不同反应？

舒缓的瑜伽可安胎

孕妇瑜伽和普通瑜伽是不同的，比较舒缓，主要是让准妈妈做一些舒缓的锻炼。准妈妈练习瑜伽可以增强体力和肌肉张力，增强身体的平衡感，提高肌肉和韧带的柔韧度和灵活度，还可以改善睡眠，消除水肿。

如果准妈妈准备练习瑜伽，应先咨询医生或助产士。得到医生或者助产士的允许后，在经验丰富的瑜伽教练指导下进行练习才是安全有效的。

孕12周最佳胎教方案解析

多吃水果，有益健康

生活中，很多准妈妈信奉“多吃水果，孩子将来皮肤好”，于是孕期天天水果餐，结果却造成营养上不均衡。准妈妈多吃一些水果是有好处的，但吃过多的水果，并没有益处。那么，究竟孕期应该如何选择水果呢？

香蕉

怀孕的女性每天应该吃1根香蕉，因为香蕉是钾的极好来源，并含有丰富的叶酸；而体内叶酸及亚叶酸和维生素B_6的储存都是保证胎宝宝神经管正常发育，避免无脑、脊柱裂严重畸形发生的关键性物质。

柑橘

柑橘的皮、核都是很好的中药材。常吃柑橘可以预防坏血病及夜盲症。但因柑橘性温味甘，过量食用容易使人上火，发生口腔炎、牙周炎等，故准妈妈不能多吃，每日不超过3 个（250克左右）。

无花果

无花果的果实无论是鲜果还是干果均味美可口。它富含多种氨基酸、有机酸、镁、锰、铜、锌、硼及维生素等营养成分。它不仅营养成分高，还是一味良药，其性甘平味酸，有清热解毒、止泻通乳的食疗功效，尤其对于痔疮出血、脾虚腹泻、咽喉疼痛、乳汁缺少等有较好的疗效。

石榴

研究表明，怀孕期间多喝石榴汁可以降低胎宝宝大脑发育受损的几率。石榴汁里含有丰富的多酚化合物，具有抗衰老和保护神经系统、稳定情绪的作用。

准妈妈要成为微笑天使

当前胎教方法层出不穷，每种方法都各有各的好处，但是最好的胎教是准妈妈的微笑。

微笑是开在嘴角的两朵花，我们都喜欢看见微笑的脸。腹中的胎宝宝虽然看不见母亲的表情，却能感受到母亲的喜怒哀乐。准妈妈愉悦的情绪可促使大脑皮层兴奋，使准妈妈血压、脉搏、呼吸、消化液的分泌均处于平稳、协调状态。有利于准妈妈身心健康，有助于改善胎盘供血，促进腹中胎宝宝健康发育。因此，微笑也是你给予宝宝的一种胎教。

每天给自己一个微笑

就像有人说的，哭也是一天，笑也是一天，何不让自己快乐地过每一天呢？每天清晨，准妈妈可以对着镜子，先给自己一个微笑。在这一瞬间，一脸惺忪转为光滑润泽，沉睡的细胞苏醒了，让人充满朝气与活力。良好的心态，融洽的感情，是幸福美满家庭的一个重要条件，也是达到优孕、优生的重要因素。

将微笑传递给胎宝宝

准爸爸应该为自己的小宝宝创造一个安定、舒适的环境。准妈妈更应该注意心理保健，控制各种过激情绪，始终保持开朗、乐观的心情；做丈夫的也应该在精神上给妻子以安慰。怀孕期间，不仅准妈妈要常常微笑，准爸爸也要常常微笑，因为准爸爸的快乐与微笑会影响到妻子的情绪，妻子再将良好快乐的心态，传递给腹中的胎宝宝，让胎宝宝也快乐。胎宝宝接受了这种良好的影响，会在生理、心理各方面健康发育。

特别提示

情绪胎教虽然是一种最简单的胎教，但对于胎宝宝来说，却是最好的胎教，而最好的情绪胎教方式便是微笑。

与胎宝宝“拉家常”

父母的声音对胎宝宝的智力发育具有无可替代的作用。父母亲切的语调，动听的语言，将会通过语言神经的震动传递给胎宝宝，使他们产生一种安全感，促进大脑发育，使大脑产生记忆。在日常生活中，准妈妈不妨多和自己腹中的胎宝宝说说话，拉拉家常。

如早晨起床时，先跟胎宝宝问声好：“早上好！我最可爱的小宝贝，让我们一起共同度过这美好的一天吧！”

你还可以告诉胎宝宝早晨已经到来。打开窗户时说：“啊！太阳升起来了，阳光洒满大地，今天是一个晴朗的好天气。”或者是：“阴天，下雨了”、“天上飘着雪花”，同时描述风雨的声音、气温的高低、风力的大小等。

准妈妈念童谣：《七字歌》

天上七颗星。
地上七块冰。
树上七只鹰。
梁上七颗钉。
台上七盏灯。

呼噜呼噜扇灭七盏灯。
嗨哟嗨哟拔脱七只钉。
呀嘘呀嘘赶走七只鹰。
抽起一脚踢碎七块冰。
飞过乌云盖没七颗星。
七字歌，念七遍变聪明。

准妈妈仪态需留意

由于此时仍处于容易流产的时期，准妈妈在仪态和行动方面尤其需要多加小心。这不仅有益于胎宝宝的安全和健康，也是胎教的需要。

注意站立姿势

站立时，要使两脚的脚跟和脚掌都着地，两腿平行，两脚稍微分开，把重心放在脚心附近。双膝要直，向内、向上收紧腹部，同时收提臀部，双臂自然下垂，放在身体两侧；头部自然抬起，两眼平视前方。不要绷紧双膝，要让你的体重均衡地分布于整个脚掌。

需要注意的是，孕早期，准妈妈最好不要久站。

坐姿要正确

不论是坐在椅子上还是地板上，都要保持背部平直。股关节和膝关节要成直角，大腿成水平状态，双脚平放在地上。

坐在椅子上时，要紧贴靠背，椅背可以支撑你的腰背部。如果椅子不能提供舒适的支撑，可以放一个小靠垫或者毛巾卷在你的腰背部，双腿不要交叉，以免阻碍血液循环。

上下楼梯要注意

上下楼梯时，不要猫着腰或过于挺胸腆肚，只要挺直脊背就行。要看清楼梯，踩实，一步一步地慢慢上下，只用脚尖走很危险。特别是在孕晚期，行走、上下楼梯更要注意安全。如果楼梯有扶手，一定要扶着走。夜间楼道灯光暗淡，最好不要一个人单独上下楼梯。

休息姿势要讲究

孕早期可取仰卧位，可以在膝盖下垫个枕头；到妊娠16周后，宜采取侧卧位，不宜长时间仰卧或右侧卧，最好采用左侧卧位。白天休息时也尽量采取这个姿势。

侧卧时，可向左或向右，腹部要用棉被支撑住，下侧手可放在背后，上侧手可稍弯曲，两腿也可稍弯曲，上方的腿可伸向前方。分娩阵痛发作时，采取这个姿势也会感觉舒服些。

胎宝宝也喜欢《小马过河》

还记得我们小时候学过的《小马过河》吗？和胎宝宝一起回忆一下儿时的美好时光吧!

小马和妈妈住在绿草茵茵的小河边。他过得很快乐，时光飞快地过去了。

有一天，妈妈把小马叫到身边说：“小马，你已经长大了，可以帮妈妈做事了。今天你把这袋粮食送到河对岸的村子里去吧。”

小马非常高兴地答应了。他驮着粮食飞快地来到了小河边。可是河上没有桥，只能自己走过去。可又不知道河水有多深，犹豫中的小马一抬头，看见了正在不远处吃草的牛伯伯。小马赶紧跑过去问到：“牛伯伯，小河里的水深不深呀？”牛伯伯挺起他那高大的身体笑着说：“不深，不深。才到我的小腿。”小马高兴地跑回河边准备过河。

他刚一迈腿，忽然听见一个声音说：“小马，小马，别下去，这河可深啦。”小马低头一看，原来是小松鼠。小松鼠翘着她的漂亮的尾巴，睁者圆圆的眼睛，很认真地说：“前两天我的一个伙伴不小心掉进了河里，河水就把他卷走了。”

小马一听没主意了。牛伯伯说河水浅，小松鼠说河水深，这可怎么办呀？只好回去问妈妈。马妈妈老远地就看见小马低着头驮着粮食又回来了。心想他一定是遇到困难了，就迎过去问小马。小马哭着把牛伯伯和小松鼠的话告诉了妈妈。妈妈安慰小马说：“没关系，咱们一起去看看吧。”

小马和妈妈又一次来到河边，妈妈这回让小马自己去试探一下河水有多深。小马小心地试探着，一步一步地走过了河。噢，他明白了，河水既没有牛伯伯说的那么浅，也没有小松鼠说的那么深。只有自己亲自试过才知道。

小马深情地向妈妈望了一眼，心里说：“谢谢你了，好妈妈。”然后他转头向村子跑去。

他今天特别高兴，你知道是为什么吗?

准爸爸，胜任助教一职

好好关心准妈妈

准妈妈在外界条件影响下所产生的喜、怒、哀、乐等精神活动，不但能够直接影响自己的血液循环、消化系统、呼吸系统及内分泌系统等的功能，还能间接影响子宫内胎宝宝的发育状况。因此，准爸爸一定要关注准妈妈的精神保健。

“爱子先爱妻。”妻子怀孕，准爸爸更应倍加关心、爱护、体贴妻子，让妻子体会到家庭的温暖，保证妻子心情愉快、精力充沛地度过孕期。那么，准爸爸究竟应该怎样关心准妈妈才好呢？

要尽量使准妈妈心情愉快

在整个妊娠期，准爸爸应该想到的是使准妈妈情绪平稳，避免准妈妈被愤怒、惊吓、恐惧、忧伤、焦虑等不良情绪刺激。准爸爸更不要为了一点小事就和准妈妈争吵，要尽量忍让一些，即使是准妈妈做错了事，也不要大发脾气和训斥准妈妈，有话要慢慢讲，心平气和地说。

让准妈妈多休息

准爸爸要尽可能地让准妈妈多休息。妻子怀孕后，准爸爸应尽可能地多做点家务，尤其是当妻子有妊娠反应、感觉不适时，更要多干些家务活儿，如洗衣、做饭、买菜、照顾家中老人等。在准妈妈去医院做检查时，准爸爸最好陪着去，在医院里挂号、拿化验单、排队，尽量不要让妈妈太累，在路上提醒准妈妈注意安全等。

孕3月，准爸爸备忘录

妊娠第3个月，准妈妈的妊娠反应有所减弱，胃口会有很大的变化，而且体形也开始出现变化了，准爸爸保护准妈妈的具体事项如下：

- 主动分担家务，绝对不要让准妈妈做挑、抬、提、扛等工作，特别要保证准妈妈的充分休息和足够睡眠。
- 树立生男生女都一样的思想，不要给准妈妈施加任何压力，更不要口是心非。
- 节制房事，避免流产、早产、阴道感染等。
- 多陪准妈妈散步、逛公园等。外出活动时，避免使准妈妈腹部受到冲撞、挤压，上下台阶、走坑洼不平的路时，要提醒准妈妈，要搀扶着准妈妈避免她摔倒。
- 遇到噪声大、振动强烈的环境及恶性事件时，设法让准妈妈尽快离开现场，避免对准妈妈及胎宝宝造成不良影响。
- 为了母子健康，特别是在传染病流行期，准爸爸要少到公共场所去，避免染上传染病而影响母子健康。
- 担当起准爸爸的责任。准爸爸要意识到，你为胎宝宝所做的每一件事及每一分努力，都有重大的意义。因为你的一言一行乃至情感态度，不仅会影响准妈妈，而且会影响胎宝宝。你就要成为父亲了！所以更要担当起准爸爸的责任，努力工作，努力分担家务，努力分享准妈妈的快乐，分担她的哀伤，为准妈妈和胎宝宝营造最坚实的港湾。
- 关注准妈妈和胎宝宝的健康。孕期的检查是很重要的，准爸爸应督促并陪伴妻子去做健康检查，经常关心胎动和胎宝宝的各种反应，协助妻子做好孕期监测。
- 妥善安排好妻子的饮食，培养她良好的饮食习惯，均衡摄入营养，为胎宝宝的成长打好基础。
- 多给妻子鼓励和赞扬，帮助她建立面对孕期生活的信心。

特别提示

准爸爸要确保居室里电器用品的电线不可缠绕在一起，保证地面上无电线拖越于地面，避免绊倒准妈妈。

孕4月，有模有样的胎宝宝

现在，是准妈妈身心愉快，胎内的环境相对安定的时期。早孕反应也结束了，准妈妈的食欲也旺盛了。

同时，胎宝宝进入了急速生长时期，对各种营养物质的需求会相应增加，所以孕中期的准妈妈需要补充丰富的营养，如蛋白质、维生素、碳水化合物、矿物质等。另外，根据胎宝宝的发育特点，你可以进行一些相应的实质性胎教活动了。

4月孕情跟踪

胎宝宝有了更安全的暖巢

妊娠第4个月时，胎宝宝身长为16厘米左右，皮肤颜色进一步加红，同时也变厚了，这有利于保护胎宝宝的内脏。他的脸上长出了叫做“毳毛”的细毛。此外，胎宝宝的胳膊、腿能稍微活动了。不过，现在多数准妈妈还感觉不到胎动。

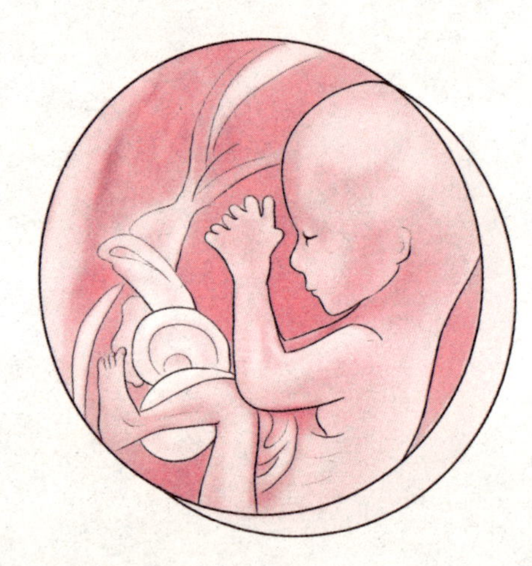

胎宝宝心脏的搏动也更加有力了。还有，胎盘也形成了，与母体联结得更加紧密了，流产的可能性已大大降低。由于胎盘长出，改善了母体供给胎宝宝营养的方式，胎宝宝的成长速度更快了。他的胎膜也长结实了，羊水的数量也从这个时期开始急速增加。

妊娠14周前后，胎宝宝的大脑边缘系统开始形成。大脑边缘系统掌控支配着人类的动物性感觉（视觉、听觉、嗅觉、味觉、触觉），具有极重要的功能。

小腹微凸的准妈妈

孕4月，由于准妈妈体内黄体素水平升高，使小肠的平滑肌运动减慢，准妈妈可能会产生尿频和便秘现象。另外，准妈妈的脚和踝部可能会轻微浮肿，腿部会出现静脉曲张。准妈妈稍安勿躁，你马上会进入一个丰富多彩的孕期生活。

腹部微凸

妊娠第4个月时，准妈妈的腹部会微凸，但仍然不是很明显。

乳房膨胀

乳房明显增大，乳头及乳晕呈深褐色，从乳头里可挤出一些淡黄色的黏液。

子宫变大

子宫已长出了骨盆，宫底已到了肚脐与耻骨上缘之间。子宫变大导致骨盆充血，并影响乙状结肠、大肠，故而会常常发生便秘。

准妈妈的子宫时有不规则的无痛性收缩，这是妊娠期正常的肌肉收缩。

准妈妈慢慢进入状态

妊娠第4个月时，妊娠期的早孕反应已渐渐过去，这时准妈妈会将心思逐渐放到腹中的胎宝宝身上，慢慢会产生各种各样的猜测和担心：孩子是否会有缺陷？长得像爸爸还是像妈妈？是不是聪明健康……

这些担心都会造成准妈妈心理上的压力。心态良好的准妈妈很快会从担忧中走出来，享受做母亲的甜蜜；容易紧张的准妈妈，则会在担心中增加心理负担，从而产生悲观消极的情绪，给胎宝宝带来不良的影响。

这时的准妈妈，应以积极美好的遐想来体验做母亲的愉悦和对未来生活的憧憬，以此来消除对胎宝宝不利的想法，或去做一件高兴的事，如浇花、听音乐、欣赏画册、阅读或去郊游。另外，洗温水浴或适度做家务活，也会促进血液循环，消除准妈妈的不良情绪。

此外，从妊娠第13周起，准妈妈将进入所谓的“黄金中期”，大多数的准妈妈都能吃得好，睡得好，体力似乎也比怀孕前好。不过准妈妈不要忘记自己是有孕之身，要多为胎宝宝考虑，别让自己太累了。

特别提示

现在，准妈妈的早孕反应逐渐消失，但分泌物、尿频、腰部沉重感依然存在。所以，准妈妈还要注意自我的身心调节。

孕4月，准妈妈日常保健细则

避免“烧心”的办法

孕期，准妈妈体内孕激素水平逐渐升高，使食道下段控制胃酸返流的平滑肌松驰，加之逐日增大的子宫对胃的挤压，使得胃里食物排空减慢，胃液很容易返流到食道下段，刺激、损伤食道下段黏膜。因此，在孕中期和孕晚期，准妈妈常会有“烧心感”，在弯腰、咳嗽、用力时更易发生。准妈妈可采取以下方法预防：

· 就餐时不要吃得过于饱，也不要一次喝入大量的水或饮料，特别是不要喝浓茶及含咖啡、巧克力的饮料。因为，这些都可能加重食道肌肉松弛。辛辣刺激性食物、过冷或过热的食物也会刺激食道黏膜，加重“烧心感”，最好少吃为宜。此外，准妈妈还应注意，进食后不要立即躺下。

· 把床头垫高15～20厘米，抬高上身。这样，可有效减少胃液返流，单纯垫高枕头的办法不可取，它不能使整个上身抬高。

· 如果出现腰、腿部神经痛或膀胱刺激征，应格外注意腹部保暖，特别是寒冷时节。贴身内裤应挑选履盖式内裤，即裤腰能履盖肚脐以下部分，保暖效果较好。

· 使用腹带既便于腹部保温，又可使身体稳定性增加，还能从下腹轻轻托起增大的腹部，防止子宫脱垂，保护胎宝宝。但一定要选用可随腹部增大进行调节的腹带，不能有勒紧的感觉，以免影响胎宝宝的生长发育。

孕4月产检提示

这个月的复诊，是为了了解前次产前检查后有何不适，以便及早发现妊娠并发症，即在妊娠期有某种并发症或致病因素可能危害母婴健康或导致难产。

主要检查项目

- 测量宫高、腹围：准妈妈做产前检查时，每次都要测量宫高及腹围。
- 尿常规检查：提示有无妊娠高血压综合征等的出现。
- 唐氏筛查：能够预测胎宝宝是否有出生缺陷，比如唐氏综合征、神经管缺陷或其他染色体异常等。方法简单，损伤小。
- 听胎心音：听到胎心音即表明腹中的胎宝宝为活胎，医生听到胎心的跳动后，才会确诊胎宝宝为活胎，才会进行更详细的检查。

孕中期疾病、用药早提示

孕中期对于准妈妈来讲是相对舒适和平稳的时期，但准妈妈也要注意自己身体的变化，谨慎应对疾病和用药问题。

警惕宫外孕破裂

进入妊娠第4个月，如果出现下腹疼痛和阴道出血，且流血很难止住，要赶快去看医生，因为输卵管妊娠一旦破裂会有生命危险。

留心罕见的葡萄胎

葡萄胎在这个妊娠月能够发现，假如发现内裤上沾有黑色碎血块，应及时去医院就诊。

用药仍要当心

在妊娠4个月后，服用药物虽然不易使胎宝宝畸形，但会使胎宝宝的脑神经形成受影响，因此服药必须有医生指导。

预防接种要慎重

因为预防接种有可能造成胎宝宝感染，形成死胎或是危险性流产，所以必须先与医生商量，听从医嘱。

准妈妈饮水有讲究

因为准妈妈在孕期代谢水平会提高，同时需水量也就有所增加，准妈妈要掌握安全饮水的原则，以保障及时补充水分。那么，在孕期准妈妈应该怎样饮水呢?

早晨起床后喝一杯新鲜的温开水

早饭前30分钟喝200毫升25～30℃的新鲜的开水，可以温润胃肠，使消化液充分分泌，有利于促进食欲，刺激肠胃蠕动，定时排便，防止痔疮、便秘等。

早晨空腹饮水，水能很快被胃肠吸收进入血液，使血管扩张，从而加快血液循环，有助于补充细胞丢失的水分。

切忌口渴时才饮水

口渴说明体内水分已经不足，脑组织缺水已经达到了一定的程度。准妈妈饮水应每隔2小时喝一次，每日总饮水量约为1600毫升。

不要喝久沸或反复煮沸的开水

水在反复沸腾后，水中的亚硝酸银、亚硝酸根离子以及砷等有害物质的浓度会相对增加。喝了久沸的开水以后，易导致血液中的低铁血红蛋白结合成不能携带氧的高铁血红蛋白，从而会引起血液中毒。

不要喝用保温杯沏的茶水

将茶叶浸泡在保温杯的水中，多种维生素被大量破坏，茶水苦涩，有害物质会增多，饮用后易引起消化系统及神经系统的功能紊乱。

切忌喝没有烧开的自来水

自来水中的氯与水中残留的有机物相互作用，会产生致癌物质。

不能喝在热水瓶中贮存超过24小时的开水

随着瓶内水温的逐渐下降，水中含氯的有机物会不断地被分解成为有害的亚硝酸盐，对身体的内环境极为不利。

腿部抽筋早预防

随着胎宝宝的成长，准妈妈的不适也开始增多了。夜里，你也许会被抽筋打扰，快来试试下面的方法吧！

- 增加富含钙的食物、奶制品和深色蔬菜的摄入。
- 按医嘱服用钙片，请医生指导补钙问题。
- 向上弯曲足底，脚后跟向外推（而不是指向趾尖）可以避免腿抽筋。抽筋刚开始时，你可以做这种伸展动作，或试试轻轻按摩小腿以缓解抽筋。
- 睡前按摩脚部，或将脚部垫高再睡。白天走路要穿舒适的鞋，不要站立过久， 防止腿部肌肉过于疲劳而发生抽筋。

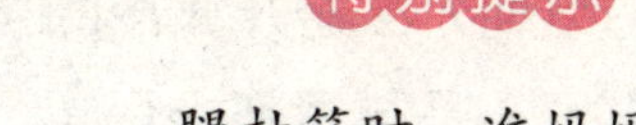

腿抽筋时，准妈妈可以握紧椅背作为支持，站直，使腿后部肌肉伸展，髋部稍向前并弯曲，膝部伸直，均匀地深呼吸。

爱美准妈妈，预防妊娠纹

孕育是一次幸福的体验，而这个过程也会带给你一些烦恼，比如腹部、胸部、臀部及大腿上会留下一些妊娠纹。这些让人烦恼的妊振纹，准妈妈该怎样淡化它们呢？

坚持运动

适当的运动对准妈妈来说还是很有好处的。虽然孕期身体的变化给准妈妈的行动造成一定限制和不便，但也应该做一些适量的产前运动。这样可以减低体内多余的脂肪堆积，增加皮肤的弹性，预防妊娠纹，还有利于减轻生产时的疼痛。

适度按摩

每天洗澡后，可选择适合自己体质的按摩乳液或按摩霜，针对妊娠纹容易出现的几个部位，进行按摩。这样可以防止皮肤干燥，使皮肤得到充分的保湿和滋润且具有弹性。此外，按摩还能促进血液循环和新陈代谢，让皮肤获得足够的养分。

温暖舒适过冬季

准妈妈的孕期无法避开寒冷的冬季，温暖过冬便成了准妈妈最关心的问题。准妈妈无论穿衣还是起居都应保暖，防止受寒。在冬季，切不可为了保持室内温度而紧闭门窗，要注意在天气暖和的中午或早晨多开窗子，换入新鲜空气，以防室内空气污浊，氧气不足。

冬季气候寒冷，空气干燥，易患感冒。在冬季时，准妈妈不要整天闷在室内，要选择天气好的时候到室外做适宜的运动，并接受阳光照射，比如在室外散步，做孕妇体操等，可活动肌肉筋骨，使血液流通顺畅，而且可以吸收新鲜空气。

在雨雪天或有冰冻行动不便时，准妈妈外出要特别注意安全，上下班最好有人接送。穿鞋也要格外注意，防滑鞋是准妈妈冬季必备的家当。

清凉舒爽过夏季

夏季，准妈妈的裙装就是一道亮丽的风景。在炎热的季节中，准妈妈要拥有自己的清爽法则，才能清凉度夏。准妈妈比普通人身体代谢要快，皮肤的汗腺分泌较多，在衣食住行上更要多加注意。

- 多洗澡。最好每天用温水淋浴、冲洗或擦洗全身，保持身体的清洁卫生，可以清热防暑。水温控制在35～38℃为宜。
- 勤换衣服。特别是内衣，要常换常洗，保持身体清爽，以免受汗水浸渍。内衣要选择通气性、吸湿性好的棉织品。衣服要宽松，不贴身，可以保持凉爽。
- 卧室要通风好。要多开窗户，降低室内温度。有空调的房间，要防止室温过低，与室外温差太大，准妈妈易患感冒。
- 出门要戴遮阳帽。夏季要减少外出，避免阳光直射。出门时应带遮阳伞或戴遮阳帽。

分泌物，孕期健康的晴雨表

正常情况下，准妈妈的白带呈乳白色，量多稀薄，呈蛋清样。当生殖道出现炎症或继发感染时，白带往往会显著增多。

妊娠期，受胎盘分泌的雌激素和孕激素的影响，阴道黏膜有充血、水肿现象，外观呈紫蓝色，阴道皱襞增多，松软而有弹性，表面积增大。此时，阴道黏膜的通透性增高，分泌物比非孕时明显增多，同时子宫颈的腺体分泌物也开始增多，因此妊娠期阴道分泌物比非孕期明显增多，白带常呈白色糊状，无气味，这属于正常生理变化，无需治疗。如果白带不但多，而且有臭味，外观呈豆渣样或灰黄色泡沫状，并伴外阴瘙痒，这种情况就不正常了，应及时就医。

选择舒适安全的鞋

准妈妈穿鞋首先要考虑安全性。选择鞋时应注意以下几点：

- 宽窄、大小合适、 透气性好、宽松、轻便、富有弹性、帮底柔软的鞋，有助于减轻脚部的疲劳。准妈妈避免穿用松软的拖鞋或帮底较硬的皮鞋或高跟鞋。
- 鞋后跟要宽大。
- 后跟高度不能超过3厘米。
- 鞋底上要有防滑波纹，防滑性要好。

准妈妈妊娠期不适宜穿高跟鞋和容易脱落的凉鞋或拖鞋等。特别是穿高跟鞋走路要付出更多的体力，容易疲劳，这会影响胎宝宝的发育。即便是孕早期也最好不要穿高跟鞋，但准妈妈也不要穿完全平底的鞋。穿平底鞋走路，一般是脚跟先着地脚心后着地，容易引起肌肉和韧带的疲劳及损伤。最好选择有一点点高度的坡跟鞋，穿着也舒服。

坡跟泡沫底凉鞋弹性好，但鞋底滑，在有水的地方易摔跤。买凉鞋要先看看它的鞋底是否防滑，不然，雨天走路就不安全了。

还有，随着身体一天天变得笨重，小腿、脚、踝部等部位容易出现水肿。所以，鞋要宽松一些，轻便的旅游鞋是较理想的选择。如果脚踝部出现水肿，就应买大一号的鞋了。

内衣，穿出健康来

对准妈妈来说，纯天然织物质地的孕妇装是最好的选择。准妈妈在孕期，皮肤会变得敏感，如果经常接触人造纤维的面料，容易发生过敏。所以，贴身内衣一定要选纯棉或真丝质地的，款式要宽松，穿着要舒适。

冬季服装以开胸式衣服为好。内裤应宽松，不宜太紧，否则不但会影响局部血液循环，还可能会引起水肿。刚买回来的新内衣，应先洗一次再穿，这样可以洗去生产时所沾染的各种物质，防止引起皮肤过敏等。

胸罩的选择

准妈妈的乳房从妊娠早期就开始逐渐地鼓起，一步步地变大。到妊娠4～5个月的时候，乳房已经变得相当大，原来的胸罩已不再合适。尤其需要注意的是，这个时期是乳腺发育的重要阶段，因此必须选用不会挤压乳房的胸罩，这样才能在产后顺利地分泌母乳，并且保持优美的乳型。

挑选胸罩的时候，应当选择既能够保护乳房又不会压迫乳头的罩杯，胸罩的型号最好要稍大一些。同时，应当选择从底部到侧部的领扣可以调节的胸罩。前开扣的胸罩方便产后给婴儿哺乳。

内裤的选择

准妈妈的腹部是重点保护部位，一定不能让它受一点点委屈。所以，为了不妨碍血液循环，即使是孕早期， 准妈妈也不要选择三角紧身内裤、有收腹功能的内裤和腰腿部相对较紧的内裤。可选择上口较低的迷你内裤或上口较高的大内裤，最好要有一定的弹性，伸缩自如，可以适应不断变大的腹部。

同时，妊娠期阴道分泌物增多，而且由于阴道的酸度下降，容易受到细菌侵害，因此，一天最少要换两次内裤。

孕中期性生活，学问多多

孕中期时，胎盘已经形成，妊娠相对较稳定，准妈妈的早孕反应也过去了，心情开始变得舒畅。性器官的分泌物增多了，是性欲较高的时期，可以适当地过性生活。但一定要注意性交姿势，并不是所有的姿势都适合妊娠期的。

适合妊娠期性生活的体位有以下几种：

- 交叉位。男性的身体稍微倾斜，这样插入不宜太深，刺激也不会太强烈。
- 正常位。男性以双手和膝盖支撑身体，这样不会压迫女性的腹部，插入也不宜过于深。
- 伸张位。男女双方都伸直身体结合。这样男性的身体运动不灵便，避免了强烈的刺激。

准妈妈应对牙龈出血

准妈妈牙龈出血，是由于怀孕后体内雌激素和孕激素分泌增多，使牙龈的毛细血管扩张、弯曲、弹性减弱，引起牙龈炎。另外，牙龈上可能会长一些良性小肿块（严重时），刷牙时会出血，这就是“妊娠性牙龈瘤”。下面介绍几个应对牙龈出血的小技巧，准妈妈快来看看吧!

- 多吃富含维生素C的水果和蔬菜。另外，含钙丰富的食物也有益于牙齿的健康。
- 每天用具有杀菌功能的漱口水漱口。
- 三餐后立即刷牙。准妈妈要使用软毛的牙刷轻轻地刷牙，这样不会引起牙龈出血。
- 少吃粘牙的糖果或甜点。像太妃糖、奶糖等，尽量少吃，以免残留在肿胀的牙龈上。

牙龈出血一般会在宝宝出生后消失，如果在怀孕期间影响到了咀嚼和刷牙，或者开始大量出血，这时要请专科医师进行治疗。

准妈妈出行安全宝典

准妈妈孕期外出购物、走亲串友或旅游，要视具体情况，慎重选择交通工具。

乘公共汽车

外出路途较短时，以步行为宜，尽量不乘公共汽车。远路需要乘车时，不要选择在上下班的高峰时间，要避免拥挤。上车后要主动告诉售票员自己怀孕了，找个座位坐下，以免车子突然转弯或急刹车时撞到腹部，同时也可避免站着时车子的震动直接传到腹部。

> **特别提示**
>
> 准妈妈乘坐公交车时，有人给准妈妈让座，准妈妈要记得说声谢谢。这对胎宝宝来说，也是一次有意义的胎教。

骑自行车

准妈妈外出最好不要骑自行车，因为骑自行车时，腿部用力的动作太大，易引起流产。万不得已要骑自行车的话，也要调整车座坡度，使车座后边略高一些，同时坐垫要柔软。最好骑女式自行车，骑车时速度不宜太快，时间不要过长，以防下肢劳累造成盆腔过度充血。不要在颠簸的路上长时间行驶，过强震动易引起会阴损伤。

乘坐私家车

车内禁止吸烟；尽可能避开交通堵塞时段和路段；安装防晒窗帘以缓和阳光照射；准妈妈很容易发生水肿，可以在脚下铺一块踏垫，以便脚胀时能将鞋脱掉，把脚放在上面，车上最好准备一双软拖鞋。

准妈妈应和其他人一样要系好安全带。很多准妈妈担心系安全带会使子宫受压，有关专家认为，系安全带要比不系好。为此，医学专家还推荐了一种正确系安全带的方法：首先，调整座椅位置，在脚可以轻松触到踏板的同时，使腹部和方向盘之间保持尽可能大的距离。其次，现在汽车用的都是三点式安全带，腰带也就是底下的那条带子必须放在骨盆以下位置，应该压住大腿，肩带即上面的那条带子应该放在胸部靠上的部位，不要压住腹部，这样才不会对胎宝宝造成压迫。

左侧卧位，孕期最佳睡姿

准妈妈睡眠的姿势与母婴健康关系十分密切，合理的睡姿更有益于母婴健康。

避免长期仰卧位

准妈妈长期仰卧会产生许多不良后果，特别是妊娠中、晚期时仰卧，腹主动脉受压，子宫的血液供应不足，将影响胎宝宝在宫内的生长发育。同时，长期仰卧可使下腔静脉受压，血液回流受阻，心脏排血量亦会减少，胎宝宝的血液供应亦相应减少。准妈妈则会因心脏排血量的减少而出现胸闷气急、下肢静脉曲张等现象。

右侧卧位影响胎宝宝发育

右侧卧位对胎宝宝发育也不利，因为右侧卧位会使本已右旋的子宫进一步向右旋转，从而使营养子宫的血管受到牵拉，影响胎宝宝的血液供应，造成胎宝宝缺血缺氧，严重时可引起胎宝宝窒息。

正确的睡眠姿势是左侧卧位

准妈妈在妊娠第4个月以后不要长期仰卧或右侧卧，最合理的睡眠姿势是左侧卧位。左侧卧位较有利于母婴健康。

该睡姿可使腹肌放松，保持呼吸和血液通畅， 避免增大的子宫对下腔动、静脉及肾脏的压迫，保证心脏排血量，维持肾脏良好功能，减少水肿，改善子宫和胎盘的血液供给及胎宝宝氧和营养的供给，有利于胎宝宝的生长发育，降低早产率和胎宝宝宫内发育迟缓等并发症。同时，可使右旋的子宫转向直位，有利于纠正异常胎位。左侧卧位还可降低舒张压，预防妊娠高血压综合征。

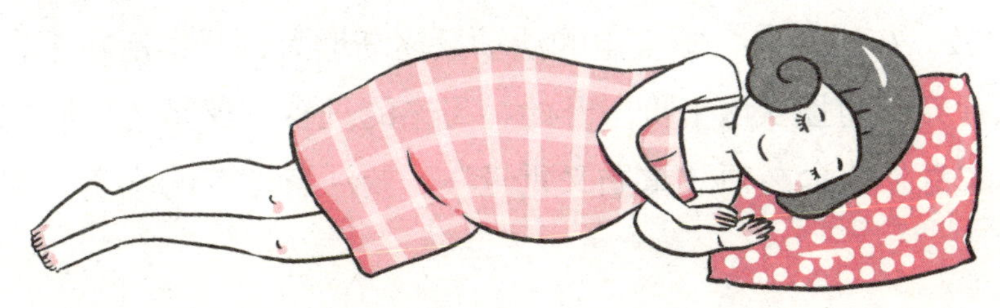

孕13周最佳胎教方案解析

孕4月胎教重点早知道

准妈妈从妊娠第4个月开始便进入了孕中期，较之前的3个月，准妈妈现在的心情会大有改观。这个月，胎宝宝依旧在准妈妈的肚子中快速发育和成长，身体某些部分的肌肉会对外界刺激形成特定的反应，如感到紧张则会握紧自己的小拳头，在听音乐时还会摇摆自己的脑袋等。

本月准妈妈应重点进行的几种胎教：

- 语言胎教。准爸妈可以多跟胎宝宝讲话，唱歌给胎宝宝听，或者给胎宝宝多讲几个有趣的小故事。要知道，准爸妈的声音就是胎宝宝最好的语言启蒙。

- 音乐胎教。选择几首固定的音乐曲目，每天都和胎宝宝一起听上一段时间。形成习惯后，这些乐曲会给胎宝宝留下深刻的印象，能有效促进胎宝宝的大脑和神经系统的发育。

- 运动胎教。这个月，胎盘已经形成，准妈妈不需要时时刻刻都提心吊胆了，因为勇敢的胎宝宝已经度过了最危险的3个月。在这个月里，准妈妈可以适当地加大自己和胎宝宝的运动量了。在休息之余，准妈妈可以进行一些容易操作的家务，如洗碗、扫地，还可以做一些孕妇体操、孕妇瑜伽等，当然，散步也是必不可少的。

- 营养胎教。在这个月，胎宝宝的活动量逐渐增大，开始活跃了，需要更多地从母体摄取营养。而且从这个阶段开始，母亲的进食不仅是为了胎宝宝，同时也是为了母体本身，饮食必须“重质又重量”，要注意营养的均衡，要有意识地补钙和补锌。

在轻松和快乐中工作

准妈妈在工作环境中，必须细心关注几个问题，就是工作场所有没有化学类的、光电类的、物理类的污染源，工作的节奏、性质、压力大小是否适合准妈妈的承受力，人际关系是否融洽。以上几点对于准妈妈非常重要，为了胎宝宝的健康，准妈妈不能对此毫不在意。

轻松的工作氛围有益于健康

工作环境中人际关系的好坏，也会极大地影响准妈妈和胎宝宝的身心健康。有人的地方就会有矛盾，准妈妈如不小心卷入了人际关系的矛盾中，唯一的办法是进行自我调节，学会释怀。怀孕期间万事应该看淡，切不可因一点小事就耿耿于怀、过于计较，这样对胎宝宝的身心健康十分不利。准妈妈要努力为自己创造一个良好的工作环境。

工作中要注意适时休息

在工作时，准妈妈要量力而行。一旦感觉到累了， 就放下手中的活歇一歇，吃点东西，如香蕉、苹果、饼干等，去室外散散步，晒晒太阳，呼吸一下新鲜空气。中午如不能回家，要学会照顾好自己，最好能睡个午觉，这对准妈妈和胎宝宝都非常重要。如果条件不允许，准妈妈最起码也要做几次深呼吸，将腿放松，闭目养神，保证能休息一会儿。

准妈妈好好享受孕体美

怀孕是人生的大喜之事，根本不必害羞。而且，当他人得知你是准妈妈后，都会对你照顾有加。你会发现，怀孕使你变得比任何人都重要，大家都会给予你一份额外的关爱，你腹中的胎宝宝也处于这种浓浓的友爱之中。

苗条有苗条的美，丰满有丰满的美，准妈妈也自有一种孕体美，这种美绝不是任何人想有就能有的。准妈妈应当好好珍惜，充分享受怀孕的过程。至于妊娠斑、妊娠纹，多数人在分娩后会自然消失，无需治疗，也用不着难为情。

特别提示

准妈妈应多参加集体活动，参加好友聚会时，可以告诉同事自己的情况，这样同事会在多方面给予你关心和照顾。

对于丈夫而言，如果你的妻子恰是那种羞于到公共场所、性格内向的人，那么你可以时常邀请几位至朋近友到家中小聚。热闹的气氛，开心的畅谈，有利于准妈妈情绪的调节，也十分有利于胎宝宝的发育。

倾听《渔舟唱晚》

古筝曲《渔舟唱晚》，标题取自唐代王勃《滕王阁序》里“渔舟唱晚，响穹彭蠡之滨”中的“渔舟唱晚”4个字。乐曲以生动的旋律，形象地描绘了晚霞斑斓、渔歌四起、渔夫满载丰收的喜悦、荡桨归舟的欢乐情景，表现了作者对生活和美丽河山的赞美和热爱。

这首乐曲适合于准妈妈在睡眠不好时听，它乐声悠扬，意境旷达，能促使准妈妈的情绪回复宁静。准妈妈在临睡前听此曲，有助于让自己的思绪沉静到傍晚的水波上，在渔舟的轻摇慢曳中静静睡去……

补钙，让胎宝宝更健康

钙是保证胎宝宝的骨骼及牙齿健康发育的重要物质。因此，准妈妈须注意补充足量的钙，同时多摄取富含维生素D的食物，以促进钙的吸收。

科学补钙的方法

专家提出，准妈妈每日钙摄入量应在1.6克左右。药物补钙不如从食物中摄取钙经济、安全。药物补钙，需体内铁与其他营养物共同作用才易被吸收。过度补钙会使胎宝宝的颅骨过硬，增加分娩难度。所以，从食物中补钙是明智之举。

富含钙及维生素D 的食物有虾皮、牡蛎、淡菜、牛奶、沙丁鱼、鲑鱼、海带、泥鳅、豆制品、芫荽、荠菜、西蓝花、芝麻酱、莲子、甜杏仁及鱼肝、蛋黄、香菇等。必要时可服用补钙药品，同时要增加户外活动，如散步、晒太阳，以增加体内维生素D生成，帮助钙的吸收。

实践表明，孕期补钙不仅有助于胎宝宝骨骼正常发育，还可降低妊娠高血压综合征的发病率。

忌单靠喝骨头汤补钙

人们普遍认为骨头内含钙量多，所以常常靠喝骨头汤来补钙。那么，多喝骨头汤能补钙吗?

营养学专家研究发现，用骨头熬汤，能溶解到汤中的钙极其有限。同时，骨中油质大量地溶入汤中，其中含大量的饱和脂肪酸，不利于消化吸收。胎宝宝组织器官分化所必需的类脂是由食物中的不饱和脂肪酸形成的。以食物补钙是正确的补钙方法之一，但骨头汤并非首选，鱼、虾、蛋、奶、豆制品才是食物钙的主要来源。

孕4月营养套餐特别推荐

营养早餐：鸡肝米粉1盘，豆浆1杯。

灵活加餐：苹果1个，坚果适量。

经典午餐：米饭1碗，猴头菇扒菜心100克，栗子焖排骨100克，家常罗宋汤适量。

下午茶点：香蕉乳酪糊50克，牛奶1杯。

爱心晚餐：牡蛎粥1碗，桂花糯米藕50克，黄豆烧海带100克，小米发糕适量。

准妈妈营养食谱精选

猴头菇扒菜心

【原料】白菜心300克，猴头菇（干）50克，素鲜汤(超市有售)500毫升，水淀粉2大匙，植物油、鸡精、姜末、盐各适量。

【做法】

①白菜心洗净，削去根部，切成4瓣，放入沸水中稍氽烫捞出，过一遍凉水，切成3厘米长的段备用。

②猴头菇用开水泡发， 捞出挤干水，削去底部的老根，切成0.3厘米厚的薄片，放入沸水中氽烫片刻，捞出晾凉，加入1大匙水淀粉，给猴头菇挂糊。

③锅中加入清水，烧至微开，将猴头菇下入锅中，待菇片浮起，捞出过凉备用。另起锅，加入植物油烧热，放入姜末炒出香味，加入素鲜汤、盐、鸡精，大火烧开。将一半汤汁浇在猴头菇上，然后将猴头菇上笼蒸40分钟左右。

④将白菜心放入留下的汤锅内，略烧后捞出，盛入盘内，再把蒸猴头菇的汤倒入锅内，将猴头菇扣在放菜心的盘子中间。将锅内剩余的汤汁烧开，用剩下的水淀粉勾芡，浇在猴头菇和菜心上即可。

【营养功效】

猴头菇能够降低胆固醇，帮助准妈妈提高免疫力，促进胎宝宝的生长发育。

桂花糯米藕

【原料】藕1500克，糯米400克，白糖150克，糖腌桂花10克。

【做法】

①藕刮皮洗净，取用中段；在藕较小的一端，切去藕的一头3～3.5厘米做盖用。

②糯米用清水浸泡2～3小时，洗净，沥干水后，将糯米塞入藕孔，再将切下的藕盖封上，插上牙签固定。灌糯米时，一定要先控干水，过湿不易灌进藕孔；边灌边用筷子捅，并拍藕身，使米粒顺利进入孔内，装满填实。

③将藕放入锅中，加入水，以没过藕为宜，再加入白糖，用大火烧。待水开后，转至小火焖5～6小时。

④取出晾凉，切片，码盘内，撒上白糖、糖腌桂花，加入适量清水，上笼蒸透。

⑤把蒸藕蒸出的糖汁倒入锅中，烧开，加入剩下的白糖熬成稠糖汁浇在藕盘内即可。

【营养功效】

藕的营养丰富，若直接将藕片与冰糖、枸杞子一起煮熟，加入水果粒作为饭后甜点食用，也是不错的选择。

肉末炒豌豆

【原料】猪瘦肉100克，豌豆200克，葱末、姜末各少许，酱油、料酒、盐、鸡精、植物油各适量。

【做法】

①将猪瘦肉洗净，剁成肉末；豌豆择洗干净；葱、姜洗净，分别切成细末备用。

②锅内加入植物油烧热，加入葱末、姜末煸炒出香味后，加入肉末略炒，烹入料酒，加入酱油，翻炒均匀。

③加入豌豆、盐、鸡精，大火炒熟即可。

【营养功效】

这道菜可以为准妈妈补充优质蛋白质、多种维生素和铁，可以帮助准妈妈提高免疫力，预防缺铁性贫血，并促进宝宝神经系统的发育。

孕14周最佳胎教方案解析

让你的卧室漂亮起来

卧室是准妈妈重要的活动空间之一，长期在一成不变的环境中，情绪难免会有低落的时候。孕期，你不妨重新布置一下卧室，改变一下卧室里的格调。

色彩影响胎教效果

精神上感到舒畅还是沉闷，与视觉有着很大的关系。不舒服的色彩如同噪声一样，使人感到烦躁不安，而协调悦目的色彩则是一种美的享受。

——小笑话

一个人在沙漠里捡到了神灯。神灯：“我只可以实现你一个愿望，快说吧，我赶时间。”人：“我要老婆……”神灯立刻变出一个美女，然后不屑地说：“都快饿死了还贪图美色！可悲！”说完就消失了。人：“……饼。”

准妈妈对色彩的反应很敏感，常常会表现出对某些颜色的偏爱，对另一些颜色则很讨厌。因此，色彩可以通过影响你的心情而影响胎教效果。

色调影响人的情绪

生活中的颜色不仅有很好的装饰作用，而且还能调节情绪。一般说来，红色易使人激动、兴奋；黄色明快、灿烂，使人感到温暖；绿色清新、宁静，给人以希望；蓝色给人的感觉是明静、凉爽；白色显得干净、明快；粉红色和嫩绿色则使人充满活力。

卧室宜选择淡而冷的色调

准妈妈应有意识地多接触一些偏冷的色彩，如绿色、蓝色、白色等，有利于稳定情绪，保持淡泊宁静的胎教心境，有助于使腹内的胎宝宝安然平静地健康成长。

适当运动，胎宝宝更健康

对于准妈妈来说，适当的锻炼有助于提高免疫力，保持良好的身体状态。对于准爸爸来说，适当的运动不仅可以保持健康的体魄，还是有效的减压方式。

适当的运动能促进准妈妈全身及腰背部、盆底部肌肉协调均匀地发展，维持子宫的正常位置，有益于受孕和分娩。另外，运动还可使人神清气爽，身心健康，心情愉快。

在运动过程中，准爸爸准妈妈应相互关心、照顾，可以增进夫妻感情。准爸爸准妈妈更可以享受更多生活乐趣，有益于健康孕育。

准妈妈游泳，注意事项多

准妈妈游泳，有利于胎宝宝发育，但也应该注意一些细节。

准备工作

准妈妈游泳前，一定听从医生的指导和建议。游泳时，最好有专业教练或专职医务人员在场，不仅可以起到心理安慰作用，而且发生意外时，相关人员会及时采取措施。

最佳时期

准妈妈最佳的游泳时期是在妊娠第5～第7个月，因为胎宝宝这时候胎象已经稳定了，各器官的分化已经基本完成，生理功能开始发挥作用。孕晚期，为避免羊水早破和感染，应停止游泳。

水温适宜

游池的水温最好能够保持在30℃左右，一方面，在这种水温下，准妈妈的肌肉不容易抽筋，也不太容易疲劳；另一方面，这样的水温也不会因为太热，而使准妈妈的体温升高。准妈妈要选择子宫不易紧张的时间，上午10点至下午2点进行游泳较好。

适当吃鱼，胎宝宝更聪明

鱼肉鲜美，蛋白质含量高，一般在15%～20%，而且是优质蛋白，其必需氨基酸含量和比值同人体相似。鱼肉的脂肪含量很低，只有1%～3%，只有个别鱼种（鲥鱼）含脂肪较多。鱼肉更便于人体消化吸收，一般消化吸收率高达96%。

鱼肉还含有丰富的无机盐，其中磷和钾较多，海水鱼还含有碘、氟。鱼肉含有较多的脂溶性维生素，尤其是维生素A、维生素D更丰富。

此外，准妈妈吃鱼还可能减少胎盘供血不足的现象。鱼肉富含人体不能合成的不饱和脂肪酸——二十碳五烯酸。它具有多种药理活性，可以抑制凝血素A的产生，使血液黏度下降，抗凝血酶分泌增加，可以起到预防血栓形成的作用。二十碳五烯酸还可在血管壁上合成前列腺素，具有扩张血管的作用，从而使胎盘的螺旋动脉扩张，以便有足够的营养物质输送给胎宝宝，促进胎宝宝的生长发育。鱼肉中的磷和大量氨基酸还对胎宝宝的中枢神经系统发育有良好的促进作用。

虽然如此，准妈妈也不宜大量吃鱼，否则可能导致胎宝宝智力低下。因为有的鱼都会受到重金属污染，尤其是水银，假如准妈妈长期食用此种鱼，则会把水银经胎盘传给胎宝宝，新生儿的排泄能力较差，这样水银便容易积聚体内，可能影响婴儿脑部发育，使其智力迟缓。

欣赏《小星星变奏曲》

现在胎宝宝在准妈妈的子宫里，对外界的声音刺激会有所反应了，他已能感受到母亲的心跳速度、血液流动的节奏、胃肠蠕动的韵律了。

当准妈妈沉浸在美妙的音乐中时，胎宝宝不仅能感受到如音乐节奏般的血管脉动，而且子宫里的羊水，也会随着准妈妈的心跳、呼吸、如海洋般宁静摇晃。

莫扎特的《小星星变奏曲》缘自一首法国童谣《哦！妈妈，让我告诉您吧!》。描写的是情窦初开的少女向母亲表白的歌曲，莫扎特把它改编成了钢琴曲《小星星变奏曲》，其中乐曲做了12次改变，生动地表现了小星星活泼可爱、变幻多端的模样。在这种欢快的节奏里，胎宝宝的情绪肯定是愉快无比的，而准妈妈此时也会完全陶醉在其中。

胎宝宝和画展有个“约会”

美术欣赏的要点是去欣赏它们的色彩、线条、造型，由此体会它所包含的情调和意境。一般准妈妈要做到这一点不容易，因为这需要较深的艺术修养，也需要一定程度的训练，但多看看、多体味还是有好处的，因为艺术的影响是潜移默化的。

体味画作中的韵味

刚开始的时候，与其欣赏细腻的人物肖像不如看那些一眼就可以了解画家意图的风景画，看到美丽的自然风景就如同倾听到自然的声音一样，可以使情绪安定下来。

准妈妈在去美术馆之前可以先了解一下正在展示的作品概况。掌握了画家和作品的基本信息之后，再对其进行鉴赏，往往可以带来更多的感受。

只要能看出画家何时创作了这幅作品，作品的名称通常体现的是作品的灵魂。掌握画作的基本信息后就会对画作产生许多相关的疑问，到最后也就能有许多感动和收获。也只有在准妈妈付出了真情的情况下，胎教才能真正有效。

欣赏名画，持之以恒

去过几次画展，看了几页画册，并不代表着整个胎教过程就已进行完毕。只有坚持与那些画作打交道，才可以使胎教变得更有效。

在时间允许的情况下，准妈妈应经常带着胎宝宝一起去美术馆欣赏画作，并对好的作品反复揣摩，步入艺术的境界，这样才能产生美的感受和遐想。

胎教故事《拔萝卜》

从前，有个老公公种了个萝卜，他对萝卜说："长吧，长吧，萝卜长得甜甜的；长吧，长吧，萝卜长得大大的。"萝卜越长越大，大得不得了。

老公公就去拔萝卜。他拉住萝卜的叶子，"哎哟，哎哟"拔呀拔不动。老公公喊："老婆婆，老婆婆，快来帮我拔萝卜！""唉！来了，来了。"老公公和老婆婆一起拔萝卜。

"哎哟，哎哟"拔呀拔不动。

老婆婆喊："小姑娘，小姑娘，快来帮忙拔萝卜！""唉！来了，来了。"老公公、老婆婆和小姑娘一起拔萝卜。"哎哟，哎哟"拔呀拔不动。

小姑娘喊："小黄狗，小黄狗，快来帮忙拔萝卜！""汪汪汪！来了，来了。"

老公公、老婆婆、小姑娘和小黄狗一起拔萝卜。

"哎哟，哎哟"拔呀拔不动。小黄狗喊："小花猫，小花猫，快来帮忙拔萝卜！"

"喵喵喵！来了，来了。"

老公公、老婆婆、小姑娘、小黄狗和小花猫一起拔萝卜。

"哎哟，哎哟"还是拔不动。小花猫喊："小耗子，小耗子，快来帮忙拔萝卜！"

"吱吱吱！来了，来了。"

老公公、老婆婆、小姑娘、小黄狗、小花猫和小耗子一起拔萝卜。

"哎哟，哎哟"大萝卜有点动了，再用力拔呀拔，大萝卜拔出来啦！他们高兴地把大萝卜抬回了家。

特别提示

准妈妈在给胎宝宝讲故事时，要做到声情并茂，充满感情，这样腹中的胎宝宝才能受到最好的熏陶。

孕15周最佳胎教方案解析

要健康，也要美味

随着孕中期的来临，准妈妈的胃口大开，可以尽情地解解馋了。然而，从怀孕前就特别注意保持身材、控制饮食，现在又胃口大开，怎么样才能合理地控制体重，保持身体健康呢?

合理饮食有讲究

饮食并非少吃就能控制体重，掌握进食的技巧、食物的烹调、食材的选择，等等，都是控制体重的关键。

只要吃得科学合理，就能找到不发胖的秘诀。吃得科学合理，改变自己的进食习惯很重要。

养成良好的饮食习惯

- 改变进餐顺序:先喝水→再喝汤→再吃青菜→最后才吃饭和肉类。
- 养成每天三顿正餐一定要吃的习惯。
- 生菜、水果沙拉应刮掉沙拉酱后再吃。
- 肉类应去皮，并且不吃肥肉，只吃瘦肉部分。
- 油炸食品先去油炸表皮后再吃。
- 浓汤类食物，只吃固体内容物质，少喝汤。
- 带汤汁的菜肴，把汤汁稍微沥干以后再吃。

打扮出好心情

怀孕期间，美容、穿衣也是胎教，准妈妈也可以打扮得很漂亮，不但可以给自己一个好心情，同时也可以给胎宝宝带来美的感受。

做漂亮的准妈妈

美丽是每一位女性所追求的，准妈妈完全有必要精心打扮自己，靓丽的外表会给你带来愉悦的心情。

怀孕了，就更应精心打扮。一方面，对自己容颜、服装的关心会使你忘掉妊娠中不快的事；另一方面，打扮会使你显得气色很好，自己看了，心里会很舒服，别人看了，对你称赞几句，你也一定会很高兴的，可见合理的打扮会使你保持自信、乐观、心情舒畅。因此，美容、打扮无论对自己还是对胎宝宝都是很有意义的。

仪容美的关键在于整洁。一身颜色明亮、合适得体的装束，一头干净利索的头发，再加上面部恰到好处的淡妆，便显得精神焕发。好的精神状态也是胎教的一种，它可以使胎宝宝在母体内受到美的感染而获得初步的审美潜能。

培养胎宝宝的审美

准妈妈如果气质优雅、举止文明，就能感受到源于自身的一种美。这种感受确立了准妈妈的审美观，这种审美观能够传递给胎宝宝，使胎宝宝在母体内也得到美的熏陶。因此，专家经常告诫准妈妈，在怀孕期间，不仅要保持精神焕发、穿着整洁、举止得体，还要适当丰富自己的精神生活。

特别提示

准妈妈爱美是好事，但是不能浓妆艳抹，更不能涂指甲油和染烫头发，也不要穿高跟鞋长时间站立或走路。

与胎宝宝共赴音乐盛宴

4个月大的胎宝宝对外界环境的声音已可以感知了。听久了准妈妈肚子里的声响，胎宝宝也需要些新鲜的刺激。所以，在业余时间较宽绰时，准爸妈不妨给胎宝宝来场音乐会。

来个家庭“音乐会”

最常见也最方便的办法就是听CD。准妈妈可以从妊娠第4个月起，每天聆听有利于孕育胎宝宝的古今中外著名的音乐曲目。要多听一些舒缓的古典音乐，这是因为古典音乐的节奏与母亲每分钟72次左右的心跳频率相近，而胎宝宝对母亲的心跳音最有安全感、亲密感。

推荐曲目：《小太阳》、《秋日私语》、《秋夜》、《仲夏夜之梦》、《春天来了》、《梦幻曲》等。

剧院音乐会

别以为剧院音乐会和在家听CD没什么两样，真实的现场气象更会激发准妈妈的音乐情感，对胎宝宝也大有益处。

所以，如果有机会，应该带胎宝宝去音乐厅听一场地道的现场音乐会。准妈妈带着胎宝宝置身于美妙悠扬的音乐氛围中，乐曲轻轻流淌，音乐会气势磅礴的效果，会让正在慢慢成长的胎宝宝享受一场听觉的盛宴。

大自然的“音乐盛会”

选一个风和日丽的日子，带着胎宝宝一起去户外，听听来自大自然的天籁之音吧。这时，准妈妈可以唱一支动听的歌，也可以让准爸爸来一曲民歌，或者谁也不唱，就静静地听小鸟的鸣叫声、听小溪淙淙的声音、听树叶沙沙的响声、听田野里的蛙鸣等。

准妈妈，爱编织

胎教实践证明，孕期勤于编织的准妈妈所生的孩子会比在孕期不喜欢动手动脑的准妈妈所生的孩子在日后的生活中更“手巧、心灵”一些。

这是因为准妈妈在进行编织时，会牵动肩膀、上臂、小臂、手腕、手指等部位的30多个关节和50多块肌肉。而管理和支配手指活动的神经中枢在大脑皮质上所占的面积最大。手指精细、灵敏的动作，可以促进大脑皮质相应部位的功能发展，通过信息传递的方式，可以促进胎宝宝大脑发育。

织毛衣时需要坐着不动，因此，每隔半小时左右，准妈妈就要起来走动走动，歇一会儿再继续，千万不要让自己整天坐着不动。

准妈妈趁着现在的闲暇时光，编织一条小围巾或一个小帽子，送给你的小宝宝吧!

准妈妈要勇于探索

我们知道， 准妈妈与胎宝宝之间是有信息传递的。胎宝宝能够感知妈妈的思想。如果准妈妈既不思考也不学习，胎宝宝也会深受感染，变得懒惰起来。

这对于胎宝宝的大脑发育是极为不利的。倘若准妈妈始终保持着旺盛的求知欲，则可使胎宝宝不断接受良性刺激，促进大神经和脑细胞的发育。

因此，准妈妈要从自身做起，勤于动脑，勇于探索，在工作上积极进取，在生活中注意观察，把自己看到、听到的事物通过视觉和听觉传递给胎宝宝。准妈妈要拥有浓厚的生活情趣，不断探索新的问题，这对胎宝宝非常有好处。

——脑筋急转弯

①有个人走独木桥，前面来了一只老虎，后面来了只熊，这个人是怎么过去的?

②监狱里关着两名犯人，一天晚上犯人全都逃跑了，可是第二天看守员打开牢门一看，里面为什么还有一个犯人?

③小明的妈妈有三个儿子，大独生子叫大明，二儿子叫二明，三儿子叫什么?

【答案在359页】

孕16周最佳胎教方案解析

胎宝宝不喜欢芳香的东西

有些家庭习惯使用空气清新剂来以“香”除“臭”味。其实，这会加剧室内空气污染。大多数芳香的东西对人体的神经系统有害，少数还对血液系统有害。此外，对皮肤黏膜也有刺激作用。平常人使用芳香剂不会造成危害，但对于准妈妈者来说，要尽量避免使用过多的化学芳香制剂，以免对胎宝宝造成不良影响。

补充DHA，让胎宝宝更聪明

DHA是一种大脑营养必不可少的多价不饱合脂肪酸，它对大脑细胞有着极其重要的作用。它占到大脑脂肪的10%，对脑神经的传导系统和突触的生长发育极其有利，是人的大脑发育、成长的必需物质之一。

营养学家主张，自妊娠第4个月起，准妈妈就应当适当补充DHA。除了专门的DHA制剂外，能帮助准妈妈摄入DHA的食物有：核桃、榛子等坚果，它们含有丰富的天然亚麻油和亚麻酸，人体摄入后，经肝脏处理能合成机体所需的DHA。

另外，海鱼、深海鱼肝油、甲鱼等，也含有DHA，孕期可以适当增加摄入量。

掌握职场“孕动”法则

很多女性怀孕后，并没有放弃自己的工作。对于整天坐在办公室的准妈妈来说，每天不可能专门抽出时间去做运动，而运动对于准妈妈孕期及日后分娩都很重要。不过，只要准妈妈自己安排得当，“孕”动时间还是有的。

午餐后适当散步

在办公室工作了一个上午，准妈妈可以利用午饭后的时间出去走走，不但能达到运动的目的，同时也能借此机会放松一下。尤其是在阳光下散步，不仅可以有助于调节心情，还能使皮下的脱氢胆固醇转变为维生素D，能够促进肠道对钙、磷的吸收，对胎宝宝的骨骼和大脑发育特别有利。

借助楼梯进行运动

准妈妈可以走几层楼梯，两三层楼最好不乘电梯。不过，在走楼梯的时候要量力而行，如果感到腰酸腿疼就不要过多走楼梯了。

准妈妈在怀孕后，往往体重增加很快，再加上胎宝宝的重量，对腰部和膝关节都会造成不小的负担。腹部增大前突，会妨碍视线，下楼时要注意安全，千万不要跌倒。

做孕妇体操

有条件的话，可以在办公室做孕妇体操。孕妇体操可以帮助准妈妈有目的、有计划地进行锻炼，有利于日后分娩以及产后的恢复。

每次锻炼的时间，应该以不感到吃力为限。如果原来有颈椎病， 做某些动作会感到恶心、眩晕，就要立即停止，并马上坐下来休息，防止晕倒。怀孕月份越大越要缓慢锻炼，不能过度运动。

①一个人从飞机上掉下来，为什么没摔死呢？

②什么人生病从来不看医生？

③用铁锤锤鸡蛋为什么锤不破？

【答案在359页】

和胎宝宝一起动动脑

准妈妈动动脑，胎宝宝更聪明，快来和你的宝贝一起动脑筋，蓄智慧吧！准妈妈可以做一做填字的小游戏，猜一猜谜语或脑筋急转弯，都是不错的选择。

猜谜语：我们都知道，猜谜语的过程就是一个动脑筋的过程，准妈妈需要通过逐步的分析而得出谜底，这个过程就需要思考。

玩填字游戏：这个游戏和猜谜语有些相似之处，都需要准妈妈开动脑筋思考，才能得出答案，但难度又不是很大，不会给准妈妈造成挫折感。

日常生活中遇到问题多思考：由于准妈妈有孕在身，家人为了让其安心养胎，常常会将家里的事都包揽了，不需要准妈妈操心。其实，有些事不妨让准妈妈“出谋划策”，如果建议具有建设性，还能增强准妈妈的自信心，对胎宝宝的发育也有益处。

准妈妈重修养，胎宝宝看得到

准妈妈注重提高自己的人格修养，注意培养自己的正气，为人处世追求仁义、礼貌、信誉，对胎宝宝良好人格的形成以及胎宝宝的容貌很有裨益。因此，准妈妈要做到以下几点：

- 学会尊重他人，宽厚待人，不斤斤计较，不做怨妇。
- 乐于为他人或集体做事，乐于赞美他人，能由衷地为他人的成就高兴。
- 遇事不打小算盘，不贪小便宜，把“君子爱财，取之有道”当作自己的谋利准则。
- 不欺诈、不霸道，不侵犯他人权益，不以破坏他人利益为乐。不欺凌弱小或乘人之危。
- 克服不良欲望，不放纵自己，生活不依赖他人。

准妈妈游泳，宝宝更灵活

怀孕期间身体状况良好的准妈妈，在整个孕期都可以进行游泳。游泳对于准妈妈来说是一项相当好的有氧运动。

· 游泳可以减轻胎宝宝对直肠的压迫，并促使骨盆内血液回流，改善血液循环，有利于防止便秘、下肢水肿和静脉曲张。

· 游泳还可以增加肺活量，有助于产妇分娩时能长时间憋气用力，缩短产程。另外，准妈妈在水中体位的变化，有利于纠正胎位，促进顺产。

值得注意的是，准妈妈经常游泳，可逐渐消耗体内过剩热量，从而有助于防止妊娠中毒症。

带胎宝宝进入“动物乐园”

《动物园狂想曲》又称《动物狂欢节组曲》，是一首韵律生动、充满生机和活力的曲子。在这部新颖的组曲中，作者以漫画式的笔调，运用各种乐器的音色和情感特征，惟妙惟肖地描绘出了动物滑稽的动作和可爱的情态，其中的大提琴独奏曲《天鹅》尤为动人。

乐曲一开始，钢琴以清澈的和弦，清晰而简洁地奏出了犹如水波荡漾的引子。在此背景上，大提琴奏出了舒展而优美的旋律，描绘了天鹅以高贵优雅的神情安详地浮游的情景。中间曲调的变化，更增添了色彩。它所表现的感情更加内在而热切，犹如对天鹅端庄而高雅形象的歌颂，把人带入了一种纯净崇高的境界。随着音乐力度的渐弱、速度的减慢，使人感到美丽的天鹅向着远方渐渐地离去。这首曲子描绘了各种动物的形象，能引发准妈妈具体的想象。

准爸爸，胜任助教一职

准爸爸联线胎宝宝

胎宝宝在母亲子宫内最适宜听中、低频调的声音，而男性的说话声音正是以中、低频调为主。因此，准爸爸要坚持每天对着妻子子宫内的胎宝宝讲话，让胎宝宝熟悉父亲的声音。

准爸爸对胎宝宝呼唤

准爸爸的呼唤能够唤起胎宝宝最积极的反应，有益于胎宝宝出生后的智力及情感发育。另外，为了消除胎宝宝对准爸爸的陌生感，妊娠第4个月后，准爸爸就应该开始对胎宝宝讲话。

呼唤胎宝宝的方法

首先让准妈妈坐在宽大舒适的椅子上，然后由妻子对胎宝宝说："乖宝宝，下面我们开始与你的爸爸进行十分愉快的对话！"这时，准爸爸坐在距离妻子50厘米远的位置，用平静的语调开始对话，随着对话内容的展开，再逐渐提高声音，不能一下子发出高音。

准爸爸在与胎宝宝对话时可以说："宝贝(或者叫乳名)，我是你的爸爸，我会天天和你讲话，我会告诉你周围一切美好的事情。"在空闲的时候，最好能将每天要讲授的话题构思好，或者在当天的"胎教日记"中拟定一篇小小的讲话稿，稿子的内容可以是一首纯真的儿歌、一首简单的古诗、一段优美动人的小故事等。

让准妈妈开心

现代医学研究发现， 如果准妈妈在妊娠期间情绪低落，烦躁不安，会导致早产、胎盘早剥，甚至会造成胎儿畸形和死胎。而胎宝宝出生后，往往也会出现体质虚弱、爱哭闹、不易喂养、智力较低。

准爸爸在妻子妊娠期间要加倍体谅她，更多地关心和爱护准妈妈，使准妈妈保持情绪稳定、心情愉快， 让准妈妈多体会家庭的温暖，避免准妈妈因受刺激而产生愤怒、恐惧、忧伤等不良情绪。总之，准爸爸要多逗准妈妈开心，让她保持愉快的情绪。

当好准妈妈的营养师

妻子在孕期需要补充大量的营养，如果营养不良，生下的宝宝不但体质差，而且会影响以后的智力发育。因此，丈夫一定要做好妻子的后勤保障工作，以保证母子两人的营养需求。

要鼓励准妈妈多吃。随着妊娠反应消失，准妈妈的情绪会好转，食欲将大增，亟待补充营养，准爸爸在烹饪上应大显身手，亲自动手为准妈妈做点可口的饭菜。虽不是专业厨师，也应学些孕期营养知识，为准妈妈烹饪一些有营养的菜肴。

要帮助准妈妈吃好。不能让准妈妈过量进食低营养食物，如甜食、糖、饼干等，帮助准妈妈及时调整饮食结构，增加活动量，把体重控制在合理的水平。

另外，准妈妈不要保持口味偏重的嗜好，特别是在孕中、晚期。如果吃盐过多，容易诱发或加重下肢水肿，还会促使血压升高，严重时甚至会导致心力衰竭。

孕4月，准爸爸备忘录

准爸爸和准妈妈经历了百余天的“幸孕”之路，准爸爸千万不要忘了自己的职责，时刻都要照顾好准妈妈和胎宝宝！

• 早晨陪妻子到公园或者绿地广场散步，呼吸新鲜空气，督促妻子多晒太阳。平时确保妻子有 8 ～ 9 小时的睡眠时间，尽量要有30分钟或更多的午休时间，以确保准妈妈精力充沛，保持愉悦的心情。

• 休息时，准妈妈的姿势以左侧卧位为最佳，可改善子宫的血液供应，同时还可减轻子宫对下腔动、静脉的压迫，有利于减轻下肢水肿。准爸爸要注意提醒和纠正妻子的不良睡姿。

• 卧室要注意空气流通，妻子睡觉时要帮她盖好腹部，以防受凉，并用枕头把脚垫高，可帮助改善下肢血液循环，减轻肿胀不舒服的情形。用电风扇吹风时，宜用近似自然风的风速，并适可而止。

• 和妻子一起阅读指导书籍，找些轻松的节目共同参与，丰富妻子的生活情趣。督促妻子远离电磁污染，听音响、看电视时要保持一定的距离。

• 挑选舒适的平跟鞋和漂亮的礼物送给妻子，让她感受到你对她的爱。

• 准妈妈洗浴水温以38～40℃为好，注意外阴部和乳房的卫生。乳头要多擦洗，浴后宜涂油脂，以防产后哺乳时发生乳头皲裂。

• 经常提醒准妈妈注意口腔卫生并采用适当的保健措施。

• 监督准妈妈谨慎用药，准妈妈孕期服药必须经过医生的指导。

• 避免妻子长时间站立或坐，因为增大的子宫压迫静脉影响血液回流，会造成下肢静脉曲张和痔疮。

• 准妈妈不宜拖地，因为地滑的话，准妈妈容易摔倒而造成严重后果，容易碰到腹部的家务活也不宜让准妈妈做。

• 不宜让妻子抬重物（尤其不能压着肚子）、提拉重物或者弯腰拿东西。如果要拿低处的东西，准妈妈最好先蹲下来，再侧身拿。

孕5月，胎宝宝动起来

现在，胎宝宝已经5个月大了，他的感觉器官进入成长的关键时期，大脑开始划分专门的区域进行嗅觉、味觉、听觉、视觉以及触觉的发育。

孕5月的准妈妈，腹部开始变得隆起了，更令人惊喜的是，本月准妈妈会感受到胎动。胎动的出现将让你真实地感受到胎宝宝的存在，想必你内心一定感到无比的幸福和欣喜吧，让我们一起来倾听胎宝宝美妙的心跳吧！

5月孕情跟踪

出现胎动的胎宝宝

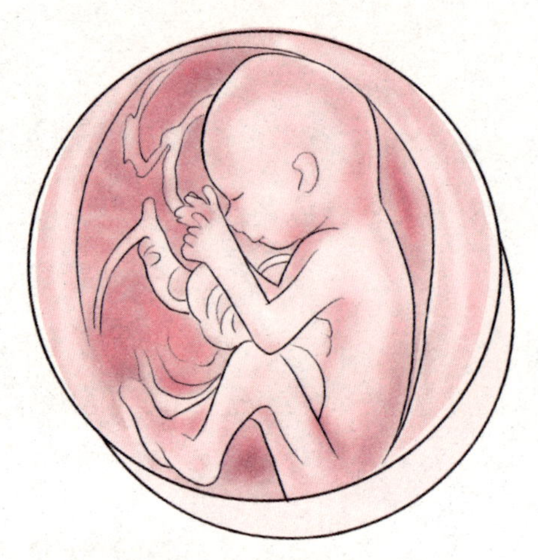

准妈妈肚子里的“小不点”在快速成长，耳朵能听到声音，肌肉与神经系统发育得更完美了，大多数的器官已开始工作。

妊娠第5个月时，胎宝宝发育迅速。全身长出了细毛（毳毛），头发、眉毛、指甲等已长齐，脑袋的大小像个鸡蛋。头重脚轻的身体分成3部分，并且匀称了许多。皮肤渐渐呈现出了美丽的红色，皮下脂肪开始沉积，将逐渐变为透明。随着骨骼和肌肉的健壮，胳膊、腿的活动便活跃起来了，这时会出现明显的胎动。胎宝宝的心脏搏动也强劲了，此时可明显地听到胎心的活动了。

胎宝宝的手指可以单独运动，会吸吮手指了，动起来仿佛在跳舞似的。慢慢地会用脚踢子宫壁，向母亲传达“我很健康”的信息。

小家伙不断地动作，可帮助自己的神经、肌肉与骨骼发育。

他的大脑虽然尚未产生皱褶，但基本的构造已经形成。神经系统逐渐发达，延髓部分的呼吸中枢开始发挥作用，而且，前额叶发育得也非常明显。

胎宝宝内耳区负责传递声音的“蜗牛壳”也形成了，这就意味着他可以感觉声音了，因此，在这个时期胎宝宝便可以记忆准妈妈的声音了。

准妈妈的腹部在变大

现在，准妈妈的肚子更加凸出了，幸福更写在脸上了。

准妈妈的身体好像吹气球般地胖了起来；脸上也出现了黄褐斑、黑斑，头发开始变得浓密；阴道分泌物增多、尿频、腰酸背痛、便秘、痔疮、下肢水肿、静脉曲张等增强。

乳房增大

准妈妈的乳房继续增大。同时，乳头颜色加深，体积增大，易勃起，乳晕颜色也很深。在妊娠第20周前后可出现分泌的初乳。

宫高增长

准妈妈的腹部已经相当突出， 宫高为14～18厘米，子宫底已在耻骨联合与肚脐之间了。增大的子宫势必要将心脏往上挤压，准妈妈有时会感到饭后胃里的东西不易消化，还有心慌、气短或便秘等现象。

胎盘更为重要

由于胎宝宝的不断长大，激素的需要量也日益增加。准妈妈的激素由最初的卵巢分泌转而由胎盘分泌，直到产出胎宝宝为止，胎盘一直承担着分泌激素的任务。

准妈妈天天都快乐

妊娠第5个月时，大部分准妈妈的小腹已微微隆起并能看出来，这时有些准妈妈常会产生害羞的心理，有时甚至会因体形上的变化造成心理上的紧张。还有的准妈妈这时仍不能从前期低落、忧郁的心理中走出来，总感到烦闷、沮丧，打不起精神。

根据英国妇产科学界的报告显示，母体的高血压将对胎宝宝产生负面影响。这时的准妈妈若仍然情绪紧张，会造成血压升高，进而将加剧这种影响力达6倍之多。而且，忧郁的情绪持续一段时间后，会造成准妈妈失眠、厌食、自主神经功能紊乱，导致体内血液中调节情绪和大脑的各种功能的物质含量偏低，直接影响到胎宝宝的正常发育。由此可见，准妈妈天天快乐，比什么都重要。

特别提示

这时的妻子特别需要丈夫的安慰和支持，所以准爸爸一定要把生活重点转移到准妈妈和胎宝宝身上，其他的事情都要为他们让路。

孕5月，准妈妈日常保健细则

预防膀胱感染

妊娠早期，你注意到的第一个问题可能就是尿频。这个问题在妊娠期持续存在，并使你夜间起床的次数逐渐增多。

妊娠期间发生尿路感染很常见。尿路感染也叫膀胱感染、膀胱炎。膀胱感染的症状包括尿痛（尤其在尿终时）、尿急和尿频。

大多数医生在你首次就诊时会给你做尿检查。如果你有以上症状出现，医生会检查你是否有膀胱感染。

尽量不要憋尿，这有助于感染的预防。只要有尿意，就要排空膀胱。要多喝水。酸果汁有助于酸化尿液，可避免感染。对有些女性来说，性交后排空膀胱是有好处的。

如果怀疑膀胱感染，准妈妈应立即去看医生。膀胱感染必须治疗，医生会指导准妈妈使用安全的抗生素。

如果不治疗，尿路感染会加重。它甚至可引起肾盂肾炎，这是一种严重的肾脏疾病。患有肾盂肾炎的准妈妈，必须住院治疗。

孕期尿路感染也可能是引起早产和婴儿出生体重过低的一个原因。所以，准妈妈必须警惕尿路感染。

——脑筋急转弯

①什么东西的制造日期和有效期是同一天？

②小咪昨晚花了整整一个晚上的时间在历史课本上，可第二天妈妈还是骂她不用功，为什么？

【答案在359页】

做好脚部护理

怀孕后，准妈妈脚部的负担很重，双脚不堪重负，肿胀、干燥，甚至疼痛时有发生。所以，准妈妈要注意以下两点：

- 清洁：一方面能及时洗去表层污垢、角化脱落物及微生物，使血管扩张，促进血液循环；另一方面可以补充皮肤散失的水分，水温以40℃左右为宜。

- 脚部按摩：有加速血液循环、增强皮肤营养、促进皮下脂肪均匀分布等作用。可进行干刷按摩，以划圈方式从上往下按摩。按摩的力度要适中，不应太大，否则会擦伤皮肤。双脚涂抹保湿类型的足底护理霜，并加以按摩促进吸收。

孕期，乳房护理细则

伴随着乳房的胀大，左、右乳头之间的距离开始逐渐变宽，双乳开始向腋下扩展并下垂。除了外形的变化以外，由于乳房周围的皮肤缺乏弹性和张力，双乳的外侧还有可能出现少量的妊娠纹。准妈妈可以试试下面的解决办法：

- 无论乳房以前如何坚挺，为防患于未然，必须每天穿戴胸罩给乳房提供良好的支撑。选择合适的胸罩十分重要，因为胸罩太紧会压迫乳房，影响乳腺的正常发育；胸罩太松则起不到支撑的效果。

- 涂些天然护肤油，既能保护皮肤又能减小摩擦力，每天用手轻柔地按摩乳房，可以促进乳腺发育。

- 经常清洗乳头。用植物油(橄榄油、麻油、豆油)或矿物油(石蜡油)涂敷乳头，使乳头表面的积垢和痂皮变软，再用肥皂和热水洗净。

- 对于孕期出现的乳房肿胀甚至疼痛的情况，可以采用冷敷、按摩等乳房护理方式来缓解。

外出旅行宝典

孕中期，是准妈妈旅行的最佳时机。长途旅行的活，准妈妈需要注意以下几点：

• 必须有人陪同。怀孕后，身体的突发状况会比平时更多，因此准妈妈要想旅行，一定要找个同伴，在选择陪同人员时，一定要本着亲近的原则，最好是和丈夫一起去。

• 出游天数。出行的时间越长，身体突发状况的几率就会越高。所以，准妈妈出游的时间最好定为两三天。

• 出游地点。要选择那些山清水秀的地方，譬如湖边、海边或是平坦的草原。要避免去那些山路崎岖、险阻较多或正有传染性疾病流行的地方。

• 要和旅行社交待清楚自己的情况，说明自己准妈妈的身份，可以得到更多照顾。如果不跟旅行社出游，也要3～5个人一起，并且保持手机畅通。

避免不自然的震动

这里所说的不自然的震动，主要是指搭火车或公交车时，所受到的震动。这些震动会使胎宝宝感觉很痛苦。对于胎宝宝来说，感觉最舒适的震动是母亲子宫收缩的节奏，如果脱离了这种有规律的震动，胎宝宝就会感觉到压迫感，而且这种不良的刺激，还会经由皮肤传导至大脑，会阻碍胎宝宝大脑的正常发育。

如果外界震动让胎宝宝感觉到不舒适，他就会有踢脚的动作，这是胎宝宝为了保护自己而产生的反射性动作。

为了避免胎宝宝受到不良震动的影响，在怀孕期间，准妈妈应避免长时间乘坐震动激烈的交通工具，如果是上下班必须乘坐，时间最好控制在1小时以内，如果是长途旅行，准妈妈应考虑采用其他交通方式或暂时放弃孕期的外出旅行。

准妈妈耳鸣怎么办

怀孕期间因激素水平的变化，准妈妈易出现“耳鸣”现象，会令准妈妈焦虑紧张，甚至影响准妈妈的睡眠。那么，准妈妈该如何预防孕期的耳鸣呢？

- 避免噪声。长时间处于充满噪声的环境中，很容易导致听力下降和耳鸣。但是也不要让环境过于安静，因为这样会使有耳鸣的准妈妈耳鸣更明显，更容易心烦气躁。因此，最适宜的环境应该播放一些柔和的音乐，既可以放松身心，又能防治耳鸣。
- 缓解精神紧张和疲劳。长期处于精神高度紧张和身体极度疲劳的状态下，易使耳鸣加重。因此，适当调整工作节奏、放松情绪、转移对耳鸣的注意力，都是非常有益的缓解耳鸣的措施。

关注胎儿宫内发育迟缓

凡有妊娠合并症、不良孕产史的准妈妈，如发现胎宝宝的大小与妊娠月份不相符，应请医生检查，诊断胎宝宝是否有宫内发育迟缓。如果胎宝宝有宫内发育迟缓，经检查没有先天性疾病，应给予及时的治疗。通常以下措施会有助于治疗：

- 准妈妈要增加间断性休息和左侧卧位休息次数和时间，要使全身肌肉放松，减低腹压，减少骨骼肌中的血容量，使盆腔内血液供应相应增加。
- 加强营养，增加高蛋白高热量饮食，严禁烟酒。
- 积极治疗准妈妈的合并症，如有贫血应尽早纠正。
- 如有条件，应每日给准妈妈吸2～3次氧，每次1小时。

重视每4周一次的产检

从这个月开始，准妈妈每4周就要进行一次产检。除了常规检查项目外，还需要进行一些特别的检查项目，以及早发现异常。特别的检查项目主要有：

B超检查

本月B超检查的主要目的是针对胎儿的重大畸形作筛检，如脑部异常、四肢畸形、胎儿水肿等。

羊水诊断

检测胎儿异常，最好在妊娠第16～第20周进行（特殊情况除外）。羊水诊断可以检查出染色体的数量和形状的异常。不过，羊水诊断是有风险的。

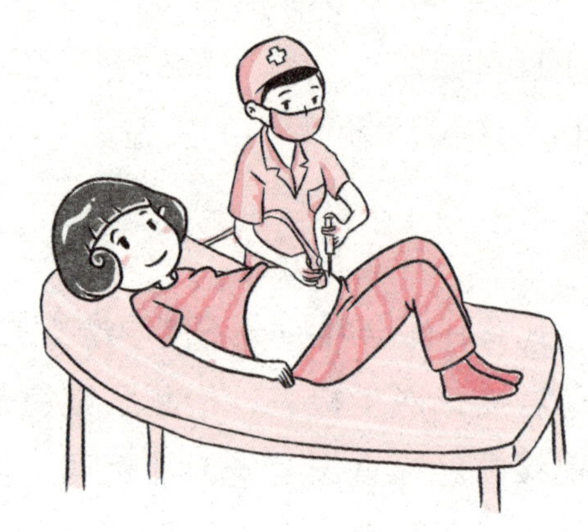

因此，羊水诊断仅适用于有染色体或基因遗传性疾病可能性的准妈妈。对于其他准妈妈，有超声波检测和血清筛查试验就可以了。

准妈妈熟睡小技巧

现在，准妈妈的睡眠时间要比平时多1小时左右，最低也要保证8小时。睡眠不足易引起疲劳，所以要确保睡眠时间。准妈妈感觉疲劳并不容易恢复时，最好睡个午觉。特别是在酷热的夏季，每天都应该睡午觉。睡午觉最好养成习惯，不要随意打乱，否则将会影响晚上的睡眠。午睡1～2小时就可以了。不能睡午觉的准妈妈，应延长晚上睡眠时间。

为了能够熟睡，睡眠时要注意姿势。由于子宫逐渐增大，从现在开始睡眠宜取左侧卧位。准妈妈还可根据自己的习惯，在腹部或两腿之间垫上舒适柔软的垫子，让自己和胎宝宝睡得更香。

孕中期洗澡注意事项

准妈妈汗腺分泌旺盛，出汗多，保持清洁卫生尤为重要。准妈妈经常用温水擦洗或淋浴，不仅能去除身上的汗液和污垢，保持皮肤清洁，而且还是散热防暑的好方法。准妈妈洗澡不要选坐浴、盆浴，应选择淋浴或擦洗。

准妈妈洗澡的水温不宜过高

准妈妈应坚持经常洗澡，保持身体清洁。但洗澡时，水的温度不可过高，以免对胎儿发育不利。胎儿身处于羊水中，通过脐带与母体相连，羊水有保持宫腔内恒温、恒压的作用，以保证胎儿正常发育。但是，如果准妈妈洗澡时水温过高，就会使母体体温暂时升高，羊水温度也会随之升高。因此准妈妈沐浴时水温应掌握在38～40℃为宜。

准妈妈忌洗澡时间过长

洗澡时，由于浴室通风不良，空气混浊、湿度大，会降低空气质量。另外，再加上热水的刺激，会使人体内的血管扩张，这样血液流入人体躯干、下肢较多，而供应给大脑和胎盘的血液就会暂时减少，因此可能发生洗澡时昏倒。

此外，长时间洗澡还会造成胎宝宝缺氧，如果胎宝宝脑缺氧时间很短，一般不会造成什么不良后果；但如果时间太长缺氧，就会影响胎宝宝神经系统的生长发育。因此，专家提示准妈妈，洗澡时间一般以15分钟左右为宜，或以准妈妈自身不出现头昏，胸闷为度。

准妈妈洗澡要注意安全

准妈妈沐浴时要注意安全，注意穿有齿底的拖鞋，以避免滑倒。洗浴时，准妈妈应特别注意不要弯腰。孕期，最好请别人来协助洗澡。

特别提示

准妈妈洗澡时，不要用碱性肥皂。为避免损害局部皮肤，不宜用碱性肥皂或高锰酸钾溶液清洗阴部。

全面调理，肤色好

怀孕以后，准妈妈的皮肤变得敏感、粗糙，皮肤抵抗力降低，容易受损。因此，准妈妈不能疏忽对皮肤的保养。

- 经常保持皮肤的清洁，每天清洗后涂搽合适的护肤品。
- 多吃蛋白质和维生素含量丰富的食物，多吃新鲜蔬菜和水果。
- 保持心情舒畅，保持大便通畅，保证充足的睡眠时间。
- 选用质地柔软、式样宽松的衣服，尽量避免穿化纤类衣物。
- 出现皮肤瘙痒时，不要抓挠，要注意清洁，勤换内衣，不要用热水、肥皂水擦洗，要少吃辣椒、韭菜、大蒜等刺激性食物。
- 不擅自乱用药，以防导致胎宝宝畸形。

特别提示

妊娠第5个月后，准妈妈的皮肤易出现干燥，可使用乳液或营养肌肤的脂性面膏，以补充皮肤营养。怀孕期间，由于准妈妈的肌肤很敏感，容易受到刺激，应使用平时习惯用的化妆品。

注意头发的护理

妊娠期，有的准妈妈常会出现脱发现象，一头秀发“无缘无故”地往下掉。其实，这只是一种暂时性的脱发现象，以后还会恢复的，不需去“治疗”。

妊娠期影响准妈妈头发健康的因素主要有三个：激素水平的变化和妊娠精神紧张及营养不良。无论男性还是女性，体内都有雄激素和雌激素。雄激素常常与油发、多头垢有关。而雌激素对头发的健康有好的作用。当体内雌激素和雄激素处于不平衡状态时，就会发生异常情况。例如，女性体内雄激素水平太高时，就会脱发，甚至会长出胡须来。

另一个原因是准妈妈因种种原因，精神常常处于紧张状态。再加上在孕期胃口欠佳，这样很容易造成准妈妈营养摄入不足的问题，从而导致脱发、头发干枯等现象的出现。

准妈妈要想护理好自己的头发，可从以下几个方面努力：

发型

准妈妈在怀孕期间，心理和生理都有很大的变化，留一头长发会徒增累赘，不如剪个短发来得清爽利落。如果坚持留一头长发，也要避免给人一种邋遢的印象。外出参加宴会时，最好把长发盘起，表现出高雅、成熟女性的韵味。更何况，心情愉快，也是护发的有效方法。

洗头

准妈妈在孕期要经常洗头，头发在刚洗过时最美。洗头时要用温和的洗发水，洗完后不要用强风吹干，最好不用卷发器卷发。洗完后，任发型自己成型，尽量不要过多地梳理和用过热的风来吹。

护发

妊娠期的头发常比一般情况下干燥些。所以，准妈妈要按干发型来梳理护养。梳头不要太频繁，使劲儿拉拽只会让你的头发更容易掉落。为了防止头发断裂，可换用干性头发的洗发剂和护发剂，这些洗护用品能减少头发的损伤。

选择温和而且适合自己发质的洗发精，如果头发性质变化不大，应仍使用原来自己已习惯的品牌。如果头发太干或太油，也宜选择同一品牌适合油性或干性的洗发精。一些知名品牌的洗发精含有保护发质的蛋白质等营养成分，可根据自己的经济承受能力选用。

均衡饮食营养

均衡饮食营养，调节饮食结构。如芝麻、核桃、瘦肉和新鲜水果等食品，不仅有利于准妈妈头发的健康生长，其中所含的钙、锌、铜和维生素C等，也正是这个阶段的胎宝宝生长发育所必需的。

应对妊娠期皮肤病

大多数女性怀孕后皮肤上会起疹子，非常痒。有的呈红色团块样斑疹，时起时消，这类疹子即为荨麻疹。有的呈水泡状，称为妊娠疱疹。还有一种为粟米粒大小的丘疹，瘙痒剧烈。此外，还有的仅有皮肤瘙痒感觉而无疹子，称为妊娠皮肤瘙痒症。上述妊娠期皮肤病变常被称为妊娠期皮肤病。同时，妊娠胆汁淤积症，也有类似皮肤病的表现，并有瘙痒。

妊娠期皮肤病治疗较为困难，一般以外用药止痒为主，如炉甘石洗剂、止痒霜、止痒灵洗剂等，对于疱疹性皮疹可使用10%黑豆溜油软膏、10%煤焦油软膏及硫黄浴皂等。部分病例服用维生素B_6有效（400毫克/日）。个别严重病例可慎重使用肾上腺皮质激素，常有良好的疗效，但用药时间不可过长。

给自己换身漂亮的裙装

妊娠5个月之后，准妈妈应根据季节准备衣服，以宽松、舒适为宜。外出衣服要准备1～2套，平时家居服准备2～3套。裙子，既宽松又凉爽，是准妈妈必备的美丽法宝。

“A”型连衣裙能够增添准妈妈的韵味。在平时穿过的连衣裙中，只要不是过短或太紧的，在孕期也能穿。特别是“A”型连衣裙和高腰型（在胸线下面做出褶叠处理），由于这种裙子的腰部非常宽松，因此可以一直穿到分娩后。准妈妈穿A型连衣裙，给人的感觉既可爱又时尚。

无袖连衣裙和各式衬衫适当搭配可令准妈妈韵味十足。在腹部隆起比较明显的时候，如果希望自己保持端庄的形象，那么穿无袖连衣裙是最佳选择。平时，可以在无袖连衣裙上面再加件套衫或开襟毛衣，这样既舒适又保暖。

孕17周最佳胎教方案解析

孕5月胎教重点早知道

孕5月，胎宝宝神经元之间的联通开始增加。此外，在这个月里，小家伙还可以对听到的声音做出反应了，准爸爸与准妈妈采取的听觉方面的胎教有立竿见影的效果了。

语言胎教

准爸爸准妈妈要多和胎宝宝说话，多给胎宝宝讲有趣的故事。同时结合其他的方式，如念童谣、朗诵诗歌等来对胎宝宝进行语言胎教。

准爸爸准妈妈每次讲一个故事，只念一首童谣，每天重复，目的是刺激胎宝宝对声音和语言的感应能力。

抚摸胎教

从妊娠第5个月起，胎宝宝的触觉功能逐渐发育，这时配合胎宝宝的胎动，准爸爸准妈妈用触摸的方法进行胎教，效果就会更好些。在进行抚摸的过程中，如配合语言和音乐的刺激，可获得更佳的胎教效果。

音乐胎教

这个月的胎教，最好是每天听音乐。因为进入孕5月，胎宝宝的听觉能力逐渐开启，此时播放音乐可使胎宝宝感到安心，得到更多的良性刺激。

营养胎教

进入本月后，胎宝宝的牙齿和骨骼长得特别快，因此准妈妈需要从食物中补充更多的钙。胎宝宝大脑的发育也需要充足的能量，这些能量的主要来源是糖类，因此还要保证主食的摄取量。此外，准妈妈还要注意补血，为母乳喂养做准备。

到树林里走一走

准妈妈和胎宝宝一起在葱郁的山林中漫步，会感到神清气爽，这是因为人体内堆积的代谢废物被排出了体外，血液变得更清洁的缘故。此外，树木所释放的天然物质可以促进准妈妈的新陈代谢，能预防和缓解头痛、感冒、高血压等。

不过，准妈妈进行森林浴时，切忌过于疲惫，要充分休息。只要空气清新，有茂密树林的地方，都可以获得良好的森林浴效果。准妈妈可以到树多的地方为胎宝宝输送充足的氧气，一边想象着美好的事物，一边在林中踱步或坐在树荫下小憩。时间以1小时为宜，但要避免时间太早或太晚。

另外，为了提高森林浴的效果，需要注意呼吸方法。对胎宝宝最好的呼吸是腹式呼吸，腹式呼吸时肺的通气量要比胸式呼吸时大得多，能够向胎宝宝提供更多的氧气和营养。

在森林中一边呼吸新鲜空气一边休憩，可以使准妈妈和胎宝宝更健康。

学会倾诉，才能更轻松

由于妊娠的关系，准妈妈容易生疑心，可能会因为一点小事而闷闷不乐。有时，准妈妈还会因为生理上的原因而郁闷。准爸爸或其他家人，在饮食、起居上照顾不周，或有所疏忽，准妈妈也会不开心。

遇到这种情况，准妈妈不要闷在心里，可以找自己的亲密朋友谈谈自己生活中的不快。这样“竹桶倒豆”式地把憋在肚子的话全部说出来，心中会痛快些，也会得到他人的安慰，有助于解除思想上的不愉快和钻牛角尖等问题。

补铁，可预防准妈妈贫血

铁是人体中重要的矿物质之一，也是体内蛋白质和酶的关键成分，准妈妈要多吃含铁丰富的食物，以预防贫血的发生。

铁的重要作用

女性每次月经来潮要损失10～30毫克铁，故平时体内铁的储存量就不足。孕期准妈妈的血容量增加，血浆增加量比红细胞增加要多，因此血液相对较稀薄，容易导致生理性贫血。曾有报告显示，约90.5%的女性妊娠晚期会患有缺铁性贫血。胎宝宝的肝脏可储存大量的铁，可以供他出生后半年的消耗，这些铁是由母体供应的。准妈妈本身需也要储存一些铁，以准备弥补分娩时因流失造成的损失。由此可见，怀孕后补铁是十分重要的。随着孕期的增加，铁的需要量也随之增加。一般来说，妊娠晚期，准妈妈每天要补铁18毫克。

铁是人体生成红细胞的主要原料之一，孕期缺铁性贫血，不但可以导致准妈妈出现心慌、气短、头晕、乏力等，还可导致胎宝宝在宫内缺氧，生长发育迟缓，出生后智力发育障碍，出生后6个月之内易患营养性缺铁性贫血等。准妈妈要为自己和胎宝宝在宫内及产后做好充分的铁储备工作。

铁的食物来源

为了补铁，准妈妈在孕期应适当多吃些鱼、瘦肉、动物肝脏、蛋、虾米等食品，新鲜蔬菜以及黑芝麻、黑木耳等也含有丰富的铁。注意荤素搭配，同时应多吃些柑橘类水果。

贫血严重的准妈妈可服用硫酸亚铁，每日3次，每次0.3～0.6克，也可服用10%枸橼酸铁10毫克，每日3次。为加强铁剂的吸收和减少对胃肠道的刺激，宜同时服用维生素C 0.1～0.2克，饭后服用为宜，补铁时忌茶。也可服用红桃K等补血剂，贫血纠正以后还应继续服药1～2个月，此时每天服1次即可。

胎教故事《小猪与小鱼》

适合这个时期的胎教故事还有很多，准爸爸可以专门为准妈妈准备一些这方面的资料，让准妈妈和胎宝宝共享欢乐时光。

有一只小猪对妈妈说："妈妈，我好些日子没看见姥姥了，我想去看看姥姥。"妈妈说："好啊，你去的时候，把咱们那束鲜花给姥姥带去，把那一包点心也给姥姥带去！"小猪抱起点心盒子，拿起鲜花，说："妈妈，我走了！"

妈妈说："早去早回，替我问姥姥好！"小猪说："哎，妈妈再见！"说着就走了。小猪走着走着，来到一条小河边上。河上有一座桥。这桥是用竹子搭的，小猪走到上面就不敢动了，因为走起来左一摇、右一晃的，河水还在下边哗哗地响哩！

小猪正害怕，天上飞过来一只乌鸦。这乌鸦不但不帮助小猪，还吓唬它。小猪本来就害怕，被乌鸦一吓唬，就更不敢动了。它低头一看河水，河水也在笑话他："哗哗、哗哗，小猪，小猪，小竹桥都不敢过！这么胆小，太没出息啦，太没出息啦！"

小猪一想：乌鸦吓唬我，河水笑话我，这，这可怎么办呢？小猪着急得哭着叫："妈妈，妈妈，快来呀！"可是，妈妈离这儿远哪，听不见呀。

猪妈妈听不见，可是水里的小鱼儿听见了，它们"扑噜，扑噜"从水里钻出头来，对小猪说："小猪，小猪，你别害怕，把眼睛往前瞧，别往水下看，你挺起胸，直起腰，迈开步，一二，一二，就过去啦！"

小猪听了小鱼儿的话，抬起头，眼睛向前看，挺起胸，直起腰，迈开大步，一二，一二！嘿，真过去了。

过去以后，眼泪还没干，小猪就高兴地笑了。小猪回过头来，冲着小鱼直点头："小鱼儿，小鱼儿，谢谢你们了，再见吧！"

孕5月营养套餐特别推荐

营养早餐：牡蛎粥1碗，小包子2个，各种颜色的蔬菜丝适量。

灵活加餐：牛奶1杯，橘子1个。

经典午餐：米饭1碗，焖鸭肝100克，花生米炒芹菜100克，蛋花汤适量。

下午茶点：全麦面包2片（夹生菜和番茄片）。

爱心晚餐：馒头1个，红白虾米丁100克，冬瓜排骨汤100克。

准妈妈营养食谱精选

焖鸭肝

【原料】

鸭肝200克，鲜黑木耳10克，葱1 小段，姜1 片，彩椒丝少许，盐1小匙，料酒、香油各半小匙，水淀粉、高汤、植物油、胡椒粉各适量。

【做法】

① 将鸭肝洗净，投入沸水中煮5分钟左右，捞出切成厚片；鲜黑木耳洗净，撕成小朵；葱洗净切段。

② 锅内加入植物油烧热，放入姜片、葱段爆香，倒入鸭肝、黑木耳，烹入料酒，注入高汤，用中火焖至九成熟。

③ 调入盐、胡椒粉，焖至入味。

④ 用水淀粉勾芡，淋上香油，撒上彩椒丝即可。

【营养功效】

鸭肝中铁的含量相当丰富，可以有效预防贫血。鸭肝中含有一般肉类食品所不含的维生素C和微量元素硒，能够提高准妈妈的免疫力。

牡蛎粥

【原料】鲜牡蛎肉100克，糯米100克，蒜末50克，猪瘦肉50克，料酒10克，洋葱末25克，熟猪油、胡椒粉、盐各适量。

【做法】

①将糯米淘洗干净备用；鲜牡蛎肉清洗干净；猪瘦肉切成细丝。

②将糯米放入锅中，加入适量清水，烧开，待糯米煮至开花时，加入猪瘦肉、牡蛎肉、料酒、盐、熟猪油，一同煮成粥。

③最后加入大蒜末、洋葱末、胡椒粉调匀即可食用。

【营养功效】

牡蛎肉含有丰富的锌，能提高准妈妈及胎宝宝的免疫力；牡蛎又是补钙的最好食品，它含磷很丰富，由于钙被体内吸收时需要磷的帮助，所以牡蛎中的钙更容易被人体吸收。

黄花蛋

【原料】鸡蛋2个，干黄花菜50克，葱、高汤、植物油、白糖、盐各适量。

【做法】

① 将鸡蛋打入碗中，加盐搅拌均匀；干黄花菜用温水泡发，洗净，捞出沥干水，切成小段；葱洗净，切成葱花。

② 锅内加入植物油烧热，倒入蛋液炒出蛋花。

③ 另起锅放油烧热，放入黄花菜翻炒几下，加入高汤，烧开后用小火焖10分钟，再加入鸡蛋、盐、白糖，撒入葱花翻炒均匀即可。

【营养功效】

这道菜对准妈妈的心慌、头晕、小便不利、下肢水肿等孕期不适有很好的调理作用，同时还能够为准妈妈补充蛋白质。

孕18周最佳胎教方案解析

坚果有益母子健康

坚果素有“强脑之果”的美称，含优质蛋白质、十几种重要的氨基酸以及对大脑神经细胞有益的多种维生素、钙、磷、铁、锌等。所以说准妈妈多吃一些坚果，有助于宝宝的大脑发育。

花生

民间又称花生为“长生果”，蛋白质含量高达30%左右，又富含铁、维生素K、维生素E、维生素C、砷等营养元素，其营养价值可与鸡蛋、牛奶、瘦肉等媲美，而且易被人体吸收。花生皮还有补血的食疗功效。

核桃

补脑、健脑是核桃的第一大食疗功效，其含有的磷脂具有提高细胞活性的作用，能增强机体免疫力，并可促进造血和伤口愈合。另外，核桃还有镇咳平喘的作用。准妈妈可以把核桃作为首选的零食。

夏威夷果

夏威夷果含有大量的不饱和脂肪酸、优质蛋白以及对大脑神经细胞有益的B族维生素，其中富含的十几种氨基酸是构成神经细胞的主要成分，有益于改善脑部营养。

——小谜语

①我的身体细又长，头长白毛，身上光。从来就爱讲卫生，天天嘴里走两趟。

②一个小儿郎，每天站桌上。肚里滚滚热，肚皮冰冰凉。一个大耳朵，穿件花衣裳。

【答案在359页】

多看漂亮的婴儿图片

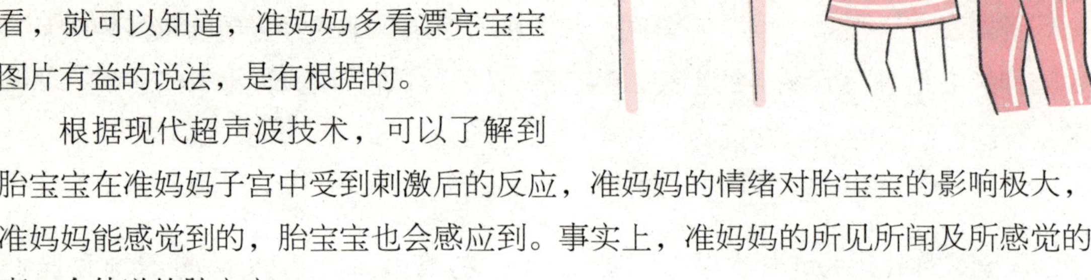

“多看漂亮的婴儿图片，将来就会生出健康漂亮的宝宝。”这是准妈妈们都认可的说法。生活中也不难发现，不少准妈妈都会在客厅或床头挂上一大幅漂亮宝宝的照片，自己可以随时看一看。和现在流行的胎教理论联系起来看，就可以知道，准妈妈多看漂亮宝宝图片有益的说法，是有根据的。

根据现代超声波技术，可以了解到胎宝宝在准妈妈子宫中受到刺激后的反应，准妈妈的情绪对胎宝宝的影响极大，准妈妈能感觉到的，胎宝宝也会感应到。事实上，准妈妈的所见所闻及所感觉的事，会传递给胎宝宝。

胎宝宝的成长，离不开母体，所有的营养都要从母体吸取。准妈妈营养好，胎宝宝就营养好，准妈妈开心，胎宝宝也跟着开心。准妈妈看着漂亮宝宝的照片，觉得赏心悦目，这种“靓”心情，自然会影响到胎宝宝，胎宝宝的心情也会变“靓”。准妈妈长期看“靓”像，胎宝宝就会长期受到熏陶，久而久之，胎宝宝也会健康快乐。在每个母亲眼中，自己的宝宝总是最漂亮的。

感受莫扎特的《春泉》

在这个月里，准妈妈不妨静下心来听听莫扎特的音乐，感受一下音乐给自己带来的享受和放松的心情。

莫扎特的音乐清明高远，淳朴优美，真挚温暖，有如天籁一般，被誉为“永恒的阳光”。《春泉》就是比较有代表性的一首曲子。莫扎特的音乐不但有优美的旋律，还有真、善、美。

善用触摸法

触摸法是在准妈妈腹部先摸到胎宝宝的肢体，而后按摩胎宝宝的肢体，对此，胎宝宝会马上缩回肢体或活动肢体。该法适用于妊娠5个月的准妈妈，每天早晚可各进行1次。

具体做法：当感到胎宝宝踢腿时，准妈妈可轻轻抚摸被踢部位，然后再等待胎宝宝第2次踢腿。一般在1～2分钟后，胎宝宝会再踢，这时再抚摸几下，接着停下来。如果抚摸的地方改变了，胎宝宝会向改变的地方再踢，注意改变抚摸的位置离原来踢的位置不要太远，这样可锻炼胎宝宝的运动能力。经过触压、抚摸增加胎宝宝肢体活动，是一种有效的胎教方法。当胎宝宝不安时，要立即停止训练，以免发生意外。

生活宁静又愉悦

古人认为“宁静致远”，意思是说，人如果能耐得住性子、耐得住宁静淡泊的生活，并能保持愉悦心情，他就能拥有更大的智慧，他的思想也会达到原来没有的高度。心静是人拥有智慧的前提，整天汲汲而求、生活没有规律的人是很难拥有高深智慧的。宁静和愉悦的心态是一种智慧心态，也是增长胎宝宝智慧、保持胎宝宝身体健康的一种最佳的环境。

当然也不是说为了追求宁静，准妈妈就得整日静坐不动。这里所说的宁静是一种精神境界，一种心态，而不是具体动作。前面我们已经提到过，对准妈妈来说，每天适当的运动是相当必要的，请不要与宁静心态的概念混淆了。

——小笑话

一个人路过麦田，问农夫：“这头牛为什么没有犄角？”农夫说：“牛没有犄角的原因有很多，有的是因为遗传，有的是因为生病脱落了，有的是因为和别的牛顶角而失去了。这头牛没有犄角，那是因为它是一头驴。”

插花，带来好心情

插花是一项艺术，随手一插也能饱含意境。重在插花人动手制作，发挥了自己的创意，这也是一种很有益的胎教。

材料：硬纸（纸的颜色和厚度可根据自己的喜好选择），剪刀，铅笔，双面胶，小树枝。

步骤：

①在一张图纸上画一个螺旋形状的图案。

②用剪刀沿线剪出螺旋图案。

③用滚动的形式，滚动出玫瑰花形状，用双面胶固定在小树枝上，就大功告成了。

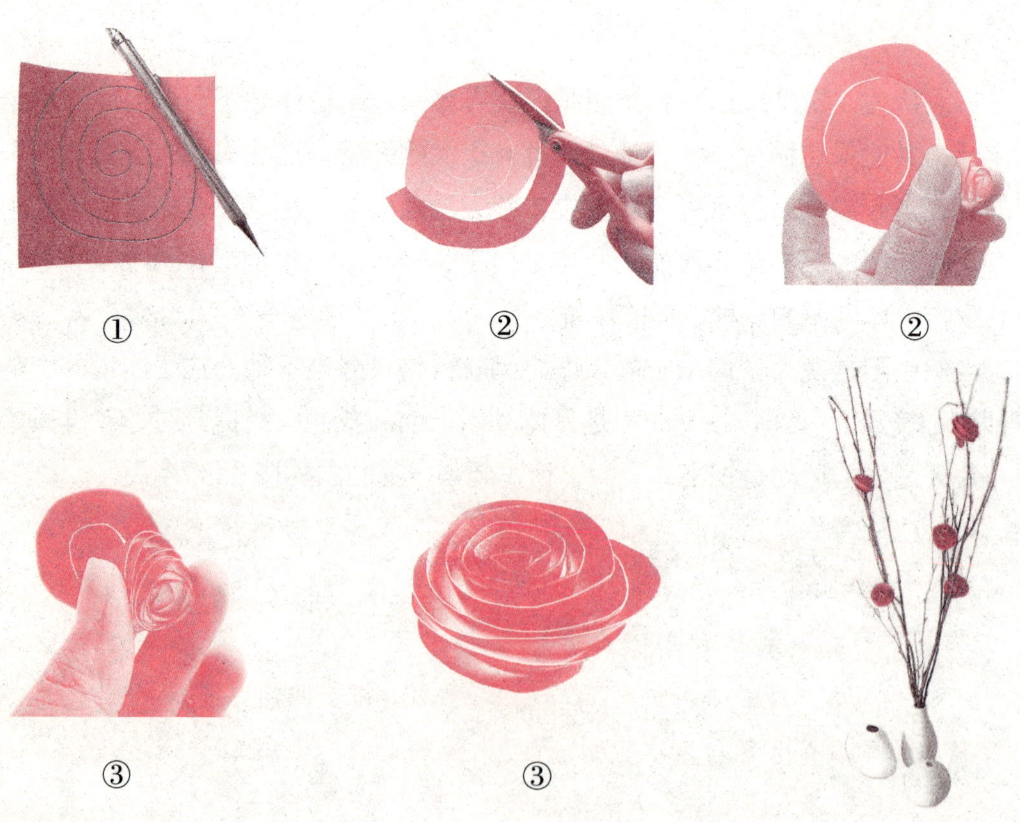

① ② ②

③ ③

给黑白图画上颜色

在怀孕期间，准妈妈要多动手、动眼、动脑，这样才能给腹中的胎宝宝以良性刺激。给黑白图配上色彩，能使准妈妈既动手又动脑，而且还有各种色彩对视觉的刺激，能有效促进胎宝宝的生长和发育。

准妈妈可以先在头脑里构思一下该如何给画上色，然后再动手。如果给图画上色的时间较长，准妈妈可每隔半小时起来走动走动，也不要强迫自己又快又好地完成一幅画。

孕19周最佳胎教方案解析

孕妇的奶粉很重要

相对于普通奶粉或鲜奶，孕妇奶粉中含有更多的营养素和矿物质，有些奶粉里还富含胎宝宝脑部发育所必需的优质蛋白质和DHA，这些都能促进胎宝宝的大脑发育，使其出生后更聪明。

了解自己的营养状况

准妈妈应该去医院做一个全面的检查，以了解自身的营养状况，看是否缺乏某种微量元素或矿物质，并请医生提出营养建议。准妈妈可以根据自身的营养情况，选择适合自己的孕妇奶粉。

照顾自己的口味

特别是在妊娠反应较重的孕早期，准妈妈对味道非常敏感，酷爱某种口味或反感某种口味在孕期会表现得很明显，所以选购哪种品牌的孕妇奶粉在很大程度上取决于准妈妈的口味。

把握每天食用量

孕早期，准妈妈每天要保证2～3杯孕妇奶粉，每次的量可以根据准妈妈的情况自行调节。到了孕中、晚期，在保持孕前饭量的基础上，每天外加两杯奶粉，食用孕妇奶粉既不会让准妈妈体重增加过快，又能保证胎宝宝的营养供应。

准妈妈要减压

压力（生活中的压力、工作中的压力）对于准妈妈的危害很大，很容易导致血压升高、胃肠道疾病等，同时还会殃及胎宝宝。所以，准妈妈要学会缓解压力。实际上缓解压力，并没有你想像得那么难，下面是一些关于如何缓解压力的建议：

- 做一些有益身心健康的活动。如瑜伽、按摩、深呼吸等。这些活动能短时间内刺激身体的“放松反应”，有助于缓解孕期的压力，对准妈妈和胎宝宝都有益处。

- 减少工作量。准妈妈每日工作时间不应超过8小时，并应避免上夜班。工作中感到疲劳时，在条件允许的情况下，可稍休息一会儿。

- 听听舒缓的音乐。多听轻快、舒畅的音乐不仅能给人美的熏陶和享受，而且还能使人的精神得到有效放松。因此，准妈妈在应对压力时，不妨多听听音乐，让优美的乐曲来化解精神的疲惫。

聆听《爱之梦》

这首《爱之梦》是由匈牙利作曲家李斯特所作，主旋律表达的是：爱吧，你可以爱的这样久。这不正是准妈妈现在最想表达的心声吗？亲爱的宝贝，我爱你，永远的爱你。准妈妈一定要把这份爱传达给胎宝宝，让他知道父母都期待着他的到来。

准妈妈在欣赏这首音乐的时候，可以边听边跟着唱，注意在唱完每一段音符后稍加停顿，给胎宝宝留出“复唱”的时间。当然唱的声音不能太大，以免使胎宝宝感到不安。

——脑筋急转弯

①老板不会做饭，可有一道菜特别拿手，是什么？

②一只候鸟从南方飞到北方要用一个小时，而从北方飞到南方则需要两个半小时，为什么呢？

【答案在359页】

小故事《聪明的阿凡提》

阿凡提在镇上开了个染坊，给附近的乡亲们染布。有一次，镇上新来了个小法官，住在一个财主家里。财主便觉得十分光彩，到处炫耀。他向阿凡提吹嘘说：“新来的法官老爷，是世上少有的聪明人，他学识渊博，脑袋里充满了智慧。”

“有可能”，阿凡提说，“因为现在当法官的，办事情只看谁给的钱多，用不着智慧，所以智慧就都在他脑子里存起来了。”一听这话，财主生气地“哼”了一声，回去就告诉了法官。

法官气急败坏，一心想找机会报复阿凡提。这一天，法官在财主家拿了一匹布，来到阿凡提的染坊，用蛮横的口气说，给我把这匹布好好地染一染，让我看看你有多高的手艺！“你要染成什么颜色的，法官先生？”“我要染的颜色很普通。它不是红的，不是蓝的，不是黑的，不是白的，不是绿的，不是紫的，也不是黄的，更不是灰的。明白了吧？”

当染匠的阿凡提点点头，法官不怀好意的说，“听说你的智慧不光存在脑子里，还会用，你能染出来吗？”跟在法官身后的财主，也狗仗势地说，“染不出来法官老爷可不会轻易饶恕你！”

阿凡提知道他俩是故意来闹事的，但仍毫不在意地把布接过了过去，说：“这有什么难办的呢，我一定照法官先生的意思染。”“你真的能染？”法官看着阿凡提那不慌不忙、满有把握的样子，吃惊他说，“那么，我哪一天来取呢？”

阿凡提顺手把布锁在柜子里，对法官说，“那一天不是星期一，不是星期二，不是星期三，不是星期四，不是星期五，也不是星期六，连星期日也不是。到了那一天，我的法官先生，你就来取吧，我一定会使你满意的！”法官被说得没了主意，那个财主更傻了眼，他俩一块儿灰溜溜地退出了染坊。

读完这个故事，你是不是也会被阿凡提勇敢机智、不畏权贵的精神所感动呢？那么，赶快把这个故事读给胎宝宝听吧，相信他也会喜欢的。

固定打招呼形式

胎宝宝现在5个月了，与准妈妈朝夕相处了这么久，他能“听懂”准妈妈的话了。准妈妈和胎宝宝打招呼，要把形式固定下来，这样更有益于胎宝宝“领会”。例如：

“早上好，宝宝！”
“你睡得好吗？”
“你做了什么梦？”
“妈妈爱你！”
“你知道爸爸妈妈怎么盼望着你的到来吗！”
“我是最爱你的妈妈！”
“这是最爱你的爸爸！”

如果准妈妈每天都重复这些温馨的话，并进行反复的强化，会在胎宝宝大脑中留下记忆。

感受美丽的《四季》

这部协奏曲集是意大利作曲家维瓦尔第于1725年发表的一套大型作品《和声与创意的尝试》中的前4首，《四季》由4首协奏曲组成。

第1首《春季》协奏曲，全曲分3个乐章，分别是快板、最缓板、快板（田园舞曲）。

第2首《夏季》协奏曲，全曲分3个乐章，分别是不是很快的快板、慢板、急板（暑夏季节）。

第3首《秋季》协奏曲，全曲分3个乐章，分别是快板、很慢的慢板、快板（狩猎）。

第4首《冬季》协奏曲，全曲分3个乐章，分别是不是很快的快板、最缓板、快板。

《四季》很适合做为胎教的音乐。它的低音和乐章的结构特别能让准妈妈在聆听时达到平心静气、舒缓情绪的目的。准妈妈可以通过它细腻优美的音乐语言，感受到四季的变化，唤起自己美好的憧憬。

孕20周最佳胎教方案解析

给胎宝宝画张像

胎宝宝在准妈妈的肚子里待的时间已经不短了，准妈妈一定无数次想象过未来宝宝的样子，为何不将他画下来呢？给宝宝画像，准妈妈同时要动脑、动眼和动手，这些都能给胎宝宝的发育带来良好的刺激。下面教你画像的具体步骤：

第一步，画脸的轮廓。如果妈妈的脸形是圆形、爸爸的脸型是长方形，就按照两者取中的程度来画宝宝的脸形。之后按照竖线左右平分、横线中间偏下的位置画出十字线。

小宝宝的脸一般都会略呈圆形，所以准妈妈要把宝宝的脸画得丰满一点。

第二步，画出眼睛和眉毛。以十字线为基准，来画眼睛。在横线下方，竖线两侧的位置要用虚线画出眼睛才能更好地表现出胎宝宝的面孔。眉毛最好画得不要太显眼，才更显可爱。

第三步，画出鼻子和嘴。在十字线的竖线上画出鼻子。与眼睛一样用虚线轻轻地勾画出鼻子的轮廓。然后是画嘴，即在下颚附近的竖线上轻轻画出嘴部轮廓，从而能加强可爱的印象。

第四步，画出头发。婴儿头发的特征是细细的、软软的，比成人头发的颜色要浅一些。重点是要用细线尽可能画出轻飘飘的感觉。

第五步，着色。用橡皮将十字线擦掉，开始着色。

特别提示

准妈妈画画对于着色所用的工具是没有限制的，但一般来说，彩色铅笔或水彩笔最适合表现婴儿的特征。

美季火锅，要舍弃

冬季，火锅备受青睐，一家人围着热气腾腾的火锅，吃在口里暖在心里。但是医学研究证明，吃火锅也有许多弊端，特别是准妈妈。

第一，人的口腔、食管和胃黏膜比较娇嫩，一般只能耐受50～60℃的温度，超过这一温度时容易引起黏膜烫伤。而火锅的温度一般接近于100℃，刚从火锅里捞出的食物很烫，容易造成消化道黏膜烫伤。消化道黏膜被烫伤后，黏膜上皮细胞就会加速进行增殖，胃黏膜不断烫伤→修复、修复→烫伤，可能会诱发癌变。

第二，火锅的食材多是羊肉、牛肉、猪肉以及狗肉等，这些肉片可能含有弓形虫、中华枝睾吸虫等寄生虫。弓形虫的幼虫往往藏匿在动物的肌肉中，肉眼是无法看到的。人们吃火锅时，习惯把鲜嫩的肉片放到煮开的锅中稍稍一烫即进食，这种短暂的加热并不能杀死寄生在肉中的弓形虫幼虫。

为此，有关专家告诫，为了使胎宝宝健康发育，准妈妈最好不要吃火锅。即使偶尔食用，也要在锅中多放些水，食物要切薄，少量多次涮烫，将肉片煮熟，随烫随吃。

胎教名曲《牧童短笛》

《牧童短笛》这首钢琴小曲是我国著名音乐家贺绿汀的作品，本曲以清新流畅的旋律，用呼应、对答式的二声部复调，成功地模仿出我国民间乐器——笛子的特色，乐曲犹如一幅淡淡的水墨画，勾画出一幅人与大自然相融合的美好、和谐画面。

准妈妈在欣赏此曲的时候，也许会唤起对童年生活的美好记忆，和胎宝宝一起回忆，想必另有一番甜蜜与温馨。

准妈妈的“白日梦”

胎教专家建议准妈妈，在培养胎宝宝的性格时，不妨经常做一做白日梦。白日梦与梦的区别在于，白日梦是人在清醒状态下所构想出的一系列带有幻想情节的心理活动，就像一幅一幅的电影画面那样剪辑拼凑而成。

白日梦的情节大多数是愉快的结局，一般没有挫折感和烦恼。做白日梦是一种相当有效的心理放松法，对松弛身心、解决问题大有益处。准妈妈心情愉快了，胎宝宝自然也会愉快。

准妈妈不妨经常想想自己未来的小宝宝长得是多么可爱，身体多么结实，头脑多么聪明。或者幻想一下以后一家三口的快乐生活。准妈妈在这种良好的幻想下，情绪会得到调节，担忧、害怕等不良情绪会一扫而光，这对胎宝宝的健康成长非常有益。

诗歌《我的信仰》

我相信 爱的本质一如　生命的单纯与温柔
我相信 所有的　光与影的反射和相投

我相信 满树的花朵　只源于冰雪中的一粒种子
我相信 三百篇诗　反复述说着的
也就只是　年少时没能说出的那一个字

我相信 上苍一切的安排
我也相信 如果你愿与我　一起去 追溯
在那遥远而谦卑的源头之上
我们终于会互相明白

(席慕容)

这首诗表达了诗人对爱的理解，爱情需要两个人互相努力、互相体谅，孕育一个新生命又何尝不是呢？读读诗人的美丽诗句吧，你的好情绪将为会胎宝宝创造一个良好的生长环境。

缓解身体疼痛的孕妇操

妊娠第5个月时，由于腹部向前突出，准妈妈的脊背始终处于弯曲状态。所以，背部肌肉紧张，会出现腰酸背痛。为消除腰部疲劳，准妈妈可以试试下列孕妇体操。

双腿弯曲盘坐，不要上下重叠，手放在膝盖上，结珈趺坐，然后一边呼气一边以8拍为单位转动腰部。

屈膝而坐，挺直身体，用双手环抱住腿，然后一边呼气一边向前弯腰至不压迫腹部为度。

准爸爸，胜任助教一职

准爸爸要积极参与抚摸胎教

胎宝宝是夫妻爱的结晶，因此在进行胎教时，丈夫也要积极参与。丈夫的抚摸和协助，对妻子是一种安慰和鼓舞，会对准妈妈的情绪产生良好的影响，胎宝宝也会感到非常高兴。丈夫的积极参与往往是胎教能坚持不懈、持之以恒的重要因素。因此，夫妇俩要相互配合，心灵交融，把胎教坚持不懈地进行下去。

胎宝宝最喜欢准爸爸的抚摸和男性频率较低的声音，所以在抚摸胎教过程中，准爸爸一定要参加。一边抚摸，一边与胎宝宝说话，把自己平时所遇到的开心事，说给胎宝宝和准妈妈听。准爸爸也可以轻轻地哼唱轻快的曲调，让准妈妈和胎宝宝都能感受到快乐。

协助准妈妈做好胎教

如果说胎宝宝是一粒发芽的种子，那么，准妈妈就是提供养分的土壤，准爸爸就是和风细雨、阳光雨露。对胎宝宝的成长来说，准妈妈给予了直接影响，在胎教中起决定作用。而准爸爸的“雨露阳光”则能使种子发育得更健康，生长得更完美。

准爸爸对胎宝宝的影响，主要是通过对准妈妈的影响以及参与胎教实现的。所以，在准妈妈怀孕期间，准爸爸要保持平和愉快的心境，关心、体贴和照顾准妈妈，节制房事并积极参与胎教，准妈妈才能有平和愉快的情绪，进而便能对胎宝宝产生有益的影响。

孕5月，准爸爸备忘录

孕5月时，胎宝宝的感觉器官发育得很迅速，从这个月开始有了味觉、听觉和视觉。所以从这个月开始，可以全方位地对胎宝宝进行胎教了。准爸爸应该为胎宝宝做到：

- 和妻子一起胎教，每天跟胎宝宝说话，抚摸胎宝宝，给胎宝宝听胎教音乐。
- 协助妻子做好孕期的自我监护，如称体重、数胎动。
- 保持居家环境的安静，让妻子远离强烈的噪音，以免造成胎宝宝的不安。
- 如果妻子身体情况允许，准爸爸可以安排一次短途的旅行，以减缓妻子的忧虑和不适。
- 尽量让妻子远离电磁辐射和各种污染，远离电器、嘈杂的马路。
- 尽量不同房，此时性生活易刺激准妈妈的子宫，对于相对流产次数多的人，可能会造成习惯性流产。
- 为妻子创造条件或提醒妻子少食多餐。多吃清洁的、有营养的、含钙丰富的食物。提醒她睡眠时最好侧卧，俯卧会挤压乳房，影响乳房发育。帮助准妈妈保持心情舒畅，多听音乐、看书、到公园散步，常去户外晒太阳，特别是冬季。

孕6月，听懂准妈妈的心声

胎宝宝6个月了，他的大脑已经比较发达，并产生了自我意识，还能很快地对外界刺激做出反应，可以说，这时候的胎宝宝已经“懂事”了。

准妈妈要经常与胎宝宝交流，为他唱儿歌，和他一起听音乐。另外，准妈妈还要增加胎宝宝的运动训练，教胎宝宝学习小知识。你千万不要小看他的学习能力，好好和他一起努力，期待你们美好的未来吧!

6月孕情跟踪

更加结实的胎宝宝

6个月大的胎宝宝更结实了。他现在已经目清眉秀，对声音和动作更为敏感了，有事没事都会动几下，搅得羊水有了“波浪”。

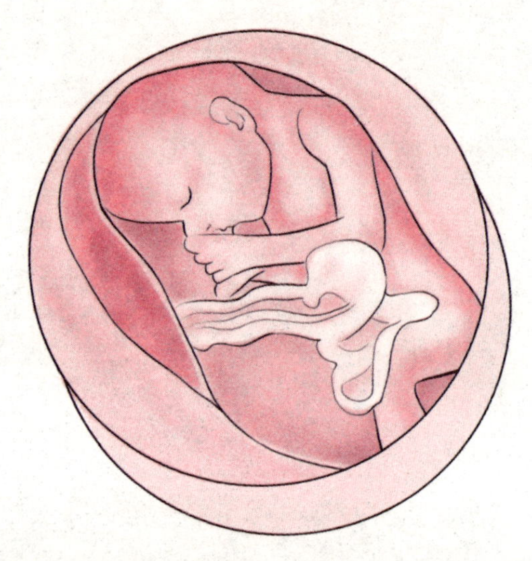

妊娠第6个月时，胎宝宝身长已有34厘米左右，体重也已有660克左右，身体看上去也较匀称了，但皮下脂肪还很少。

胎宝宝的耳、眼、鼻和皮肤等感觉器官在孕早期就已形成，功能的建立则是在中晚期。孕中期，胎宝宝对声音十分敏感，会对母体血管搏动、心脏节律和肠蠕动及外界的各种响动作出反应。在各种声音里，母体的心脏跳动音是胎宝宝最关注的声音，这能使他对所处环境无忧无虑。对外部世界的声音刺激，胎宝宝也会立即做出反应。听觉是胎宝宝与环境保持联系的主要器官之一，也是音乐胎教的重要基础。

随着大脑的发育，胎宝宝就会产生意识萌芽。在这段时间里，因为胎宝宝大脑尚未成熟，必须首先感知母亲的情感之后再做出反应。这时的胎宝宝开始具有明确的自我意识，并能将感觉转换为情绪。当胎宝宝识别能力逐步提高，理解能力也会不断增强。随着记忆与体验的加深，胎宝宝的精神也在从无意识存在发展向有意识的存在。

准妈妈的体重增长很快

妊娠第6个月，准妈妈的下腹部明显隆起，体重增长很快，容易感到疲劳，乳房也有明显变化，整个身体变得丰满。准妈妈由于子宫增大和加重，会使脊柱向后仰，出现准妈妈特有的体态。

形成第二乳晕

准妈妈的乳房周围有时会出现一些褐色的小斑点，称为第二乳晕。在乳房内部，许多新的乳腺导管分支正在形成，原来具有的导管网也迅速地生长发育。皮下的静脉往往很明显。

特别提示

准妈妈行动开始不如以前灵活，甚至站立和坐下时也会感到吃力。由于子宫的压迫，会有排尿次数增多的情况，这是正常的现象，不用过于担心。

子宫增大

子宫又长大了许多，宫底已长到了脐部以上1横指了，用尺测量耻骨联合上的子宫长度为24厘米左右。

出现静脉曲张

准妈妈膨胀的子宫压迫腹腔静脉，妨碍血液循环，会引起水肿或静脉曲张。一般分娩后，静脉曲张会自然消失。

准妈妈需要更多关爱

这时，准妈妈的食欲逐渐转好，体重渐渐增加，因而常常感到很疲倦。特别是职业女性，常常工作后回到家里，还要进行胎教，对胎教的期望值又过高。所以第2天常会感到疲惫不堪，容易产生急切不安的心理，从而影响情绪。在这种情况下，准妈妈要调整自己的状态，保证充分的睡眠和休息，不要勉强做自己力所不及的事，对胎教的期望值不能超越现实，千万不能因家务过重或进行胎教导致体力不支、精神不集中，从而发生食欲缺乏，影响胎宝宝的发育。在妻子进行胎教的同时，丈夫不仅要积极参与，还要帮助妻子控制好胎教节奏，把握好时间的长短和强度，并随时提醒妻子注意胎宝宝的反应。

孕6月，准妈妈日常保健细则

孕6月，关注血压很重要

为了随时了解和掌握准妈妈的健康状况和胎宝宝的生长发育状况，在丈夫或亲人的陪伴下，准妈妈应到医院做例行的孕期检查。检查项目为体重、血压、宫高、腹围和听胎心。这些都是孕期检查必测项目。

值得注意的是，孕6月，如果准妈妈出现下肢水肿，用手指按压时有明显凹陷，且休息后水肿不消退，准妈妈应赶紧测量血压。因为在妊娠中晚期不少准妈妈会患妊娠高血压综合征，其诊断标准是妊娠20周后，血压超过130/90毫米汞柱，或血压较以前升高超过30/15毫米汞柱。

妊娠高血压综合征为常见的而又会严重影响母婴安全的疾病。如果能及早发现及时治疗，就可以使孕产妇的危险性明显降低。

更多“孕味”，更多美丽

准妈妈的样子，是世间最美丽的风景，“挺身而出”的优美曲线散发着浓郁的魅力。不仅如此，一个“孕味”十足的准妈妈，常常光彩“照人”。

医学研究表明，在妊娠期间，准妈妈经常注意给自己增添美感，不但能调节心情，有利于身心健康，同时，还能起到胎教的作用。

摄取足够的营养

妊娠期间，由于准妈妈担负着孕育胎宝宝的使命，摄取足够的营养，不但能够保证胎宝宝正常地生长发育，同时，还有利于准妈妈保持自身的健康。准妈妈应尽可能在条件允许的情况下，选择适宜的、营养丰富的食物，如经常吃些瘦肉、动物肝脏、鸡蛋、木耳及新鲜的蔬菜、水果等，以满足孕期对蛋白质、维生素以及矿物质的需求。

做好皮肤保养

准妈妈白天外出工作或散步时，应避免强烈的阳光照射，最好戴遮阳帽以防止阳光直晒。每次洗脸后，要搽些有滋润营养作用的护肤霜。

此外，每晚睡觉前，还可做做脸部按摩。按摩时，用中指或无名指从脸中部向外侧做螺旋状按揉，每次3分钟，结束时用热毛巾把脸擦干净即可。这样既能加快皮肤的血液循环，保持面部皮肤的细嫩健美，又能有利于产后皮肤功能的早日恢复。

勤梳洗头发

妊娠期间，准妈妈勤梳洗自己的头发，可促进头部的血液循环，保持头发整洁，使头发显得娟秀而有光泽。发型选择恰当，可使人的容貌“锦上添花”。为了梳洗方便，准妈妈最好留舒适方便的短发型，给人一种精神饱满的美感。

进行适量的活动

准妈妈在身体状况许可的情况下，应经常进行一些适量的活动，如散步和轻松的孕妇体操。通过适量的活动，能有效消除疲劳，使精神振奋，给人以健康的美感；同时，又可防止孕期身体发胖。

——脑筋急转弯

① 大熊猫一生中的最大遗憾是什么？

② 小王是一名优秀士兵，在站岗值勤时，明明看到有敌人悄悄向他摸过来，为什么他却睁一只眼闭一只眼？

【答案在359页】

关注准妈妈腹部的大小

不少准妈妈非常关心自己腹部的大小。有的人认为，准妈妈的肚子越大，意味着胎宝宝越健康；也有的人说准妈妈的肚子大就是怀着双胞胎。其实，孕期腹部的大小随准妈妈体形和腹部形状的不同而有差异，决定准妈妈腹部大小的因素有以下几个：

准妈妈的体形

准妈妈体形不同， 腹部看起来也各不相同。准妈妈体态越娇小，腹部就会显得越鼓、越大；体形较丰满的准妈妈由于腹部原本脂肪就较多，即使胎宝宝不大，腹部也比一般人大。

腹部的形状

准妈妈腹部的形状也会影响其视觉上的大小。腹部向两边延伸的腹部看起来肚子较小，向前方凸出的腹部看上去肚子较大。一般来说，体形瘦的人腹部更圆。

羊水量

羊水量也会影响准妈妈腹部的大小。羊水量随准妈妈的体质有所不同，太多或太少都是不正常的。

孕产史

有生产经历的准妈妈的身体比初产妇变化得更快，经产妇对身体的变化更敏感，腹部隆起也更突出。

胎宝宝发育情况

胎宝宝发育不良或出现异常，或有营养不良时，准妈妈的腹部也可能偏小。这些问题在定期检查时，借助超声波就能准确地诊断出来，因此不必过于担心。

胎数

在双胞胎等多胎妊娠的情况下，到妊娠第6个月时，子宫的增长速度至少比普通准妈妈要快1个月以上。不过，虽然从外表上看腹部很大，但由于腹中有2个胎宝宝，所以胎宝宝的大小会低于平均水平。

双胞胎的情况下，如果早产，那么产下发育不完全婴儿的可能性极大。正常分娩时，胎宝宝体重会略低于正常标准，但在发育方面不会出现大的问题。

赶走皮肤骚痒

准妈妈发生皮肤瘙痒的情况，大多数出现在妊娠中晚期，且瘙痒的程度轻重不一，轻者只是皮肤稍有瘙痒，重者则瘙痒难忍，坐立不安。

准妈妈因怀孕时内分泌紊乱，会导致妊娠期皮肤瘙痒，主要因为怀孕时，准妈妈体内雌激素和孕激素水平升高，准妈妈皮肤瘙痒的症状一般只有到分娩后才能减轻、消失。

皮肤科专家介绍说，准妈妈发生皮肤瘙痒时，可采取以下方法缓解症状：

- 精神紧张、情绪激动，会加重瘙痒，所以准妈妈首先要减轻精神负担，避免烦躁和焦虑不安。
- 避免搔抓止痒。因为搔抓后，皮肤往往发红且出现抓痕，会使表皮脱落出现血痂，日久会导致皮肤增厚、色素沉着加深，继而加重瘙痒，甚至还能引起化脓性感染。
- 衣着宽松舒适，尽量穿棉质吸汗的衣服。勤换内衣内裤。
- 洗澡时切忌用温度过高的水或使用碱性肥皂使劲擦洗，因为这样会加重瘙痒。洗澡时，准妈妈也可以只用清水冲洗，少用或不用沐浴露等。准妈妈容易出汗，往往需要频频洗澡。不少准妈妈因为洗澡过于频繁，或者身上残留有沐浴露等因素引发皮肤瘙痒。
- 防止食物因素的刺激，如少吃辣椒、生姜、蒜等刺激性的食物。海鲜的摄入要适量，因为海鲜能加重皮肤瘙痒。
- 停用所有的化妆品。
- 避免流汗，流汗后尽快擦干。
- 对于胆汁淤积症引起的肚皮瘙痒，准妈妈自己数胎动能预防胆汁淤积。学会正确地数胎动次数，还能在胎宝宝发生宫内缺氧时，第一时间发现胎动异常，及时就医。

特别提示

在没有治疗的情况下，妊娠期胆汁淤积引起的瘙痒症状通常会持续到分娩，所以当瘙痒持续3天以上仍然没有消失时，准妈妈应及时就诊。

异常情况，及时就医

怀孕期间如出现下列情况应及时就医：

下腹部疼痛

腹痛呈阵发性，伴有下坠感、腰酸，特别是伴有阴道出血，很可能是流产或早产的先兆，或是前置胎盘的征象。

严重水肿

妊娠中、晚期，准妈妈下肢轻度水肿，无其他不适，属正常现象，不必介意。但如果水肿严重，并伴有血压升高等现象，应考虑妊娠中毒。

体重增长过快

如果准妈妈的体重每周增长超过400克可能是双胎或羊水过多，也可能是葡萄胎或妊娠中毒症，对于后两者决不可掉以轻心。

小便异常

小便伴有灼痛感或伴有腹痛、发冷或发热，可能是泌尿系统感染。

发热、淋巴结肿大

出现这种症状，很可能是患了某种感染性疾病。

乏力、黄疸及食欲低下

多为病毒性肝炎的重要症状。

心慌气短

妊娠晚期，准妈妈在从事较重的体力活动时会出现心慌气短，多属正常现象。如果在孕中期轻度活动或静止状态也出现明显的心慌气短，或心悸气短且不能平卧，应考虑是否并发有心脏病，要尽早诊治。

风疹感染

如果准妈妈发生了风疹感染，对胎宝宝危害甚大，可使30%～50%的胎宝宝被感染致畸。因此，一旦确定患了风疹，准妈妈应到妇产科进行全面检查。

阴道流出水样物或出血

准妈妈的阴道流出水样物应注意是否为羊水流出，要警惕胎膜早破和早产的危险。如整个孕期都有阴道出血，则属于异常情况，不可轻视。如伴有小腹疼痛，应考虑为流产、宫外孕、胎盘早剥或早产的可能，要及早就医。但妊娠头第1个月，可能有少量月经，若无其他症状，这是正常的，不必惊慌。

小腿抽筋的应对方法

引起小腿抽筋的主要原因是缺钙。准妈妈久坐或由于受冷、受寒、疲劳过度也会发生下肢痉挛。另外，妊娠晚期子宫的增大，使下肢的血液循环运行不畅，也是导致“小腿插筋”的原因之一。

当小腿抽筋时，可先轻轻地由下向上按摩小腿的后方，再按摩拇趾和整个腿，若还不缓解，可把脚放在温水盆内，同时热敷小腿，并扳动足部，一般都能使抽筋缓解。

应增加钙和微生素B_1的摄入，准妈妈每天钙的摄入量不能少于500毫克。另外，准妈妈还要多晒太阳。严重缺钙的准妈妈，需请医生诊治。每晚临睡前用温水洗脚，在洗脚时对小腿后方进行3～5分钟的按摩。调整睡姿，尽可能采用左侧卧位。另外，还要注意下肢的保暖。

秋季按摩鼻部防感冒

秋天气候干燥，人们经常会感到鼻腔干涩，鼻塞不通。如果采用按摩的方法，不仅促使鼻黏膜增加分泌物，保持鼻腔湿润，使鼻腔通畅，而且还可以预防感冒。

- 夹鼻法。用左手或右手拇指、食指夹住鼻根两侧，用力向下拉，由上而下连拉12次。

- 点按迎香穴。以左右手中指或食指点按迎香穴（在鼻翼旁的鼻唇沟凹陷处）12次。按摩此穴，既有助于改善局部血液供应，防治鼻病，还能防治面神经麻痹。

- 点按印堂穴。用拇指或食指和中指的指腹点按印堂穴（位于两眉之间）12次。或用两手中指指腹，一左一右交替按摩印堂穴，以增强鼻黏膜上皮细胞的增生能力，能刺激嗅细胞，使嗅觉灵敏。

如何预防阴道炎

这一阶段，由于胎宝宝逐渐长大，压迫盆腔，往往会使准妈妈盆腔充血，再加上准妈妈体内激素水平改变、新陈代谢旺盛，阴道常有较多的水样分泌物，会浸渍、刺激外阴部皮肤黏膜，引起炎症。表现为外阴皮肤黏膜潮红，有烧灼或刺痒感，排尿时有灼痛，严重的还可引起阴道炎。

单纯外阴炎可用1：5000的高锰酸钾溶液坐浴，局部涂以紫草油或抗生素软膏，如红霉素软膏或金霉素软膏等。

若准妈妈在妊娠期间发现阴道有白色黏稠状分泌物，小便时感到疼痛，而且外阴奇痒，白带呈豆腐渣样或片状，这就是真菌性阴道炎的症状。

真菌性阴道炎可出现在妊娠的各个时期，与准妈妈体内激素水平的变化有关。它虽然发生在局部，但所出现的症状却可以影响到全身。因此，一定要在胎宝宝出生前进行治疗，尤其到了孕中期，更要抓紧治疗，因为在生产时它会感染新生儿的口腔引发鹅口疮，并造成喂食困难。

减少身边的污染

虽然怀孕后准妈妈的胎盘和肺会过滤一些物质，以避免胎宝宝受到直接影响，但它们不是绝对的屏障。虽然你不必对所呼吸的每一口空气变得极端敏感，但你还是要尽量降低污染物对胎宝宝的影响。

- 烟尘指数高的时候，准妈妈不要做剧烈的运动。因为剧烈运动之后呼吸会加速，这将使你吸入更多的污染物。雾霾天气，准妈妈出行需带口罩。
- 尽可能避免开车经过拥挤的街道，以及堵车的路段。
- 最好不要自己去加油。在怀孕的时候，这又是个得让别人为你代劳的活儿。
- 如果家中有煤气或是瓦斯器具，需要经常检查是否有漏气的可能性。

孕21周最佳胎教方案解析

孕6月胎教重点早知道

胎教是建立在准妈妈与胎宝宝之间的一种良好的情绪以及愉快的互动方式，是准妈妈最真实、最喜欢的。当然，在互动的过程中，不要忘了各种胎教方式。

营养胎教

准妈妈怀孕6月时，应补充足够的维生素，而只有营养均衡的饮食，才能保证营养素的全面摄入。此外，准妈妈还应注意不要吃有刺激性、有兴奋作用及会破坏神经平衡的食物。

音乐胎教

孕6月时，胎宝宝的听力几乎和成人相同。外界的声音都可以传到胎宝宝的耳朵里。但胎宝宝喜欢听节奏平缓、流畅、柔和的音乐，讨厌快节奏的打击乐，更害怕各种噪声。

抚触胎教

孕6月时，可以在准妈妈腹部明显地触摸到胎宝宝的头、背和肢体。抚触胎教是加深准父母与胎宝宝之间感情的有效联系方法。

语言胎教

这个时期胎宝宝已经有了记忆和学习的能力，准爸爸准妈妈可以多跟胎宝宝说说话，多讲故事，多读书！

运动胎教

孕6月，是进行运动训练的大好时机，因为这时的胎盘已经很牢固地附着在母体的子宫里了，而且胎盘内羊水较多，羊水环绕着胎宝宝，可以起到缓冲的作用，能很好地保护胎宝宝。

特别提示

到这个月的月末，准妈妈的身体会变得很笨重，行动会越来越不方便，不适宜做剧烈和动作幅度较大的运动。

蔬果汁，美滋滋

新鲜蔬菜和水果中富含准妈妈孕期所需的碳水化合物、多种维生素和微量元素，制作成果蔬汁后更容易被准妈妈吸收。为确保蔬果汁营养不流失，准妈妈在饮用果蔬汁时应注意以下细节。

最好现榨现喝

光线及温度会破坏新鲜蔬果汁中的维生素， 使其营养价值变低。冷冻果蔬由于放置时间久，维生素的含量也会减少。

因此，蔬果汁的材料以选择新鲜时令蔬菜、水果最好，而且要现榨现喝，才能保证营养成分不流失。新榨好的蔬果汁最好在20分钟内喝完。

品种多样

准妈妈最好选择多种蔬果来榨汁，营养会更丰富。在蔬果汁中适量加些根茎类的蔬菜或五谷粉一起打成汁，这样的果蔬汁不会那么凉，能让准妈妈不伤体质又能喝到美味蔬果汁。

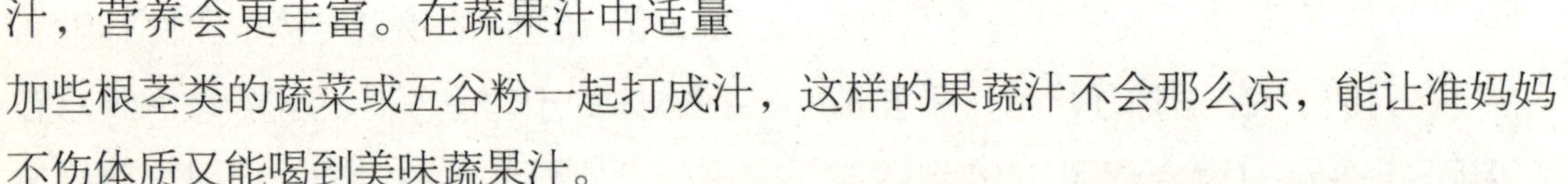

注意饮食卫生

蔬果要彻底清洗干净，以免残留的有害物质危害健康。带皮的水果只要清洗干净，可将皮一起榨汁。这是因为蔬果外皮也含营养成分，如苹果皮含有纤维素，有助于肠蠕动，促进排便；葡萄皮则具有多酚类物质，可抗氧化。所以苹果、葡萄之类的水果可以和外皮一起食用。

名曲欣赏《e小调第九交响曲》

《e小调第九交响曲》是德沃扎克最著名的一首交响乐作品。作品表现了德沃扎克对美国这个新大陆的印象和感受，并倾注着对遥远的祖国和家乡的思念。全曲共分4个乐章。

- 第1乐章：音乐开始，是一段慢板序奏，为整个交响曲的戏剧性叙述做了铺垫，同时又给人们以丰富的联想。
- 第2乐章：充满奇异的色彩和神妙的情趣，沁人肺腑，体现了一种黑人的歌谣风格与斯拉夫民族气质结合的独特韵味。
- 第3乐章：具有舞曲性质，全曲充满内在的对比，或热烈欢愉，或温文尔雅，或思念祖国，或幽默欢趣。
- 第4乐章：是一个激动人心的乐章，它气势宏大，充满活力与热情，是整首交响曲的高潮，也是全部乐曲感情的总结。

这首乐曲表现出的深邃意境、沉思韵味、鲜明的民族色彩、感人至深的旋律，不仅能让准妈妈陶醉，而且还给准妈妈以独特的美感，很适合用于胎教。

汉字卡片：认识“好”字

汉字是中华文化的载体，是华夏文明的标志。准妈妈在和胎宝宝交流时，可以把你觉得有意义的汉字，和胎宝宝分享。

“好”字，非常有意思。它由“女”和“子”二字构成，这里的“子”我们可以理解为男子。男女在一起，组为“好”，这也是人们对幸福生活的感受。准爸爸准妈妈是否也感受到这份幸福了呢？

也有人认为“好”字描绘的是女人抱着孩子的情景，就是女人生完孩子、有了孩子之后，完美和圆满的人生。

孕6月营养套餐特别推荐

营养早餐：牛奶250毫升，面包50克，猪肝酱10克。

灵活加餐：苹果1个，坚果适量。

经典午餐：米饭1碗，冬菇扒茼蒿100克，芸豆烧荸荠100克，凉拌黄瓜番茄50克。

下午茶点：猕猴桃1个，西米粥1碗。

爱心晚餐：花卷1个，香酥南瓜饼1块，虾米嫩豇豆100克，海带烧黄豆50克。

准妈妈营养食谱精选

冬菇扒茼蒿

【原料】茼蒿400克，冬菇100克，葱白1段，蒜4瓣，料酒、水淀粉各1大匙，盐1 小匙， 香油、鸡精、植物油各适量。

【做法】

①茼蒿择洗干净，切段，投入沸水中汆烫一下，沥干；将冬菇洗净，切成小片；葱白切段；蒜切片备用。

②锅内加入植物油烧热，放入葱白段、蒜片爆香，再放入冬菇，翻炒至断生即可。

③倒入茼蒿，加入料酒、盐，煸炒至熟后，用水淀粉勾芡，淋入香油，加入鸡精炒匀即可。

【营养功效】

冬菇中含有丰富的维生素D，可以促进人体对钙的吸收，冬菇中其他维生素的含量也十分高；茼蒿中的粗纤维有助于促进肠道的蠕动，具有通腑顺肠的食疗功效。两者搭配食用，可帮助准妈妈预防便秘，还能促进胎宝宝骨骼的生长发育。

猕猴桃西米粥

【原料】猕猴桃200克，西米100克，白糖适量。

【做法】

①将西米洗净，猕猴桃去皮，用刀切成黄豆大小的丁备用。

②将锅置于火上，加入3碗清水，放入西米、猕猴桃丁和白糖，用大火烧开，再用小火稍煮即可。

【营养功效】

西米具有健脾、补肺、化痰的食疗功效，猕猴桃与其搭配食用，可以帮助准妈妈预防便秘和妊娠高血压综合征，是准妈妈上好的加餐食品。

芸豆烧荸荠

【原料】荸荠300克，芸豆100克，牛肉100克，高汤3大匙，料酒、葱姜汁、水淀粉各1大匙，盐、鸡精、植物油各适量。

【做法】

①荸荠削去外皮，切成片。牛肉抹刀切成片，用料酒、葱姜汁和盐拌匀腌渍入味，再用水淀粉半小匙拌匀上浆。

②锅内加入植物油烧热，放入牛肉片、芸豆，加高汤烧至微熟。放入荸荠片，加鸡精，用水淀粉勾芡即可。

【营养功效】

芸豆可抑制人体对胆固醇的吸收，具有解热、利尿、消肿的食疗功效。

孕22周最佳胎教方案解析

充分摄取胆碱和牛磺酸

6个月的胎宝宝，需要更多营养。准妈妈要充分摄取胆碱、牛磺酸等营养物质，让自己的胎宝宝长得快，身体好。

胆碱

胆碱属于B族维生素，是构成大豆卵磷脂的成分，是大脑的营养源，是胎宝宝大脑发育不可缺少的营养。准妈妈在孕期和哺乳期每天摄入的胆碱量应为500毫克。

胆碱主要存在于蛋类、动物的脑、动物的心脏与肝脏、绿叶蔬菜、啤酒酵母、麦芽、大豆等食物中。

牛磺酸

牛磺酸是一种含硫氨基酸，主要存在于动物内脏、瘦肉、家畜家禽、牡蛎及蛤类食物中。在胎宝宝大脑发育的过程有着极其重要的地位，可保护神经细胞、增强记忆学习力、促进神经细胞的形成和神经网络的完善，还有促进胎宝宝体内新陈代谢和各器官的生长发育，促进钙和脂肪等营养素的吸收，维持婴幼儿视网膜生理功能等作用。

牛磺酸还有降低胆固醇的作用，也是控制准妈妈体重的营养素之一。准妈妈多吃含有牛磺酸的食物，有助于孕育出聪明健康的宝宝。

名曲欣赏《蓝色多瑙河》

《蓝色多瑙河》是奥地利作曲家约翰·施特劳斯最富盛名的圆舞曲作品，被誉为“奥地利第二国歌”。1866年，奥地利在普奥战争中惨败，维也纳陷入了深深的消沉之中。为振奋人心，作者受维也纳男声合唱协会领导人赫贝克的委托，创作出了象征维也纳生命活力的圆舞曲。

半年后，作者把它改编成为管弦乐曲，在巴黎万国博览会上公演，获得了极大的成功。这支著名的圆舞曲旋律优美动人，节奏动感，适合准妈妈在孕中晚期细细品味。

特别提示

准妈妈切忌给胎宝宝听声音较大的乐曲，否则易引起胎宝宝躁动不安。长期下去，胎宝宝体力消耗太大，可能出生时体重过低，有时还会出现不良神经系统问题。

走进名画的境界

一幅名画能给人极大的精神享受，从中得到美的感受，你知道怎么欣赏一幅名画吗？

首先，要了解画中画了些什么，背景是什么，画家是谁，画家的特点等，这些有助于加深对画作的了解，从中受到教育、启迪。

其次，要从正面及多角度欣赏画作。一般名画都具有精巧奇妙的构思，也许一眼看不出来，多看几次，就会发现有惊喜。

再次，是欣赏画作的色彩变化。色彩美是绘画美的直接因素，是感情的语言，色彩的冷暖、远近、轻重差别，会带来不同的情感意境。

最后，还要欣赏画作的光暗变化。光暗与色彩搭配，巧妙调色，会产生感染力，给人带来美感。

读诗歌《你是人间的四月天》

《你是人间的四月天》是林徽因给儿子梁从诫写的，以表达心中对儿子的希望和喜爱。准妈妈在诗中，也感受一下自己温暖的“四月天”吧!

我说你是人间的四月天；
笑响点亮了四面风，
轻灵在春的光艳中交舞着变。

你是四月早天里的云烟，
黄昏吹着风的软，星子在
无意中闪，细雨点洒在花前。

那轻，那娉婷，你是，鲜妍
百花的冠冕你戴着，你是
天真，庄严，你是夜夜的月圆。

雪化后那片鹅黄，你像；新鲜
初放芽的绿，你是；柔嫩喜悦
水光浮动着你梦期待中白莲。

你是一树一树的花开，是燕
在梁间呢喃，——你是爱，是暖，
是希望，你是人间的四月天！

诗歌的魅力并不仅仅在于意境的优美和内容的纯净，还在于形式的纯熟和语言的华美。诗中采用重重叠叠的比喻，意象美丽而丝毫无雕饰之嫌，反而愈加衬出诗中的意境和纯净——在华美的修饰中更见清新自然的感情流露在形式上。这首诗可以说是现代诗的完美体现，词语的跳跃和韵律的和谐几乎达到了极致。

一起来做骨盆体操

由于准妈妈的腹部向前突出，脊背始终处于弯曲状态。所以，背部肌肉紧张，容易出现腰酸背痛。为消除腰背部疲劳，准妈妈可做骨盆体操。

趴在地上，用双手、双膝支撑身体。尽量保持背部平直。

收缩腹部肌肉，收紧臀部肌肉，并轻微地向前倾斜骨盆，呼气时背部应该弓起。保持姿势数秒，然后吸气并放松。

唱着儿歌，学数字

随着胎宝宝大脑的迅速发育，整个神经系统也具备了一定的功能。因而，通过语言刺激，可以使胎宝宝接受更多的信息。准妈妈，唱着儿歌和胎宝宝一起学数字吧!

数字歌

1什么1，棍子1。2什么2，鸭子2。

3什么3，耳朵3。4什么4，帆船4。

5什么5，钩钩5。6什么6，大肚6。

7什么7，拐杖7。8什么8，眼镜8。

9什么9，气球9。10什么10，棍子打棒球。

孕23周最佳胎教方案解析

准妈妈不要留恋歌舞厅

很多女性闲暇时间喜欢去歌舞厅娱乐，即使怀孕后也不回避。殊不知，舞厅这一类公共场所，会给准妈妈和胎宝宝带来危害。

首先，舞厅内存在着严重的噪音。据有关部门的监测结果显示，舞厅的音响无论是轻柔和美的慢四步或华尔兹，还是嘈杂激烈的霹雳舞或迪斯科，大多超过了90分贝，有的甚至高达120分贝。许多舞厅为迎合顾客的“刺激”需要，采用大功率立体声扩音装置，其声音都在100分贝左右。准妈妈经常处在这种噪音环境中，会对自身和腹中的胎宝宝造成损害。

其次，舞厅内还有光污染。舞厅的灯光忽明忽暗，非常刺激眼睛。这种光源能透过晶状体集中于视网膜内，使眼压明显升高，而伤害了眼角膜和晶状体，致使视力模糊、眼睑痉挛、结膜充血。舞厅中还有一种黑光灯能发射紫外线，这种紫外线能诱发白色物体产生荧光。黑光灯对人的精神损害尤为明显，会导致准妈妈精神抑郁，甚至神经衰弱。

另外，舞厅中那些过于激烈的音乐，诸如迪斯科、摇滚乐和DJ音乐等，也不适于准妈妈欣赏。因为长期听这些音乐，会使准妈妈的神经系统异常兴奋，并致准妈妈子宫平滑肌收缩，使胎盘供血不足，胎宝宝血液循环受阻，造成胎宝宝发育不良。这也是导致流产或早产的原因之一。

穿出五彩心情

色彩，是对视觉影响最大的因素之一。大千世界五彩缤纷，赤橙黄绿蓝青紫，组成了多彩的世界，使人置身其中，不再有压抑感。所以，准妈妈要重视色彩在胎教中的作用，巧妙地利用色彩来进行胎教。

准妈妈在孕早期，最适合胎教的颜色是粉红色，粉红色能够引起大家的关爱与照顾。

到了孕中期，可以选择黄色，除了让自己心情舒畅之外，黄色属于沟通的色彩，可以让准妈妈和胎宝宝更好沟通交流。

到了怀孕晚期，可以选择绿色来放松待产。此外，浅蓝色、白色都是孕期可以穿着的颜色。值得强调的是，穿对了色彩，无形中就是在做胎教，只要能够穿着适合的颜色，宝宝日后对色彩就比较敏感。

另外，准妈妈在穿着上应避免黑色，因为它除了会影响准妈妈的情绪之外，还会挡住胎宝宝可以吸收的光源，无形中胎宝宝也会不快乐、不健康，出生之后也容易体弱多病。因此，许多准妈妈想借助黑色来修饰孕期变胖身材的观念就要改正了。

特别提示

对于准妈妈来说，适合自己的颜色就是最好的服饰颜色，只要准妈妈自己感觉好就行，也可以按照自己喜欢的样式来穿。

对胎宝宝说出你的期望

当胎宝宝还在腹中时，准妈妈可以看一些美丽的图画，同时可以常常对胎宝宝说；“希望你将来能有非凡的画画天分。”实践证明，以这种方式来进行胎教，生下的孩子真的对艺术有着浓厚的兴趣。长大成人后，有些甚至能成为出色的艺术家。

准妈妈还可在进行音乐胎教时，对胎宝宝说：“你听，这音乐多美啊！希望我的宝宝将来也有非凡的音乐天分。”如果持续不断地这样想，宝宝出生后，可能就会展露出非凡的音乐才能，对乐器和音乐都有着超常的领悟力。

瘦弱准妈妈需要更多营养

准妈妈身体瘦弱必然会导致胎宝宝营养不良，影响胎宝宝的正常发育。

瘦弱女性孕育多注意

明显瘦弱的准妈妈在孕期易发生贫血、缺钙和营养不良，对胎宝宝会造成一定的危害，如流产、早产、胎宝宝发育不良乃至畸形等的发病率均高于正常准妈妈。因此，瘦弱的女性怀孕前应该对自己的健康状况进行一次全面、系统的检查，如瘦弱是由疾病引起，必须认真治疗，治愈后方可怀孕。

如属于瘦弱型体质，应加强营养和坚持锻炼，怀孕后要比一般准妈妈更重视营养的补充，除了保证食物的质量，满足优质蛋白质、钙、磷、铁。维生素外，还要提高烹饪技术，变换食品花样。体质过于瘦弱者，应请医生指导，辅以一些营养药物和适当的补品。产前检查要按期进行，以便发现异常及时处理。

增加肉类食物

肉类食物所提供的优质蛋白质是胎宝宝生长和准妈妈的物质基础。此外，豆类以及豆制品所提供的蛋白质与肉类食品相似。对于经济条件有限的家庭，可适当选食豆类及其制品以满足孕妇需要。但肉类食品提供的蛋白质应占总蛋白质量的1/3以上。

适当多吃兔肉

兔肉具有蛋白质含量高、脂肪少、胆固醇少的特点。兔肉的胆固醇含量低于所有肉类，兔肉还含有丰富的卵磷脂，是人脑以及神经组织发育所不可缺少的物质。兔肉肉质细嫩、结缔组织少、纤维素多，比猪肉、牛肉、羊肉、鸡肉更容易消化吸收，是一种适宜准妈妈食用的肉类。

准妈妈动手折小船

折纸是一项手、眼、脑并用的活动，准妈妈通过折纸不仅可以调节手脑的协调性，还可以调节不良情绪。而胎宝宝在准妈妈腹中也能感受到折纸的乐趣。

准妈妈今天可以来尝试一下难度不太大的折纸船。准妈妈要准备一张正方形的纸，最好不要太硬。

步骤：

①将正方形纸沿中心对折，要有折痕。

②展开，把四个角折向中心，再展开。

③每个角再向新折出来的折痕折入，然后沿旧痕折入，这时会是一个四周均折起的梯形，而整体是正方形。

④把两边向中心折，这时会是一个长长的矩形。

⑤沿着上面明显的三角折一个三角形，再平分这个角度一次，一共是2个边，4个角。

⑥两边再折一次，这个是船帮，为的是压住刚才的4个角。

⑦拿住两端，从里面向外翻。

⑧把篷拉出来，小船就完成了。

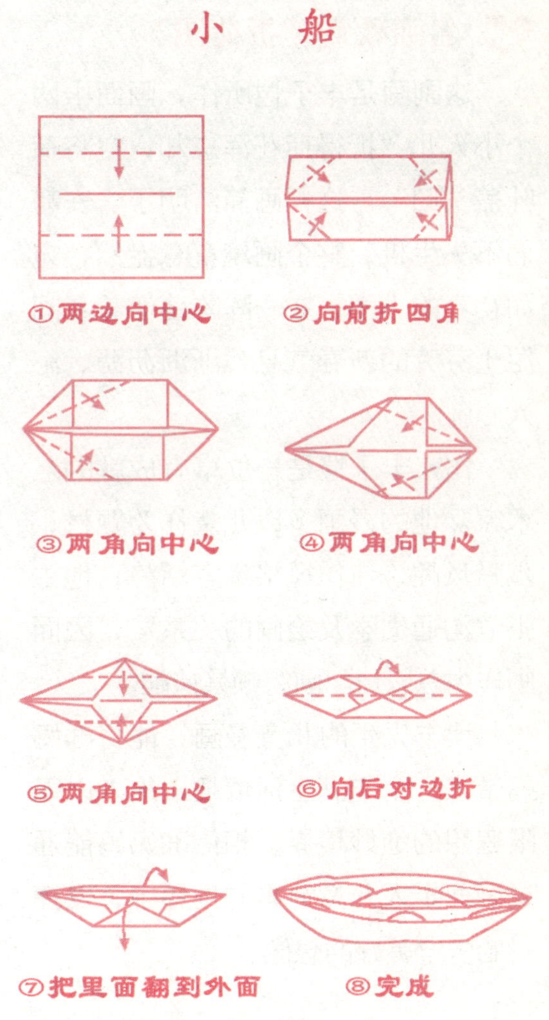

孕24周最佳胎教方案解析

名画欣赏《折荷图》

这副画是丰子恺所作，画面中两个小人儿“折得荷花浑忘却，空将荷叶盖头归”。这幅画简洁明了、安静而不失生机，整个画境童意盎然，宛如初春的小雨，在一阵阵荡漾着乡间泥土芬芳的新春气息，淅淅沥沥、沁人心脾。

作家丰子恺是一位卓有成就的艺术家。他的漫画多以儿童作为题材，幽默风趣，诗作风格雍容恬静；他主张“沟通文学及绘画的关系”，因而画作中总以诗配画，颇具情趣。

读丰先生的儿童漫画，能将准妈妈带入一个充满生活情趣、给人以无限遐想的绝妙境界，相信准妈妈能通过画面走入儿童纯真的世界中，发挥对胎宝宝美好的想像。

欣赏《四小天鹅舞曲》

不同的乐曲对于陶冶情操有着不同的作用。准妈妈不妨听一首可以欢快、优美的圆舞曲——《四小天鹅舞曲》。

《四小天鹅舞曲》是由柴可夫斯基所作，是很受人们欢迎的舞曲之一，音乐轻松活泼，节奏干净利落，描绘出了小天鹅在湖畔嬉游的情景，质朴动人而又富于田园般的诗意。在轻松的节奏里，准妈妈可以感受到那种甜美与欢乐，是很好的胎教音乐。

读古诗《忆江南》

江南好，
风景旧曾谙。
日出江花红胜火，
春来江水绿如蓝。
能不忆江南。
江南忆，
最忆是杭州。
山寺月中寻桂子，
郡亭枕上看潮头。
何日更重游。
江南忆，
其次忆吴宫。
吴酒一杯春竹叶，
吴娃双舞醉芙蓉。
早晚复相逢。

（白居易）

短短的几句诗，将江南的美表述得淋漓尽致，在感叹这种美好的同时，使人如亲临其境一般，感受到作者强烈的思念之情。你对腹中的胎宝宝又何尝不是如此思念呢？

动动手，做相框

精美的相框，能给美好记忆里的画面增添一份色彩。准妈妈也有无数美好的记忆，需要收藏。下面，就让我们一起来做个小相框吧!

材料：硬纸板、花纹纸各一张，剪刀，双面胶，麻绳。

步骤：

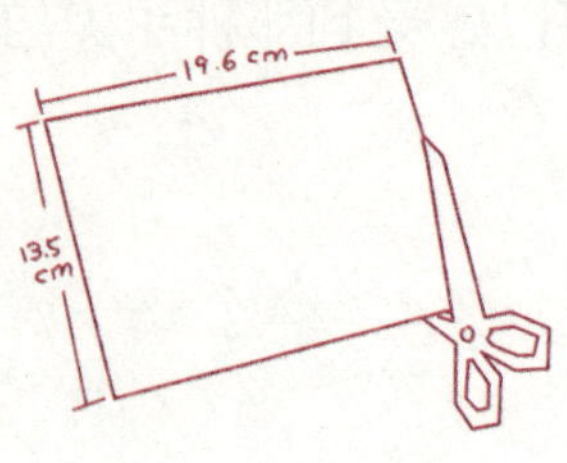

①

②

① 将硬纸板剪成19.6厘米×13.5厘米大小，用来做相框底板。

② 将花纹纸剪成4条，其中2条的长度与相框底板的长相等，另外2条的长度与相框底板的宽相等，宽2厘米。

③

④

⑤

③ 在相框底板的两个长边和一个短边紧贴边缘的地方贴上双面胶，最好选择窄条的双面胶，这样边框条（就是边缘部分）固定后，内侧部分是空的，可以插照片。

④ 在相框底板的另一面贴上麻绳。

⑤ 从没有封口的一端插入照片，小相框就完成了。

准妈妈这样吃鱼更有营养

蒸鱼的时候，在加热过程中，有少量脂肪溶解入汤中。但蒸鱼时汤水较少，所以不饱和脂肪酸的损失较少，DHA和EPA含量会保存90%以上。所以，鱼的烹调方式以清蒸为佳，可以不放油，不但营养丰富，而且味道鲜美，是食欲欠佳的准妈妈的上等佳肴（对产妇还有很好的下奶作用）。

鱼鳞与鱼皮上有一种嗜盐菌，尽管烹调前要对鱼进行清洗，但未必能全部清洗掉，而嗜盐菌怕醋，只要放一点醋就能将其杀死。

油炸前，在鱼块中加几滴醋腌3～5分钟，炸出来的鱼块香而味浓。同时，炖鱼时加醋可使蛋白质易于凝固，并软化骨刺，鱼肉中的钙、磷等矿物元素也更易被人体所吸收。烹调鱼时，也可以放适量大蒜，与醋一起发挥杀菌作用，吃起来也会更加安全。

玩一玩“踢肚”游戏

与胎宝宝进行互动的“踢肚”游戏，不仅仅是准妈妈的“专利”，准爸爸也应该积极地参与，可以提高游戏的趣味性，让胎宝宝在潜意识里也能感知爸爸同样关注自己。同时，通过训练，也可以刺激胎宝宝的运动积极性和动作灵敏性。

当胎宝宝踢准妈妈的肚皮时，准妈妈应迅速做出反应，轻轻拍打一下被踢的部位，然后静静等待小家伙的第二脚。一般在一两分钟后，胎宝宝会再踢，这时候可以由准爸爸来轻拍胎宝宝踢的部位，并告诉胎宝宝:“宝贝，猜猜哪只手是爸爸的。”或干脆把脸贴在准妈妈的肚皮上，感觉胎宝宝的力量。如果胎宝宝踢中了爸爸贴脸的位置，准爸爸一定要及时给予夸奖。

准爸爸，胜任助教一职

为胎宝宝唱支歌

此时已经进入妊娠第6个月，胎宝宝的听觉能力逐渐开启，能从各种声响中辨识来自准妈妈或准爸爸的声音时，用歌唱来与胎宝宝沟通的条件可以说是完全具备了。

有的准爸爸认为自己五音不全，没有音乐细胞，哪能给胎宝宝唱歌呢。其实，完全没有必要把唱歌这件事看得过于严格。要知道给胎宝宝唱歌， 并不是登台表演，不需要什么技巧和天赋，要的只是准爸爸对胎宝宝的一片深情。只要你带着对胎宝宝的爱去唱，你的歌声对于胎宝宝来说，就一定会悦耳动听。

帮妻子找回自信

准妈妈以前的漂亮衣服不能穿了，不敢化妆了，行动笨重了……准妈妈心里多少有些嘀咕：自己还有魅力吗？还会恢复到从前的样子吗？

准爸爸这时候要采取积极的行动，帮准妈妈找回自信。告诉妻子，你喜欢她现在这个样子。帮妻子挑选几件专门为准妈妈设计的衣服。既能让妻子漂亮起来，而且还能让她体会到你对她的爱，使她的心情开朗起来。

又如，大多数准妈妈在怀孕后，皮肤色素沉着加深，乳晕、外阴、大腿内侧都会变黑。有的准妈妈面部还会形成蝴蝶斑，这是由于雌激素和孕激素刺激了垂体黑色素的分泌。你不妨善意地调侃一下太太：“长了蝴蝶斑的太太有一种欧美风情……”许多女性在怀孕时非常敏感，准爸爸要注意不要对准妈妈的变化流露出不满情绪。如果你做不到的话，记住它只是暂时性的，是亲爱的宝宝带来的。

孕6月，准爸爸备忘录

妊娠第6个月，准妈妈的肚子急剧增大，行动变得越来越不方便，此时的丈夫要更加关心体贴妻子。陪妻子购物、产检，和妻子一起做胎教，让妻子心里温暖如春。另外，准爸爸还要时刻提醒准妈妈注意以下几点：

- 准妈妈的起、坐、立、躺、行和上下楼梯，一定要做到一看、二慢、三平稳，弯腰拾物，取高处的东西都要注意安全。
- 住在高层建筑里的准妈妈，在没有电梯时应尽量减少上下楼的次数。
- 严禁准妈妈从事剧烈活动，避免挤压和震动腰腹部，如急跑、跳跃、举重、滑雪、登山、溜冰、打保龄球等都应禁止。
- 学会倾听和赞美，多听妻子的倾诉，经常赞美她，告诉她你喜欢她怀孕的样子，怀孕的女人是最漂亮的。
- 帮妻子保持良好的情绪，不要惹妻子生气。
- 可以着手陪妻子一起计划婴儿房的布置，一起挑选婴儿用品，让妻子感受到丈夫共同参与的欣慰。

孕7月，好强壮的胎宝宝

孕7月，准妈妈的腹部越来越大，越来越能轻松地感受到胎宝宝的成长。时刻都沉浸在与胎宝宝同呼吸紧密相连的喜悦当中，而胎宝宝也能感受到准妈妈那无限甜蜜的爱。

现在，准妈妈要随时随地多和胎宝宝说话，以增进母子间的感情，同时也可训练胎宝宝的听力，提高胎宝宝的记忆力。

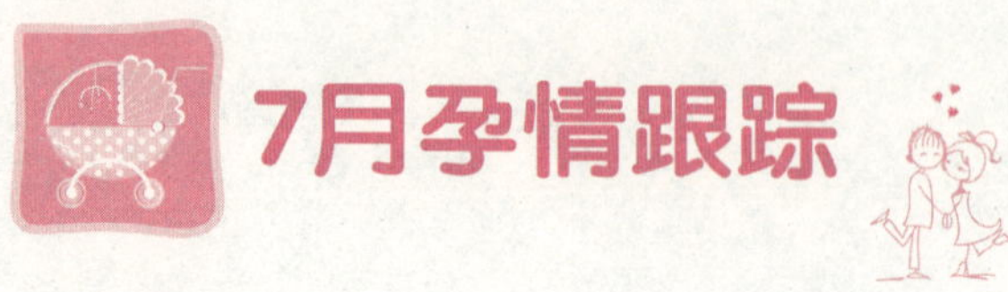

7月孕情跟踪

灵活自如的胎宝宝

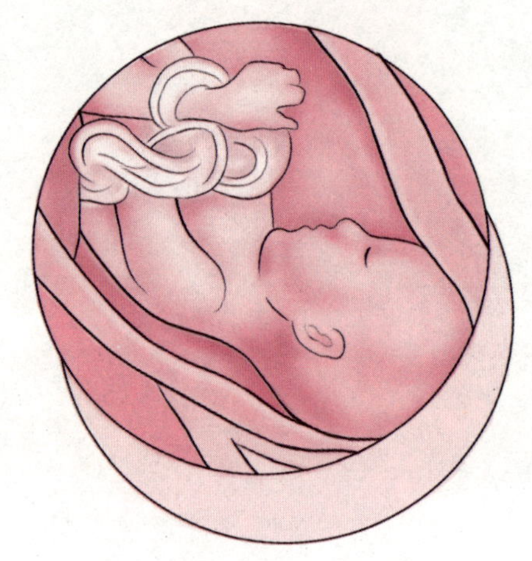

胎宝宝经过7个月的发育，体重已达1千克左右，脸部轮廓已能分清，头发已长出5厘米左右，全身被毳毛覆盖着。眼睑的分界清楚，眼睛能睁开了。外生殖器也逐渐清晰。吸吮的力量还不大，气管和肺部还不发达。若此时发生早产，加强护理，新生儿存活率可达70%。

胎宝宝妊娠第7个月前后已经具有感觉味道的能力。由于胎宝宝基本的味觉已经发育完成，所以，婴儿出生后马上可以分辨母乳及其他味道的差异。

胎宝宝对甜味与苦味的感觉，发育比较迅速。胎宝宝在感觉到甜味时会吸吮，尝到苦味时会做出吐舌头表示讨厌的动作。

皮肤的感觉逐渐发达，胎宝宝自己的手或脐带偶尔碰触到嘴巴时，脸部会出现寻找的表情，这也是为了在出生后，寻找母亲乳头所做的练习。

胎宝宝大脑的皱褶越来越多，不愉快的时候会吸吮指头，原始的感情开始萌芽。大脑中负责听觉的叶逐渐发达侧头，能感觉到声音的节奏。不仅能分辨外来的声音，并能表现出好恶。

男宝宝的阴囊明显，女宝宝的小阴唇、阴核已清楚地突起。感觉光线的视网膜已经形成。有了浅浅的呼吸和很微弱的吸吮力。

现在，胎宝宝四肢可灵活自如地在羊水里“游泳”，好像要随时出来见世面了一样。

日益笨拙的准妈妈

准妈妈的动作日益笨拙，身体稍失去平衡就会感到腰酸背痛或腿痛，痔疮、便秘接踵而至。

特别提示

这个月，准妈妈可能会出现腰酸、气短、呼吸急促等症状。胎盘位置较低的准妈妈，可能会发生阴道出血的现象。

出现妊娠纹

准妈妈的肚子越来越大，给人以一种非常突出的感觉，准妈妈的身体更加臃肿。乳房、腹股沟等处开始出现妊娠纹。

子宫变大

随着胎宝宝的迅速增长，子宫的变化也比较突出，此时宫底高度已在脐上3横指了，尺测耻骨联合上的子宫长度约26（22.4～29.0）厘米左右。

心脏血容量增加

因子宫增大迫使膈肌升高，心脏向左、向上、向前移位，表现为心界稍大、心脏血容量增加、心率加快、每搏输出量增加、血压正常或轻度升高、下肢静脉压升高等。

出现烧心和便秘

准妈妈此时饭量往往会增加许多， 但因受增大的子宫挤压，胃肠蠕动减弱，胃酸分泌减少，经常出现饱胀感、“烧心”和便秘。

乐享孕中期的好时光

妊娠中期，准妈妈的身体、情绪一般都会很好。有些准妈妈把为即将出生的孩子准备东西当成自己最大的乐趣和工作。这种想法是好的，但是我们要提醒准妈妈，这期间要多注意休息，好好静养身体。

为新生儿准备必要的用品，可由准爸爸或家人代劳。准妈妈最好不要经常去人多的商场，因为那里的空气不好，容易被感染或碰撞。

孕7月，准妈妈日常保健细则

准妈妈防止摔倒

准妈妈在孕期由于不慎滑倒而摔伤的事例会经常遇到，一般情况下不会对准妈妈和胎宝宝造成太大的损害。这是由于子宫位于骨盆内，骨盆起到了很好的保护作用，这一点在妊娠早期尤为明显。另外，由于羊水的缓冲作用，胎宝宝不易受到外力的严重冲击，同时子宫壁和腹壁也起到了一定的保护作用。虽然如此，准妈妈在孕期行动仍要十分小心，尽量避免意外的发生。如果不慎摔跤后发现如下症状，应引起高度重视：

- 阴道出血。
- 阴道内流出液体，可能预示破膜。
- 严重的腹痛。

准妈妈摔倒后仍能感觉到胎动，可以放下心来，这表示胎宝宝还是正常的。

孕期跌倒是导致胎盘早剥的原因之一

然而，万一不小心摔跤后该怎么办呢？摔跤和受伤后发生的最严重的后果，是随着胎盘的破裂，胎盘逐渐从子宫内膜上剥离，导致流产或早产；另一可能的严重后果是骨折。如果你摔了跤，应立即与医生联系，医生会为你做详细的体检，并对胎宝宝进行监测。

准妈妈一定要保持身体的平衡，尽量防止摔跤，尤其是在冬天湿滑结冰的路面上行走。另外楼梯、浴室、洗手间、光滑地面也易使人滑倒，准妈妈要特别注意。

预防静脉曲张

下肢静脉曲张是妊娠期比较常见的并发症，主要表现为下肢浅表静脉扩张、伸长和迂曲，在脚部或小腿浮现蚯蚓般或如蜘蛛网般的紫红色血管团。偶然在会阴部也可见静脉曲张，而痔疮也是另一种形态的静脉曲张。

一般来说，孕期静脉曲张并不会造成准妈妈及胎宝宝全身性循环系统的障碍。在非常罕见的情况之下，如果有下肢静脉压痛、发热、红肿等情况发生，或同时合并有发热、心跳加速、呼吸困难等情形，有可能是下肢静脉的血栓流至肺部，造成肺部静脉栓塞，这种情况需迅速就医。

普通的静脉曲张在生产后，多半会缓解，一般不需要特别治疗，平时的保健、穿医疗弹性袜等有助于预防和减轻下肢静脉曲张，具体预防办法如下：

- 适度温和的运动，每天进行2次30分钟左右的散步，可以促进血液循环。
- 保持适当的体重，避免体重增加过重。体重愈重对静脉曲张愈不利，超重的准妈妈要控制饮食。
- 避免提过重的物品，以避免腹压升高。
- 尽量避免长期坐姿、站姿或双腿交叉。长时间坐着或站立，会使血液聚集在小腿。经常把腿抬高，可以促进血液循环；坐下时，尽可能把脚抬高到心脏水平。躺下时，在脚下放置一个枕头，将腿垫高，或采取侧卧姿势。长途旅行时，不管是坐飞机、乘火车或汽车，要经常做伸展活动。
- 预防便秘，保持排便通畅。
- 穿着宽松的衣服。不要使用紧束的皮带、腰带以及紧贴的鞋子。紧身的衣服或鞋子有碍血液循环。

特别提示

弹性裤袜可压迫静脉壁，迫使血液从表面曲张的静脉回流到较深层的静脉。早上下床前便穿上弹性裤袜，一直到夜晚就寝前再脱掉，可减轻下肢静脉曲张。

缓解妊娠水肿

妊娠中晚期，有不少准妈妈都会出现不同程度的下肢水肿，用手指按压之后可出现局部凹陷。这种水肿一般是傍晚最明显，卧床及夜间休息后可消退。另外，子宫增大压迫下腔静脉，使血液回流受阻，准妈妈在久站或久坐时，体液在下肢积聚，也可出现凹陷性水肿。一般水肿发生于下肢远端，准妈妈从事长时间站立的工作会更为明显。

单纯的下肢水肿不是病理现象，不需治疗。但如果下肢水肿经过6小时以上，休息后仍不能消退，且逐渐向上发展，大腿以上也出现了水肿，那就不正常了。若同时合并有心脏病、肾病、肝病、高血压、营养不良等，更应引起高度重视。

特别提示

有些食物有助于预防和改善下肢水肿，如冬瓜、西瓜、赤小豆、黑豆、玉米须等，都有利尿消肿的食疗功效，民间也有一些食疗方对此有辅助疗效，有需要的准妈妈可以选用。

轻度的下肢水肿属于妊娠的正常现象，但由于酸胀感会给准妈妈带来一定的痛苦，所以通过建立良好的饮食和生活习惯来预防和缓解下肢水肿是必要的，主要有以下措施：

- 调整工作和日常生活节奏，不能过于紧张和劳累。要保证充足的休息和睡眠时间，中午最好休息1～2小时，每晚睡眠保证在8小时以上。上班的地方没有条件躺下休息的话，可以在午饭后将腿抬高，放在椅子上，采取半坐卧位。

- 注意均衡的营养，摄取高蛋

白、低糖的饮食。体重在整个妊娠期间增重11千克左右比较理想。

· 食物不宜太咸。口味重的准妈妈此时要注意，应多吃清淡食物，坚持低盐饮食。

· 每天做适当的散步，但不宜走路太多（最好不超过40分钟）或站立太久，因行走和站立时间长了，会加重下肢的肿胀。同时防止情绪激动和避免较剧烈或长时间的体力劳动。

· 出现腿部肿胀酸痛的准妈妈，晚上睡觉前可请丈夫帮着做做腿部按摩，以减轻酸痛的感觉。

· 准妈妈睡觉的时候，腿脚稍微抬高一点，有利于消除水肿。

· 定期产检。如果准妈妈出现严重的肿胀现象就要检查血压和尿液，如发现异常，要及时治疗。

孕7月产检要点

本月孕期保健检查的项目，除了例行复查血常规、尿常规，产科检查（宫高、腹围、胎心、胎位检查、血压、体重），骨盆测量外，这时期贫血发生率增加，准妈妈务必作贫血检查，若发现贫血要在分娩前治愈。最后，医生会要求你再做一次超声波检测。

准妈妈必须定期到妇幼保健诊所做检查，孕28周前每4周检查 1 次，从妊娠第28周开始每2周检查 1 次。

双胞胎准妈妈需注意

当医生告诉你，你可能怀了双胞胎或多胞胎时，你的反应定会十分惊喜。于是你也会得到更多的关爱，也要比单胎妊娠更多地呵护自己。

双胎妊娠时，准妈妈血容量的增加比单胎妊娠多，同时又要孕育两个胎宝宝，需要的铁更多，往往容易出现贫血。双胎妊娠时，还容易并发妊娠期高血压综合征和羊水过多。

由于子宫过度膨大，双胎妊娠常不能坚持到足月，容易发生早产。双胎妊娠孕期平均比单胎妊娠期短22.2天。约有半数胎宝宝出生时的体重在2500克以下。

在确诊自己是双胎妊娠后，保证充足的休息和健康饮食是十分重要的。因为你需要消耗更多的体力。

- 应增加营养的数量和质量，补充足够的蛋白质、维生素、铁、叶酸、钙等，还要注意基本营养素搭配要合理。
- 若水肿较重时，应适当增加蛋白质摄入量， 必要时可静脉输入白蛋白制剂，并限盐饮食。
- 应常规补充铁和叶酸，预防贫血。
- 妊娠中晚期要注意休息， 避免过度劳累，避免房事，并提前4周做好分娩前的准备工作。
- 定期进行产前检查，预防妊娠高血压综合征。
- 如果你还在工作， 最好不要全职工作，要根据个人的具体情况，尽早调换工作岗位。尽量安排好工作，不要使自己过度劳累。

总之，当准妈妈怀上双胞胎或多胞胎时，需要更多的护理、更多的营养补充、更多的休息。如果可能，减少你的工作时间，提早休假。

预防"妊娠高血压综合征"

这一时期很容易患妊娠高血压综合征。如果在早晨醒来时，水肿未退，或在一周内体重增加500克以上时，就应该尽快到医院做诊查。妊娠高血压综合征虽然可怕，但只要及早发现、及时治疗，应无大碍。

妊娠高血压综合征，以往又称为妊娠中毒症。是由于全身小动脉痉挛，致全身各脏器功能障碍的一种妊娠期特有的症候群。本病多发生于妊娠第5个月后，临床表现主要有水肿、高血压、蛋白尿，严重者还会出现头晕、头痛、眼花、黄疸，甚至抽搐昏迷。

妊娠高血压综合征，特别是重度妊娠高血压综合征，往往可发生肾功能障碍、胎盘早剥、胎宝宝宫内发育迟缓、胎宝宝窘迫等母婴并发症。准妈妈一旦患了妊娠高血压综合征后，应积极治疗，防止病情发展，以保障胎宝宝和准妈妈的健康。

为了预防和减少妊娠高血压综合征的发生，孕期保健非常重要。以下几点准妈妈应多注意。

- 注意保持营养均衡，饮食中保证足够的蛋白质（以豆类及鱼、牛奶、鸡蛋等脂肪少的优质蛋白质为主）、足够的热量及铁与维生素以满足各阶段胎宝宝生长的需要；饮食以清淡为宜，避免过咸；烹调使用植物油，可选用花生油、植物性人造黄油等，不要用猪油、黄油。
- 保证有足够的休息和睡眠时间，保持心情愉快。
- 做好产前检查。妊娠早期应监测血压，检查尿蛋白和体重。自妊娠第4个月开始应按期进行产前检查，密切注意血压、水肿及体重变化。检查尿蛋白，以便早期发现妊娠高血压综合征并早期治疗，防止病情发展。
- 注意既往病史。初产妇、双胞胎、羊水过多、原发性高血压、慢性肾炎或糖尿病患者，因容易并发妊娠高血压综合征，更应注意。
- 及时纠正异常情况。如发现贫血，应及时采用补铁等治疗方法；下肢出现水肿，要增加卧床休息时间；血压偏高时，要按时服药。

科学预防早产

妊娠满28周不满37周之间分娩的，称为早产。早产的原因很多，多因准妈妈患有妊娠高血压综合征、妊娠合并急性或慢性疾病（如病毒性肝炎、尿路感染、高热、心脏病、慢性肾炎、严重贫血、糖尿病等）、异常子宫等。还有因胎盘、胎儿引起的早产，主要有胎膜早破、多胎妊娠、羊水过多、宫内感染或胎盘位置异常等因素。

早产儿不仅病死率较高，而且病残率也较高，如智力低下、运动不协调、视力或听力不良等。因此，要积极预防早产。

加强孕期检查，注意卫生保健

按规定日期进行产前检查，重视可能引起早产的因素，做好预防措施。

积极防治妊娠期并发症

按时产检，积极预防和治疗妊娠期并发症，如心脏病、肾病、高血压、贫血等，尤其必须做好妊娠高血压综合征的防治工作。

避免过度劳累及重体力劳动

疲劳过度、重体力劳动等，会对腹部产生压力，易发生提早破水，引起早产。在妊娠晚期，若家务活或工作劳累疲倦时，应调换工作岗位，适当休息，并要避免抬拿重物等重体力劳动，要避免长途旅行、驾车等。注意休息，减少疲劳，减少体能的消耗。

防止腹部被外力冲撞

妊娠期间，尤其是后期，准妈妈应尽量减少外出和乘车的次数，不要到人多拥挤的地方，以防腹部被挤、被撞。乘公共汽车或火车时，要注意避开高峰期，上下车时要特别注意保护腹部。各种场合，均应防止腹部受挤。宜穿平跟鞋，以防摔跤。

节制性生活

此期可以适当地过性生活，但是要节制，还要注意性生活的体位与时间，避免对胎宝宝造成影响。

孕25周最佳胎教方案解析

孕7月胎教重点早知道

在这个月里，准妈妈的腹部更加突出，所以日常起居也要更小心，随着胎宝宝的成长，胎教这项任务也要继续坚持，准妈妈准爸爸们可不能懈怠。

语言胎教

在本月，准妈妈准爸爸依旧要多跟自己的小宝贝说说话，胎宝宝感觉声音的听觉神经系统已经接近完成阶段。由于准妈妈腹壁变薄，所以胎宝宝可以听到更多外界的各种声音。

特别提示

随着腹部的增大，准妈妈的行动越来越不方便，所以准爸爸要多安慰、体贴妻子，做她有力的心理支柱，并给妻子创造一个良好的物质生活环境。

音乐胎教

除了和胎宝宝说话，给他讲故事外，还要继续让胎宝宝接受音乐胎教。悦耳动听的音乐不仅能让准妈妈情绪放松，对胎宝宝的听力和音乐审美能力也是一种锻炼。

游戏训练

到妊娠第7个月，胎宝宝已经有足够的能力和准爸爸妈妈一起进行互动游戏了，所以，准妈妈准爸爸一定要多抽出时间来陪胎宝宝，尽量多陪他游戏。

光照胎教

胎宝宝的感觉功能中视觉的发育最晚，妊娠第7个月，胎宝宝的视网膜才具有感光功能，为了训练胎宝宝的视觉，可以在妊娠第7个月的时候进行光照胎教。

拍个“孕”味十足的孕期照

照相能给人们生活增添乐趣，准妈妈拍孕期照已经逐渐成为了流行。孕期照可以让准妈妈体会到将要做母亲的幸福感。

需要与摄影师多沟通

一定要跟摄影师和工作人员沟通并约好时间，要选少人的日子去拍，这样不会等太久。

一定要选择专门给准妈妈拍摄的影楼，这样专业性会比较强，而且有很多孕妇装可以选择。在你穿衣之前他们还会给衣服消毒。最重要的是，拍摄时的美光灯不会有辐射。

化妆前要跟化妆师沟通，告诉他自己想要的妆容，要跟摄影师沟通自己想要的效果，化妆品尽量少用，不要用含铅的化妆品，尤其是唇彩，最好不用。

准妈妈拍摄时的注意事项

准妈妈拍孕期照应选择在孕7月左右，最好不超过8个月。

准妈妈照和婚纱照及个人写真是不一样的，你要表现出将为人母的喜悦，要拍出幸福感、美好感和母爱感。

要拍外景就要掌握好时间，另外最好戴上墨镜，这样除了可以做道具，还能保护眼睛呢。

准妈妈照不用拍得太多，10张左右就好，主要是为了纪念。当然，准妈妈要想多拍几张，只要不会影响精神状态，也是可以的。

和摄影师沟通很重要，他会很快地带你进入角色，你也会很享受整个的过程，轻松愉快地完成拍摄。

读诗歌《请回答我，七月》

《请回答我,七月》的作者是艾米莉·狄金森。诗人用简单明快的语句，讲述着自己眼里的七月。让胎宝宝也领略一下诗人清新的诗句吧，从诗人独具特色的句子中，相信胎宝宝也能感受到深厚的情感，以及人生与自然的智慧。

请回答我，七月
哪里有蜂蜜
哪里有干草
哪里有羞红的面孔
啊，七月说
哪里有种子
哪里有蓓蕾
哪里有五月
请你，回答我
哦，五月说
让我看看雪飘
让我看看风铃
让我看看小鸟
……

(艾米莉·狄金森)

名曲《云雀》，点亮好心情

人类本是大自然的杰作，我们常常说，大自然是我们的母亲。准妈妈亲近大自然不仅是自我的回归，也能让胎宝宝一起领略到大自然的魅力。有时候，听一曲胎教音乐，同样可以让心灵回归自然，《云雀》正是这样的音乐。

听的时候，不妨打开窗子，呼吸着新鲜空气，想象你和胎宝宝正置身于一片群鸟共鸣的森林中，然后与胎宝宝一起感受这明朗快活的旋律。

孕7月营养套餐特别推荐

营养早餐：牛奶1杯，麦片50克，鸡蛋1个。

灵活加餐：鲜榨果汁1杯，点心适量。

经典午餐：米饭1碗，果味猪排100克，胡萝卜烧牛腩100克，黄瓜银耳汤适量。

下午茶点：坚果适量。

爱心晚餐：馒头1个，香菇炒菜花100克，香拌芹菜叶50克。

准妈妈营养食谱精选

胡萝卜烧牛腩

【原料】牛腩500克，胡萝卜250克，葱2根，酱油2大匙，豆瓣酱、番茄酱、白糖、料酒各1大匙，甜面酱半大匙，八角1粒，香菜、姜、盐、水淀粉、植物油各适量。

【做法】

①将牛腩洗净，放入开水中煮5分钟，取出冲净；另起锅加清水烧开，将牛腩放进去煮20分钟，取出切厚块，留汤备用。

②将胡萝卜去皮洗净，切滚刀块；葱、姜洗净，葱切段，姜切片备用。

③锅内加入植物油烧热，放入姜片、葱段、豆瓣酱、番茄酱、甜面酱爆香，倒入牛腩爆炒片刻，加入牛腩汤、八角、白糖、酱油、盐、料酒，先用大火烧开，再用小火煮30分钟左右。加入胡萝卜，煮熟，用水淀粉勾芡，撒上香菜即可。

【营养功效】

胡萝卜中含有大量的铁，对辅助治疗贫血很有作用。牛腩可以补中益气，滋养脾胃。胡萝卜和牛腩一起搭配，可以为准妈妈补充全面而均衡的营养，对预防孕期贫血有很好的作用。

果味猪排

【原料】猪小排500克，姜末、葱花各2 小匙，果酱2大匙，醋1大匙，白糖、盐各1小匙，料酒、香油、植物油各适量。

【做法】

①猪小排洗净剁成小块，加入盐、料酒、姜末、葱花腌渍20分钟。

②锅内加入植物油烧至六七成热，放入猪小排炸至外表起壳，捞出控油。

③锅内留少许底油烧热，倒入猪小排、果酱、白糖、醋炒匀，小火烧至肉熟，大火收汁，淋入香油即可。

【营养功效】

这道菜香味浓郁、酸甜可口，可以令准妈妈胃口大开。并这道菜且富含丰富的蛋白质、维生素和矿物质，在帮助准妈妈补充能量的同时，还能促进胎宝宝的健康成长。

香菇炒菜花

【原料】菜花250克，香菇（干）5朵，鸡汤200毫升，花生油15克，鸡油10克，豌豆淀粉1小匙，葱、姜、盐、鸡精各适量。

【做法】

①将香菇用温水泡发，去掉菌柄，洗净；菜花洗干净，切成小块，放到开水锅里焯一下，捞出来沥干水；葱切丝；姜切片；豌豆淀粉用水调匀备用。

②锅内加入花生油烧热，放入葱、姜煸炒出香味，加入鸡汤、盐、鸡精烧开。

③捞出葱、姜，放入香菇、菜花，用小火稍煨入味，最后用水淀粉勾芡，待汤汁稍稠，淋上鸡油即可。

【营养功效】

这道菜富含维生素K、蛋白质、脂肪、糖类、维生素A、B族维生素、维生素C及钙、磷、铁等，香菇中还含丰富的香菇多糖，可提高准妈妈的免疫力，预防感冒。

孕26周最佳胎教方案解析

准妈妈不能狼吞虎咽

孕期进食是为了充分吸收营养，保证自身和胎宝宝的营养需求。而一些准妈妈吃饭时喜欢狼吞虎咽，这是极其不好的。

吃得过快，食物未经充分咀嚼就进入胃肠道，食物与消化液接触的面积会大大缩小，会影响食物与消化液的混合，使食物中的营养成分不能被人体充分吸收。另外，若食物咀嚼不充分，还会加大胃的消化负担或损伤消化道黏膜，使消化液分泌较少，易患肠胃病。所以，准妈妈吃饭时宜细嚼慢咽，这样更有利于营养的吸收。

和胎宝宝玩“藏猫猫”

有趣的“藏猫猫”游戏，受到无数准爸爸准妈妈的喜爱。准爸爸可以轻轻拍打准妈妈腹中的胎宝宝，然后对胎宝宝说：“爸爸要藏起来了，小宝宝找找看。”然后把脸贴在妻子另一侧的腹壁上，让胎宝宝寻找。如果胎宝宝正好踢到爸爸的脸颊，一定要进行语言表扬，如果胎宝宝没有找到，也要耐心轻抚胎宝宝，鼓励他继续。通过这种游戏胎教训练，不但增进了胎宝宝活动的积极性，而且有利于胎宝宝智力的发育。

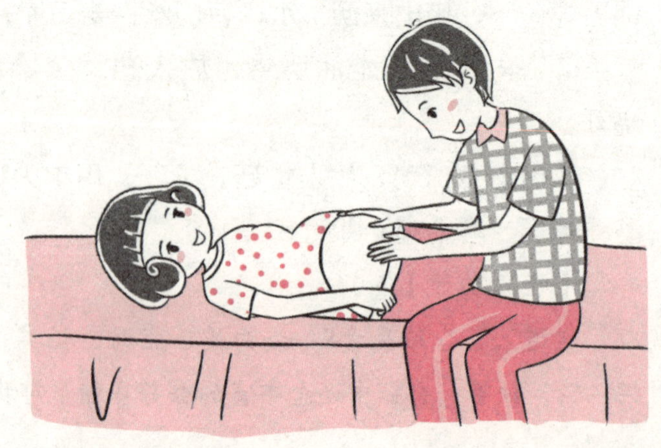

名曲欣赏《彼得与狼》

普罗科菲耶夫的《彼得与狼》，描述了儿童彼得以勇敢和机智战胜了狼的故事。进行音乐胎教准妈妈不仅能听到优美的旋律，陶冶情操，准妈妈还可以用你的声音告诉胎宝宝要做个勇敢的宝宝，帮助胎宝宝形成良好的性格，为他出生后的性格发展奠定基础。乐曲同样可以增加准妈妈和胎宝宝的勇气，使你们勇敢面对即将到来的第一次“相见”。

手指操，赶走脸部肿胀

在妊娠第7个月时，准妈妈脸部会慢慢出现肿胀，之所以出现这种现象，多半是由于脸部血液循环受阻、新陈代谢失衡所致，准妈妈不用过于担心。简单的手指操不仅可以帮助准妈妈轻松地消除脸部肿胀，还有脸部美容的作用。

双手大拇指按摩操

操作步骤：准妈妈用双手大拇指的指根部轻轻按住同侧的太阳穴，以局部酸痛为宜，持续5秒钟即可。

操作要领：按压时，准妈妈可以先向太阳穴的斜上方按压，然后朝外侧慢慢推移。

按摩功效：可以有效地消除双眼肿胀，还准妈妈一双迷人的眼睛。

特别提示

准妈妈做手指操时，可以打开音乐。边享受轻松欢乐的乐曲，边用手指操护理皮肤。这样，准妈妈既能陶冶情操，又能拥有美丽。准妈妈赶快行动吧!

三指指尖按摩操

操作步骤：准妈妈用食指、中指、无名指的指尖，轻轻按摩整个脸部，重点按摩从嘴角到太阳穴的部位。

操作要领：按摩时，可以采用轻轻揉按的方法，也可以采用画圈式，力度以自我感觉舒服为宜。

按摩功效：能够有效地改善面部水肿，舒缓肌肤，并放松心情。

给胎宝宝一抹“亮”色

这个时候，胎宝宝如果睁开眼睛，他会发现子宫内并不永远是黑暗的，强烈的自然光可通过腹壁，使之呈现玫瑰色光亮。但是这样的光照毕竟还是太弱，为了促进胎宝宝的视觉发育，准父母需要另外给胎宝宝来点光刺激才行。

和胎宝宝玩光照游戏

准妈妈在孕7月的时候，通过产前检查应该已经知道了胎宝宝头部的位置，可以每天选择固定时间，用手电筒通过腹壁照射胎宝宝头部。时间不要太长，切忌强光照射，每天照射腹部3次，胎宝宝看到光线，会转头、眨眼。

照射的同时，准妈妈可以和胎宝宝进行对话，告诉胎宝宝现在是什么时间。这样，可促进胎宝宝视觉功能发育，对日后视觉敏锐、协调、专注和阅读都会产生良好的影响。

光刺激促进胎宝宝发育

光照胎教主要是借助手电筒的光透过腹壁、肌肉进入子宫内，在子宫内光线经过羊水会变成红色，对于黑暗中的胎宝宝是个新鲜的视觉刺激。

当胎宝宝的视网膜的视杆细胞感受到光线的变化后，会将这种光线变化的信息以生物电的形式在大脑细胞之间传递，传递过程中所经的视觉神经通路就会得到刺激，就可以在这些细胞的基础上新生出更多的树突或树突棘，从而为形成更丰富的视神经网奠定基础。

光照胎教和其他胎教一样，都是准妈妈自身磨炼性情、提高修养的过程。进行光照胎教，要坚持下去、有规律地去做，这样才能使胎宝宝领会其中的含义，并积极地作出回应。

孕27周最佳胎教方案解析

做个不挑食的准妈妈

准妈妈偏食容易导致营养摄入不均衡，准妈妈挑食还会影响到宝宝将来的胃口，特别是在胎宝宝的味觉已经形成之际。

胎宝宝能与味道建立关系

随着对各种不同味道的体验，胎宝宝会在味道与这些味道所产生的作用之间建立联系，尤其是对甜味与苦味的感觉最为敏感，7个月大的胎宝宝在尝到甜味时会做吸吮动作，尝到苦味时则会吐舌头。

准妈妈偏食，胎宝宝也“知道”

从这个月开始，胎宝宝味觉就开始发挥作用了，如果准妈妈偏食，她的这种饮食习惯会通过神经在胎宝宝的大脑里留下深刻的“印象”，导致未来宝宝在吃东西时也会偏食。因此，准妈妈尽量不要偏食，喜欢吃的可以多吃点，不喜欢的也要适量吃些。

①明明亮亮，又平又光，谁来看它，跟谁一样。(打一用具)

②大碗长着俩耳朵，比碗盛得多得多，不怕水，不怕火，爱在炉台上面坐。(打一用具)

【答案在359页】

准妈妈要坚持均衡饮食

饮食均衡不仅是准妈妈和胎宝宝健康的保证，而且这将对宝宝日后的饮食习惯起到很好的引导作用。食物宜粗细搭配，常吃蔬果。最好少吃动物脂肪，减少盐的摄入量，日常饮食以清淡为佳，忌吃咸菜、咸蛋等腌制食品。

欣赏《杜鹃圆舞曲》

《杜鹃圆舞曲》之所以能成为一首雅俗共赏的器乐小品，正是因它的题材完全来自于自然。作者把杜鹃的啼鸣声融进了舞曲的旋律中，除了摹写自然的音符外，没有人为的做作。乐曲干干净净，清新自然。听这曲子，让我们找到了兴奋和快乐的理由。

整首乐曲欢快清新，特别适合在刚刚睡醒的早晨倾听。那跳跃的旋律犹如杜鹃在歌唱，它以轻快、活泼的节奏和清新、流畅的旋律，描绘了一幅生机盎然的景象。

杜鹃圆舞曲

作曲：约翰·埃曼努埃尔·约纳森

（反复时高八度）

mf dolce

对胎宝宝进行英语启蒙

从现在起到宝宝出生是进行英语胎教的黄金时期，英语胎教启蒙有助于使胎宝宝将来成为语言学方面的人才。

准妈妈可以讲一些很简单的英语，例如：“This is Mommy .”“It’s so nice day .”“Let’s go to park .”“That is cat .”将自己看见、听见的事情，用简单的英语对胎宝宝说一说，让胎宝宝对另一门语言也有一个最初的印象。

事实证明，在胎儿期接受过英语启蒙教育的孩子，将来他们的发音较好，语感也比没过受过启蒙的孩子要好。

欣赏名画《西斯廷圣母像》

《西斯廷圣母》为拉斐尔“圣母像”中的代表作，它以甜美、悠然的抒情风格而闻名遐迩。

画面表现的是圣母抱着圣子从云端降下，两边帷幕旁有一男一女，身穿金色锦袍的男性长者乃教皇西斯克特，他向圣母、圣子做出欢迎的姿态。而稍作跪状的年轻女子乃圣母的信徒渥娃拉，她虔心垂目，侧脸低头，微露羞怯，表示了对圣母、圣子的崇敬和恭顺。位于中心的圣母体态丰满优美，面部表情端庄安详，秀丽文静，下方的两个小天使睁着大眼睛仰望圣母的降临，稚气童心跃然画上。

欣赏画作时，能让人感受到母爱的幸福与伟大，这一切将使你的心灵仿佛受到了洗礼、净化和提升。画作中的美能通过准妈妈传递给胎宝宝，开发胎宝宝的艺术潜能。

①屋子方方，有门没窗，屋外热烘，屋里冰霜。

②两只小口袋，天天随身带，要是少一只，就把人笑坏。

③一个老头，不跑不走；请他睡觉，他就摇头。

【答案在359页】

腹式呼吸，让你“孕”轻松

腹式呼吸能加快母体的血液流动，给胎宝宝提供充足的营养。生产时，腹式呼吸对的阵痛也有缓解作用。现在，准妈妈就开始练习腹式呼吸吧!

练习方法：端坐在椅子上，背部挺直紧贴椅背，竖直膝盖，让小腿与地面垂直。全身放松，双手轻放在腹上，然后用鼻子吸气，直到腹部鼓起为止；吐气时稍微将嘴撅起，慢慢地将体内的废气全部吐出。

吐气时要比吸气时更为缓慢且用力，且需要经常练习，每天最好练习3次，早、中、晚各一次。

阳光“进补”，准妈妈很需要

阳光是大自然慷慨赋予人类的宝贵礼物，它不仅给我们带来了光和热，而且阳光中的紫外线还能使人体生成维生素D，进而促进重要元素钙的正常吸收。因此，准妈妈可以在天气好的时候来个日光浴。在沐浴阳光的同时，还可以和胎宝宝进行交流，比如一边晒太阳，一边和腹中的胎宝宝聊天：“宝贝，今天的天气真好，我们正在公园里晒太阳，你听到鸟儿唱歌了吗”，等等。

需要提醒的是，准妈妈晒太阳时，要选好时间，至于具体什么时候晒，应根据季节、天气以及每个人的具体情况来灵活安排。如果在夏天，每天阳光都很强烈，就不用专门晒太阳，只需要在树荫下走动走动，散射下来的阳光就足以满足准妈妈的需要了。

特别提示

准妈妈适当晒太阳是必要的、有益的，但过多进行日光浴则不利。每天在非直射的太阳下，日光浴1小时即可。

孕28周最佳胎教方案解析

这些饮料，胎宝宝不喜欢

五颜六色的饮料是女性朋友喜欢的东西，因为饮料不仅色彩诱人，而且非常好喝。但怀孕后，准妈妈就要注意了，不是所有的饮料，胎宝宝都喜欢。以下，列举几种不适合准妈妈喝的饮料：

碳酸饮料

碳酸饮料中含有大量的二氧化碳，容易引起打嗝、胃胀气。尤其在进入人体后可形成碳酸根，与体内的钙元素结合形成碳酸钙，造成人体的钙流失。准妈妈本来就需要补钙，钙流失会引起骨质疏松，对胎宝宝的骨骼发育也会有很大的危害。

果汁饮料

市售的果汁饮料一般会含有添加剂、食用色素和香精，这些成分对普通人没有危害。但准妈妈应慎重选择，尽量不喝或少喝这些饮料。

功能性饮料

一般来说，功能性饮料是在水里加入了维生素、葡萄糖、矿物质、电解质、赖氨酸等，有的还有咖啡因、牛磺酸等成分，这些成分有一定的抗疲劳和适量补充钙、钾、矿物质等作用。虽然功能性饮料里面有这么多营养成分，但它始终不能代替主食、水果、蔬菜中的营养，更不能代替水，因为它的营养成分不易被准妈妈吸收。

另外，由于某些功能性饮料含有咖啡因，会刺激中枢神经，所以，准妈妈最好少喝或不喝。

准妈妈的情绪，也在影响胎宝宝

准妈妈的情绪过分紧张、极度疲劳、腹部的压力过重以及外界的强烈噪声等，都可使胎宝宝躁动不安，产生剧烈胎动。胎宝宝长期不安，可导致体力消耗过多，从而影响胎宝宝的健康发育，甚至影响到胎宝宝出生后生理、心理及智力的发育，如胎宝宝出生后体形瘦小、虚弱、体重较轻、躁动不安、喜欢哭闹、不爱睡觉等。

当准妈妈情绪不安时，胎动次数会较平时多3倍，最多可达正常的10倍。如胎宝宝长期不安，体力消耗过多，出生时往往比一般宝宝体重轻400～1000克。如有的准妈妈与人争吵后3周内情绪不好，在此期间，胎动次数会较之前增加1倍。

为了下一代的健康成长，希望准妈妈平时要保持乐观情绪，遇事不急不躁，要避免不良情绪给胎宝宝带来的不利影响。

欣赏名曲《B小调第一钢琴协奏曲》

《B小调第一钢琴协奏曲》以新颖明晰的素材，表达了作曲者对光明的向往和对生活的热爱，曲调中充满了青春与温暖的气息。如果反复倾听那些小提琴与钢琴的合奏、有力的和弦、钢琴的伴奏及生动活泼的快板，就会觉得这支乐曲既像是波涛起伏的大海，又像是和煦扑面的春风，好似灿烂的阳光铺满了大地，让人感受到生活的美好。当腹内的胎宝宝接受了准妈妈美好的心理信息以后，胎宝宝也会与准妈妈产生同感。

欣赏时注意调整好音响的音量，并随时观察腹中胎宝宝的反应，通过准妈妈的感受尽量带胎宝宝去体会那份让人迷醉的“空灵”。

①身穿大皮袄，野草吃个饱，过了严冬天，献出一身毛。

②一个小姑娘，生在水中央，身穿粉红衫，坐在绿船上。

③颜色白如雪，身子硬如铁，一日洗三遍，夜晚柜中歇。

【答案在359页】

准妈妈讲故事《年轻人的财富》

有个年轻人整天抱怨自己太穷，什么财富都没有。

一个老石匠从他家门口路过，听到了他的抱怨，就对他说：“你抱怨什么呀？其实，你有最大的财富！”

年轻人惊讶地问：“我有什么财富？”老石匠说：“你有一双眼睛，你只要献出一只，就可以得到你想要的任何东西。”年轻人说什么也不献。老石匠又说：“让我砍掉你的一双手吧，你可以得到许多黄金！”年轻人更是不能同意了。老石匠说：“现在你明白了吧，人最大的财富是他的健康和精力，这是用多少钱都买不到的。”

这个故事告诉我们：健康的体魄和旺盛的精力，是人的最大财富。

准妈妈多看有益启智的书籍

书籍是通向智慧之城的最佳途径，它通过增加人的知识面、扩大人的眼界、提高人的修养而增长人的智慧，准妈妈多看些好书还能获得不少乐趣。

从胎教的角度出发，准妈妈宜选择一些趣味高雅，给人以知识的启迪、使人精神振奋、有益于身心健康的书籍。因此，准妈妈的阅读内容宜选择那些名人传记，名人名言，优美的抒情散文，著名的诗歌、游记，有趣的童话故事，艺术价值高的美术作品，有关胎教、家教、育婴知识的书刊杂志，也能让准妈妈从中获得知识和力量。

准爸爸，胜任助教一职

做妻子的贴心人、守护神

妊娠期间，准爸爸应承担更多的责任，处理好夫妻之间的矛盾，与妻子共同分担妻子所承受的压力。家务琐事很繁重，生活中夫妻也少不了有矛盾。准爸爸应甘做“家庭妇男”，抢着做家务。夫妻双方应互相尊重，互相理解，耐心倾听对方的意见，理智地、心平气和地对待彼此间的分歧。在某些问题上意见不一致时，准爸爸要控制情绪，切忌让准妈妈激动。这样，便可减少夫妻之间的争执。

同时，准爸爸要陪着妻子定期去医院做产前检查。在一切都正常的情况下，逐步开始为妻子将来的分娩做准备。现在正处于怀孕的稳定期，准妈妈的活动还比较方便，准爸爸可以多陪妻子出外散步，或一起去购物中心为宝宝采购必需品。

切记，不可在人流高峰期和准妈妈挤乘公交车，也不可带准妈妈去人多拥挤的地方买东西。孕期已过一大半了，千万不能一时疏忽而造成无法弥补的损害。

这一时期，准妈妈腹中的胎宝宝也较安静，作为准爸爸，千万不可忘了每天和孩子的功课。要努力营造一个最佳的胎教环境，和准妈妈一道做好每一次胎教。如妻子平卧时，可诱导胎宝宝在“宫中”活动，妻子进餐时，可模拟给胎宝宝喂饭等，这些都可以通过准妈妈对胎宝宝起到积极的、潜移默化的作用。

特别提示

准爸爸不要忘了对准妈妈的赞美，因为你简单的一句话，也许就能让准妈妈开心一个上午。所以，准爸爸千万不要吝啬你的赞美呀!

细微之处，更有心

孕期的妻子，容易多愁善感，常常会莫名其妙地欢喜或忧郁。准爸爸要多从细微处关爱准妈妈，一举一动都要充满真情。

好爸爸会搀扶

准妈妈肚子越来越大，身体重心也发生了变化，在下楼梯的时候极有可能踩空。由于子宫的增大，有可能压迫到坐骨神经，坐下、起立对于准妈妈来说，有时会变得非常困难，尤其是在久坐的情况下。准爸爸有力的臂膀是妻子此时最大的帮助，随时随地搀她一把，让她因为有你而感觉到安全舒适。

帮妻子穿衣系鞋带

有些孕妇装，特别是孕妇裙都在背后有个拉链，行动越来越“笨”的准妈妈想要自己拉好拉链还是挺吃力的，系鞋带也同样有难度。有心的准爸爸这时如能主动上前帮妻子的忙，一定会让她心情大悦。关键是要主动，别总是等着妻子要求你做时才动身。

孕7月，准爸爸备忘录

马上就要进入孕晚期了，应避免长期外出和旅游。除此之外，丈夫应在下列细节上关心妻子、提醒妻子。

- 乳头经护理后仍有内陷，应与医生认真沟通，采取更为有效的措施。
- 再查一次血色素，如果含量低应及时纠正。
- 夫妻双方均需检查双方血型，血型不和者要定期做血清抗体效价测定。
- 血型为Rh阴性的准妈妈，还需检查丈夫的Rh血型。如果丈夫为Rh阳性，准妈妈还需检查自己血液中Rh抗体效价。
- 睡眠或躺卧位时应取左侧卧位。
- 要多去户外散步、活动，但必须时时注意安全。

孕8月，不甘寂寞的小宝贝

孕8月，是胎宝宝性格形成的重要时期。因此，准父母在胎教中应该注意胎宝宝性格方面的培养。

另外，研究表明，此月份的胎宝宝能通过声音的波长和频率，产生直接的记忆，接受准妈妈的情感。所以，这个时期可谓是胎教的“尖峰时刻”。准爸爸、准妈妈一定要把握住这段时间啊！

8月孕情跟踪

胎宝宝的动作更有力

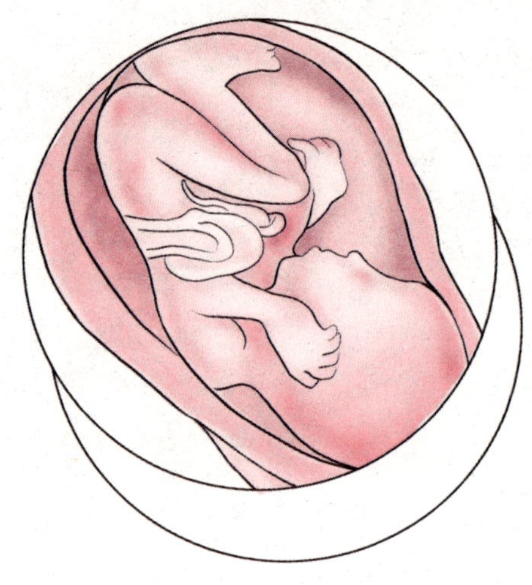

妊娠第8个月，胎宝宝的眼睛时开时闭，头上长出了胎发，皮肤的触觉功能基本发育完全了。这时胎宝宝看起来较胖，他正在为与妈妈相见而努力成长呢！

胎宝宝经过8个月的发育，体重已达1500克左右，身长已至40～44厘米。迅速成长的胎宝宝身体，紧靠着子宫。一直自由转动的胎宝宝，到了这个时期，位置也固定了，由于头重，一般自然会头部朝下。肌肉和神经的发育也基本完成了，运动也很灵活。用脚踢准妈妈腹部的力量也变大了，可以从准妈妈的肚子上看到胎宝宝的动作。

听觉方面，除能分辨节奏、声音的高低和强弱，对日常生活中的各种声音都会有反应。似乎也能区别母亲与父亲的声音，并加以记忆。假如突然听到类似玻璃破碎声音，胎宝宝不仅会吓一跳，而且会做出想抓东西的动作。

准妈妈如果对胎宝宝温柔地说话，胎宝宝也会有所反应。这是因为胎宝宝大脑发达，心灵和意识萌芽，对喜欢或讨厌的声音都会有所反应。

胎宝宝的视觉也开始形成，借由准妈妈的脑部可以感觉到白天与黑夜的不同，而且也产生了味觉。当准妈妈空腹的时候，胎宝宝会不断吸吮指头，做张口想吃东西的动作。大部分的反应已经和新生儿几乎完全相同。

大腹便便的准妈妈

准妈妈的腹部高高隆起，身体越来越笨重，行动更加不方便。这时应更加注意安全，预防早产，每2周做一次产检，减少外出和运动。

胃部受子宫压迫产生心悸、恶心、腹胀等；皮肤变得敏感，傍晚易有下肢水肿现象；劳累时，会出现轻微的子宫收缩；静脉因回流压力大而产生静脉曲张。

子宫增大

子宫体积继续迅速增大，子宫底的高度已达肚脐和剑突之间，尺测耻骨联合上的子宫长度为29厘米左右。

皮肤变化

因受激素水平变化的影响，有的准妈妈会出现黄褐斑或雀斑，耳朵、额头周围也会出现斑点。乳头周围、下腹部、外阴部颜色也越来越深。

重心后移

准妈妈挺起的肚子，使重心后移，渐渐成为习惯，而身体稍微前倾都会感到异常困难。

乳房隆起

乳房高高隆起，乳房、腹部及大腿部皮肤上的一条条淡红色的条纹逐渐增多。

准妈妈充满期待

到了妊娠第8个月，准妈妈身体笨拙，行动受到限制，有的准妈妈就不愿再坚持胎教了。这时，如果丈夫发现妻子对胎教虎头蛇尾，就要鼓励妻子坚持下去，激发妻子的热情。同时，丈夫还要身体力行，积极参与到胎教中，与妻子每天一起进行胎教，用自信和持之以恒的精神把胎教进行下去。

由于离生产的日期越来越近，准妈妈对分娩既充满期待，又心存焦虑。既希望早日和自己的小宝宝见面，又担心分娩中会出现异常情况，现在的准妈妈大多为初产妇，这种心理较为普遍。为了缓解这种心理，一方面家人要更加关心、体贴准妈妈，鼓励她树立信心和勇气，消除不必要的顾虑，消除对分娩的恐惧心理，以最佳的状态迎接宝宝的诞生。

孕8月，准妈妈日常保健细则

每两周产检1次

妊娠晚期的检查非常重要，因为越接近预产期，越容易发生各种并发症，必须遵医嘱按期检查，以便及时得到医师的指导和监护。

定期进行产前检查，按时接受孕期卫生知识教育，积极准备临产前各种准备工作。

如果准妈妈身体没有大的问题，从妊娠第8个月开始就应每2周做1次产前检查。这个月的检查内容与过去相似。医生会检查准妈妈是否患有妊娠期糖尿病、妊娠高血压综合征，还会检查肾脏的功能是否正常。准妈妈如果有下列症状一定要去医院：阴道出血、剧烈的疼痛以及发烧。

妊娠第32～第36周，需要进行第3次超声波检查，主要是了解“胎宝宝有多重？有多长？”超声波检查结果可以估计出胎宝宝的体重和身高，尽管有可能存在一定误差。

胎宝宝的胎位关系到能否正常顺利分娩。通常胎宝宝都是头部朝下，脸部朝向你的脊柱，背部朝腹壁。医生会检查胎盘的位置，胎盘一般位于上部。

另外，凡年龄在30岁以上的准妈妈，或年龄不足30岁，但有糖尿病家族史、尿糖阳性、肥胖、慢性高血压、羊水过多，既往有胎宝宝死亡、原因不明早产、多次流产、胎宝宝过大的准妈妈，都应做空腹尿糖测定。

呼吸沉重的解决之道

孕晚期，85%以上的准妈妈说话时都有点上气不接下气，而且呼吸声也开始沉重起来。这是因为随着子宫的增大，准妈妈的膈肌下移受限胸廓活动相应增加，并以胸式呼吸为主造成的。

由于子宫位置渐渐靠上，势必对胸腔和腹腔内各器官形成压迫。解决这个问题的最有效而简单的方法就是少食多餐，把原来的一顿饭分成三小顿，呼吸困难的问题就会缓解不少。另外，热爱运动的你到了这个阶段该相应减少运动量，避免给肺脏再增加负担。

特别提示

这段时间里，准妈妈的呼吸频率基本不变,但每次呼出和吸入的量却在渐渐增加，每分钟通气量平均增加3升，所以会感到压力重重。

孕晚期性生活须知

妊娠晚期（妊娠第8～第10个月），尤其孕8月时，胎宝宝已逐渐长大，子宫平滑肌很容易发生收缩，此时过性生活，要警惕早产。尤其是在产前的1个月，应严格禁止性生活。孕8月之后应减少性生活次数，从妊娠第9个月开始禁止性生活，但若准妈妈身体状态较好，胎象稳定，也可以从妊娠第10个月再禁止性生活。总之，在妊娠晚期，一定要谨慎，最好禁止性生活。采取夫妻分床睡是较科学的。妊娠晚期性生活必须注意：

适宜这个时期的性交姿势是丈夫从背面抱住准妈妈的后侧位，这样不会压迫准妈妈的腹部，也会减少准妈妈的运动量。

防止细菌感染。孕晚期，阴道会分泌大量的碱性分泌液，使阴道内乳酸菌活性减弱，有害细菌如大肠杆菌或其他化脓性细菌，易侵入引起炎症。

在妊娠晚期，阴道壁非常柔软，极易损伤，若性交时动作剧烈，就有可能损伤阴道壁，造成阴道黏膜下血管破裂出血。孕36周以后，因性交而导致早产的可能性极高。这个时期对准爸爸来说，是必须忍耐的时期，最好能多给准妈妈温柔的拥抱和亲吻。

胎位不正的解决方案

胎宝宝在子宫内的正常姿势应该是头位，即头部朝下臀部朝上，分娩时头会先娩出；相反则为臀位，分娩时臀部先露出。由于胎宝宝的头部比臀部大，如果分娩时先娩出臀部，头部再要出来就很困难了，会造成难产。因此胎位正常与否十分重要，它关系到分娩能否顺利进行。

在孕28周前，胎宝宝尚小，羊水相对较多，即使胎位不正大多也能自行转正。但若在孕30周后仍胎位不正，就要在医生指导下进行胎位矫正了。

膝胸卧位

胸膝卧位法适用于孕30周后，胎位仍为臀位或横位的准妈妈。准妈妈双膝及前臂支撑在硬板床上，大腿与床面垂直，胸部贴近床面，和膝盖在一条直线上。双手下垂于床两旁或者放在头两侧，形成臀高头低位。

如果准妈妈没妊娠期心脏病或妊娠高血压综合征，每天早上起床和晚上临睡前各做1次，每次10～15分钟，连做7天。

甩臀法

适合在妊娠第30～第32周锻炼。

准妈妈双足分开直立，双手扶桌沿，双膝和臀部顺胎头方向做规律性旋转15分钟，接着使胎宝宝背部朝上侧卧30分钟。即胎臀在母体左前方时做顺时针旋转，并向右侧卧位。胎臀在母右前方时做逆时针旋转，并向左侧卧位。每日早晚各练1次，7日为1个疗程。甩臀运动有助于使较重的胎头向下转。

反屈姿势法（仰卧垂足位）

准妈妈松开裤带仰卧床沿，双下肢下垂，足不着地，肌肉放松，在腰部垫两个枕头，使之抬高20～30厘米，呈腰部高、头足低的反屈姿势。每日1次，每次10～15分钟，饭前做，7日为1个疗程，宜在孕妊娠第30～第34周纠正胎位。

艾灸至阴穴

艾灸至阴穴也可帮助矫正胎位，可配合胸膝卧位法一同做。矫正胎位时，准妈妈采取坐位，脚踩在小凳子上，松开腰带，用点燃的艾条灸至阴穴（双侧脚小趾外缘）。这样，可兴奋大脑的内分泌系统，使雌激素和前列腺素分泌增多，促进子宫活动，从而使胎宝宝转动。每天1次，每次15～20分钟，1周后进行胎位检查。

需要注意的是，准妈妈如果出现阴道流水、阴道出血、腹痛或胎心突然改变时，应停止以上各运动。

侧卧位矫正法

侧卧位适宜于横位和枕后位，具体做法是：侧卧时可同时向侧卧方向轻轻抚摸腹壁，每天做2次，每次10～15分钟。

经过以上方法矫正，仍不能转为头位，需由医生进行胎位纠正术。若至临产前胎位还不正常就难以自然分娩，要提前住院，由医生决定适合的分娩方式。

预防胎宝宝宫内缺氧

临床研究证实，胎宝宝缺氧是导致胎死母腹、新生儿疾病或夭折及儿童智力低下的主要原因。不过，缺氧的胎宝宝早期会发出“求救”信号，以引起准妈妈的注意。

胎动是胎宝宝正常的生理活动，如果一个原本活泼的胎宝宝突然安静，或一个原本安静的胎宝宝突然躁动不安，胎动低于10次/12小时或超过40次/12小时，则有可能是胎宝宝宫内缺氧。这是胎宝宝为了降低氧的消耗或缺氧影响中枢神经所致。

正常的胎心是规律而且有力的，每分钟120～160次，如胎位正常，在准妈妈下腹的左侧或右侧即胎背所在的一侧，准爸爸可借助简单的工具听到胎心音。胎动减少前，会出现胎心过速，若超过160次/分，为胎宝宝早期缺氧的信号；胎动减少或停止，胎心少于120次/分，则为胎宝宝缺氧晚期。听胎心音的位置可请医生指示。

准妈妈一旦捕捉到以上异常信号，应及时去医院确诊并治疗。

特别提示

缺氧后胎宝宝的生长也会迟缓。胎宝宝生长情况可以测量子宫底高度得知。正常情况下，妊娠28周以后，应每周增加1厘米左右。如果持续2周宫高不增长，应进一步检查。

应对措施

- 寻找其生长迟缓的原因，在排除胎宝宝畸形后，积极治疗妊娠高血压综合征、肾炎、原发性高血压等引起生长迟缓的产科并发症。
- 加强准妈妈的饮食营养，保证热量的摄入，必要时进行高营养治疗。可以给准妈妈静脉输葡萄糖、维生素C、能量合剂、复方氨基酸及扩张血管的药物，以改善微循环，改善胎宝宝的营养状态，纠正其营养障碍。
- 准妈妈应增加卧床时间，取侧卧位以保持胎盘有较多的血液供应；同时准妈妈每天定期吸氧，每日2～3次，每次半小时至1小时，以提高准妈妈的血氧浓度。

适当家务，利顺产

孕晚期，准妈妈不能太劳累，充分休息非常重要，但如果彻底静养，也不可取。因为这不仅不利于养胎，也无益于顺产。健康准妈妈在妊娠最后两三个月，适当运动不但可以调节体重，而且能锻炼肌肉，为顺产创造条件。

随着妊娠月份的增加，以前所做的运动可能已经不合适了，那么认真地做一些简单的清扫、洗涤、或收拾小物件等家务可以改善运动不足的状况。不过，准妈妈不要进行清扫浴室、叠被、提重物、拖地等需要弯曲身体的家务活。另外，可能会给腹部带来压力的日常动作，也必须小心谨慎。比如上下楼梯时，应在家人的搀扶下或者扶着栏杆慢慢移动。

夜间失眠的自我调节

造成怀孕最后几个月夜间醒来的原因很多，睡眠周期的改变，会使准妈妈出现更多快速动眼期的浅睡眠，也就是做梦较多，较容易苏醒的状态。同时，子宫变大会让准妈妈难以入睡，子宫向上压迫到胃引起胃部灼热，向下压迫到膀胱，使准妈妈夜间频繁地跑厕所。而且就算变大的子宫不会造成准妈妈半夜醒来，肚子里的小房客也会让你不得不醒来。有时候你醒来只不过为了翻个身，移动身体换个舒适的睡眠姿势。大部分的准妈妈都认为侧睡，用枕头垫着肚子最舒服。

如果胃里灼烧得厉害，试试用几个枕头微微垫高上身来改善一下。不要忘了在白天尽量多找机会小睡片刻，以补充夜晚睡眠的不足。另外，在床边准备一瓶果汁或水，半夜口渴的时候可以随时喝一点儿。

准妈妈也可以自我摸索出一种适合自己、能帮助自己入睡的方法，比如，睡前翻几页轻松的读物，做些缓和的放松运动，洗个温水澡，在两腿间夹一个枕头等。

日常起居，需注意

一定要警惕小心，因为这段时间很容易出现早产，准妈妈应注意：

- 监测胎动，每天早中晚各监测1小时，三次数字相加乘以4即为12小时的胎动数，正常的每天胎动次数应在30～100次之间。若胎动次数每小时低于3次或比前一天下降一半以上，说明胎宝宝在宫内有缺氧现象。

- 为了防止以后哺乳时乳头皲裂，准妈妈需要经常擦洗乳头，然后涂一层油脂。对哺乳充满自信的心态是产后母乳喂养成功的基本保证。

- 特别要注意预防便秘，多吃纤维素含量高的食物，如莴苣、芹菜。每天做些轻量的运动，早餐前喝杯开水。

如何避免小便失禁

如果你觉得尿失禁让人受窘，可使用卫生巾或卫生护垫，并做骨盆放松练习，有助于预防压力性尿失禁。锻炼方法为四肢着地呈爬行状，背部伸直，收缩臀部肌肉，将骨盆推向腹部，并弓起背，持续几秒钟后放松。如有早产的可能，锻炼前应征求医生的意见，注意避免过于激烈的运动。

有些准妈妈为避免压力性尿失禁所带来的尴尬而少喝水，这是不对的。减少水分的摄取只会导致更大的麻烦——便秘。另外在怀孕期间，准妈妈体内的血容量增加了1倍，所以要摄取大量水分，每天至少需要喝6杯水，以供给血液循环和消化系统，才能保障准妈妈的健康。

但这里要特别指出的是，如果你在尿频的同时伴有尿急、尿痛、尿液浑浊，则是异常现象，应及时请医生检查，最常见的疾病是膀胱炎。查明原因，及时治疗，可以防止炎症上行引起急性肾盂肾炎。

女性在怀孕期间身体和感觉会改变很多，因此在怀孕之前应该充分利用时间运动，保障身体健康，尤其是对盆底肌肉的锻炼。这样不仅可以在孕期减少压力性失禁的发生，而且有助于减轻分娩时的痛苦，缩短产程。同时也可以预防产后因阴道松弛而产生的一系列疾病，有助于恢复阴道良好的弹性和收缩力，对产后恢复与伴侣的亲密也是很有好处的。

为顺产，早准备

因分娩时间过长或出血过多而威胁母体和胎宝宝的情形为难产。要避免难产，在孕期就要做好准备，合理安排孕期生活。具体来说，要避免难产可以从以下几个方面做起：

做顺产体操

产妇太胖或太瘦，身材矮小，体质柔弱，对分娩的情况一无所知，惶恐不已，运动不足等都易发生难产。做些有利于顺产的体操可以降低难产发生率。

做呼吸练习和运动锻炼

掌握正确的呼吸方法可以帮助顺利分娩。运动锻炼可以增强腹肌、肛提肌和膈肌等的力量，有利于顺利分娩。

定期进行产前检查

一般来说，妊娠第3～第7个月，每月检查1次，7个月后，每半月检查1次，临产前2个月，每周检查1次。通过定期检查，可以明确胎宝宝健康状况，为顺产做好准备。

特别提示

准妈妈体重急剧增加很容易导致难产，因为体重骤增会增加心脏负担，引起高血压，还可能引发妊娠高血压综合征。妊娠中准妈妈的肥胖程度越严重，生产出巨大儿的几率就越高。

消除紧张情绪

如果精神紧张，肌肉也会随之紧张，哪怕很小的疼痛也会感受到。准妈妈应努力消除紧张，保持轻松。如果没有心理准备，就可能因紧张而导致难产。

孕29周最佳胎教方案解析

孕8月胎教重点早知道

进入妊娠第8个月，胎宝宝的大脑发育日渐成熟，其听觉和意识能力都已经比较完善，理解能力和记忆能力也更好。可以说，这个时期对其进行胎教训练，胎宝宝几乎能完全接受，所以，妊娠第8个月也是胎教的黄金时期。

语言胎教

此时，胎宝宝已经是一个能听、能看、能“听懂”话、能理解父母的有生命、有思想、有感情的小人儿了。准父母深情的呼唤和谈话，会使胎宝宝聚精会神地倾听。所以，准爸爸和准妈妈一定要加紧与胎宝宝之间的语言沟通与交流。

音乐胎教

到妊娠第8个月时，胎宝宝连接大脑的神经回路更加发达，这时准妈妈的腹壁和子宫壁也变得更薄，所以，胎宝宝更容易听到外界的声音。而且，此时的胎宝宝可以区别声音的差异，对声音的强弱、旋律的变化都能做出不同的反应。

情绪胎教

准妈妈的焦虑情绪引起了自身生理上的某些变化，而这些变化可导致胎宝宝胎动的频率和强度倍增。胎宝宝这种过度的活动可导致体力消耗增多，从而影响胎宝宝的健康发育。所以，在这最后几个月里，准妈妈更要注意控制自己的情绪。

营养胎教

在妊娠的前7个月里，胎宝宝不断地从准妈妈体内吸收营养，准妈妈体内的各种营养不但要供给自身之需，还要保证胎宝宝的生长发育。随着胎宝宝的发育，他对营养的需求量与日俱增，因此，补充必要的营养是准妈妈的当务之急。

期待宝宝的大眼睛

宝宝有一双明亮的大眼睛，是每一对父母的愿望。有谁不希望自己的宝宝聪明又漂亮呢？下面介绍的这几种食物能促进胎宝宝眼睛发育的，准妈妈不妨多吃一点儿。

富含维生素A的食物

维生素A是合成视紫质的重要原料，而视紫质是一种感光物质，存在于视网膜中。富含维生素A的食物有鱼类、动物内脏、蛋黄、牛奶、胡萝卜、苹果等。

富含α-亚麻酸的食物

α-亚麻酸是组成大脑细胞和视网膜细胞的重要物质，它能促进胎宝宝和新生儿大脑细胞发育，提高胎宝宝和新生儿的智力和视力。富含α-亚麻酸的食物有坚果、核桃等。

富含B族维生素的食物

B族维生素中维生素B_1和维生素B_2是视神经的营养来源之一。动物肝脏、肉类、豆类、花生、坚果中含有丰富的维生素B_1，猪肉、鸡肉、鳝鱼、海带、紫菜中含有丰富的维生素B_2。

准妈妈不孤独，胎宝宝多快乐

进入孕晚期，准妈妈不再喜欢身边热闹地围绕着一大堆朋友，而只愿意与几位闺中密友来往。无论个性多么活泼外向，在这个时候，准妈妈大多数会躲在家中不愿外出，把自己封闭起来。孤独感如不及时引导，往往会影响准妈妈的身心健康，从而影响到胎宝宝的健康发育。

当准妈妈一个人待在家里时，不妨听听音乐、读一读优美的文学作品，在感觉疲倦时就躺下休息一会儿。千万不要总是沉浸在孤独之中。

《乌鸦喝水》唤起儿时的记忆

准妈妈睡觉之前躺在床上，可以用娓娓动听的声音给胎宝宝讲《乌鸦喝水》的故事：

一只乌鸦口渴了，到处找水喝。乌鸦看见一个瓶子，瓶子里有水。可是瓶子里水不多，瓶口又小，乌鸦喝不着水。怎么办呢？乌鸦看见旁边有许多小石子，就想出办法来了。乌鸦把小石子一个一个地放进瓶子里，瓶子里的水位渐渐升高，乌鸦就喝着水了。

这样的小故事短小精悍，准妈妈一边讲还可以一边问胎宝宝一些问题，以达到沟通和互动的效果。把胎宝宝当作你身旁的人儿一样对待，相信胎宝宝一定有兴趣听妈妈讲的故事。

多吃山核桃，更补脑

山核桃又名胡桃。山核桃的营养价值和药用价值都较高，100克山核桃仁可产生2803千焦热量，是同等重量粮食所产生热量的2倍。每千克山核桃仁的营养价值相当5千克鸡蛋或9千克鲜牛奶。山核桃仁中的不饱和脂肪酸含量高，有降低血中胆固醇的作用。山核桃仁中的磷脂具有增强细胞活力的作用，可使皮肤光滑细腻，促进造血和伤口愈合，促进毛发生长，提高脑神经功能，增强机体抵抗力。

准妈妈经常食用山核桃仁，可促进胎宝宝骨骼、毛发和脑细胞的生长发育，还可预防妊娠高血压综合征的发生。

山核桃仁虽然补脑，但准妈妈也不宜多吃。每天吃3～4个山核桃，炒菜时适当减少用油量就可以了。

特别提示

孕晚期是胎宝宝的体重快速增加期，他的活动更频繁有力了，逐渐成熟的听觉、视觉让胎宝宝逐渐能感受外在的世界。孕晚期也是胎宝宝脑部发育的重要时期，准妈妈要抓住时机给胎宝宝补脑。

孕8月营养套餐特别推荐

营养早餐：豆浆1杯，香酥南瓜饼50克。

灵活加餐：蜂蜜雪梨汤1碗，小点心适量。

经典午餐：米饭1碗，萝卜干炖带鱼100克，孜然排骨50克，黄豆芽拌海带50克。

下午茶点：橙子1个，坚果适量。

爱心晚餐：米饭1碗，荸荠菜花虾仁羹100克，香脆白绿丝50克，松仁玉米50克。

准妈妈营养食谱精选

荸荠菜花虾仁羹

【原料】虾仁、菜花、荸荠各100克，草菇、胡萝卜各50克，鸡蛋1个，姜1片，高汤2碗，水淀粉2大匙，盐半小匙，香油、胡椒粉、植物油各适量。

【做法】

①虾仁洗净，加盐和香油腌渍，放入沸水中汆烫至熟，捞出来沥干水。

②将草菇洗净，投入沸水锅中汆烫熟透，捞出。将菜花洗净，掰成小朵，放入沸水中汆烫1分钟左右，过一遍凉水，捞出来沥干水。

③荸荠、胡萝卜分别去皮洗净，切片。鸡蛋打入碗中，沥出蛋黄，将蛋清打散备用。

④锅内加入植物油烧热，放入姜片爆香，加入高汤、草菇、马蹄、胡萝卜，大火煮2分钟左右。

⑤放入虾仁，加入盐，大火烧开，用水淀粉勾芡，加入菜花，下入蛋清，搅拌均匀，待锅内沸腾，撒上胡椒粉，淋上香油即可。

【营养功效】

这道虾仁羹味道鲜美，而且含有丰富的蛋白质、脂肪、维生素和多种微量元素，非常有利于胎宝宝的生长发育。

萝卜干炖带鱼

【原料】带鱼300克，萝卜干100克，蒜3瓣，姜2片，葱半根，料酒、醋、酱油各1大匙，白糖2小匙，花椒5粒，干辣椒3个，八角1粒，植物油、盐、鸡精各适量。

【做法】

①将带鱼洗净，切成3厘米长的段；萝卜干洗净切丁； 葱、姜、蒜洗净，葱切段，姜、蒜切片备用；干辣椒洗净切丝。

②锅内加入植物油烧热，将带鱼放入锅中稍煎，盛出备用。

③锅中留少许底油， 先放入花椒、八角、干辣椒丝爆香，再放入葱段、姜片、蒜片、萝卜干，翻炒均匀。

④加入酱油、醋、料酒、白糖、盐及少量清水烧开，放入带鱼，用小火焖煮。待汤汁快干时，加入鸡精调味即可。

【营养功效】

此汤含有丰富的不饱和脂肪酸，对胎宝宝大脑和神经系统的发育有很好的促进作用。具有补虚损、益胃气的食疗功效，准妈妈常食有利于增强体质和安胎。

孜然排骨

【原料】猪排骨（大排）500克，小葱1把（20克左右），大蒜3瓣，姜1片，豆瓣酱1大匙，酱油、冰糖各1小匙，植物油、孜然各适量。

【做法】

①将猪排骨洗净后，剁成3厘米长的段，投入沸水中汆烫至断生，捞出来沥干水。

②小葱择洗干净，切成段；大蒜去皮洗净，切片；姜洗净，切丝；豆瓣酱剁细备用。

③锅内加入植物油烧至六成热，加入冰糖炒化，放入豆瓣酱、蒜片、姜末，炒出香味。

④倒入猪排骨，加入孜然、酱油，翻炒至收汁，放入葱段，翻炒几下即可。

【营养功效】

这道菜富含优质蛋白质和钙、铁等矿物质，能为准妈妈补充孕期所需的蛋白质和能量。

孕30周最佳胎教方案解析

和胎宝宝一起回忆往事

准妈妈的声音是胎宝宝最为熟悉的，在醒着的大多数时候，胎宝宝都在倾听准妈妈的声音，为了满足胎宝宝的爱好，准妈妈不妨给胎宝宝讲讲自己儿时的趣事。

和胎宝宝一起回忆小时候

我们每个人都有小时候，那时候的我们无忧无虑，学习之余，唯一的任务就是和一帮小伙伴玩游戏。

小朋友们之间即使闹别扭了，也会很快就和好……每当想起这些事情，内心总是会有一种温馨和感动那么，试着和胎宝宝一起分享这些小快乐和小温馨。

边述说边遐想

在给胎宝宝讲你小时候的故事时，还可以回忆那时候让你记忆深刻的一些场景，重温一遍那时候的故事，你会发现小时候的生活是那么纯真、美好。

特别提示

准妈妈回忆小时候的事就会不知不觉产生的联想，述说时的温和语调，都会给胎宝宝带来良好的刺激。

邀请外婆或者奶奶一起分享

你还可以邀请宝宝的外婆或者奶奶，为你和胎宝宝讲一讲你或者老公小时候的事情。很可能你和胎宝宝都是第一次听到这些事情，这会给你和胎宝宝意外的惊喜。不过由于胎宝宝较熟悉你的声音，因此在和老人聊天的时候你不妨巧妙、适时地对胎宝宝重复一次谈话的内容，比如："宝宝，你听到了吗？奶奶说爸爸小时候可淘气了。"

折颗小星星，送给胎宝宝

幸运星是一种爱的寄语，很多人都会将自己亲手折的幸运星送给自己最爱的人，以寄托美好的愿望。作为准妈妈，从知道怀孕的喜讯那天开始，一天折一颗幸运星保存下来，放在玻璃瓶中，留到以后当礼物送给宝宝，相信他一定会很喜欢。

你需要准备一条彩纸，可以自己手工裁包装纸，也可以直接从礼品店购买。折幸运星步骤如下：

①准妈妈按照图中所示，用指头弯曲纸条。

②如图所示，将弯曲的纸条打成一个漂亮的结。

③然后轻轻的拉平，右边穿出的长度一定要适当，否则就得剪掉。

④然后将突出的那一段以五角形的角度折回，并翻转过来。

⑤随后将较长的那一边继续绕着星星折叠。

⑥绕到最后将多余部分剪裁掉，剩下的纸头别进去。

⑦最后用指头轻轻的挤压5个边，让星星鼓起来！

⑧经过这样的简单几步，幸运星就完成啦。

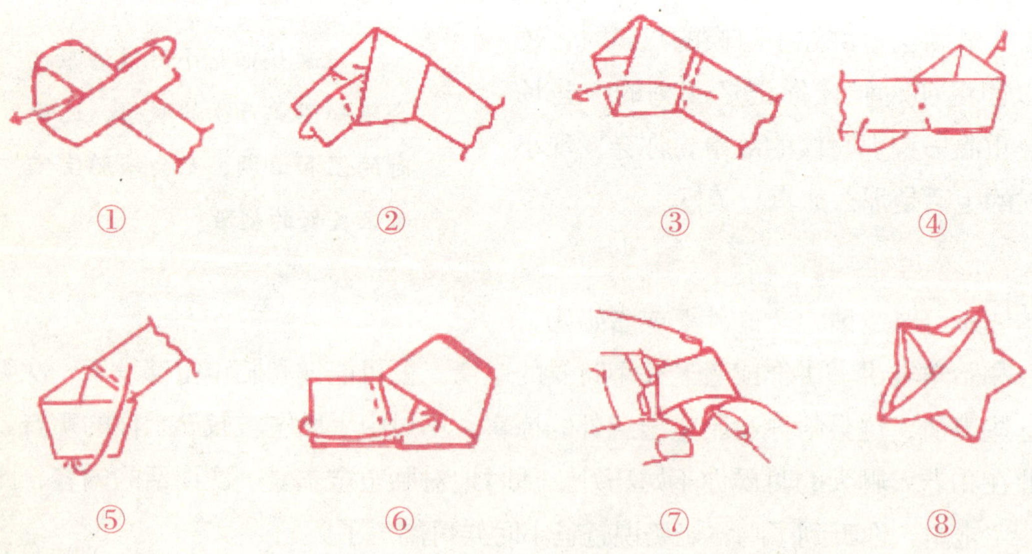

读古诗《春晓》

春眠不觉晓，处处闻啼鸟。
夜来风雨声，花落知多少。
(孟浩然)

在这首诗里，诗人孟浩然只选取了春天的一个侧面来进行景物描写。春天，有迷人的色彩，有醉人的芬芳，诗人都不去写。他只是从听觉角度着笔，写春之声：那处处啼鸟，那潇潇风雨。鸟声婉转，悦耳动听。加上“处处”二字，啁啾起落，远近应和，就更使人有置身春天鸟语花香中之感，有应接不暇之感。这首诗写出了诗人的感受，表现了诗人内心的喜悦和对大自然的热爱。

教胎宝宝学“唱歌”

虽然胎宝宝不能真正地唱歌，但毕竟有听觉，准妈妈应充分发挥自己的想象力，让腹中的胎宝宝随着准妈妈的音律和谐地唱起来。准妈妈可先练发音或简单的乐谱，每次唱歌都留出复唱时间，想象胎宝宝在跟着唱。

具体做法是：准妈妈或准爸爸采用练习音符发音，例如：“哆、唻、咪、发、唆、啦、西、蚪”，“蚪、西、啦、唆、发、咪、唻、哆”，反复轻声教唱若干遍，每唱完一个音符停顿几秒钟，就是胎宝宝复唱的时间。

准父母还可以选唱一些简单的乐曲。时间一长，音乐刺激可以在胎宝宝的大脑中构成记忆，奠定日后音乐的基础。

特别提示

准妈妈可以通过细腻和美的音乐语言，让胎宝宝感受到妈妈的爱，以唤起胎宝宝美好的情感。

孕妇瑜伽缓解腰背压力

孕晚期，准妈妈的腰背压力增大，更容易疲劳。下面的孕妇瑜伽动作能帮助准妈妈伸展脊柱，缓解腰背部的酸痛。

①两手贴墙，双腿分开与髋部同宽站立。

②呼气，弓背、低头。

③吸气时，伸展脊椎、抬头。

④休息，臀部下方放抱枕，小腿向外跪坐。

⑤向后躺在软凳上，放松呼吸。

练习要点：若感到不适，可增加臀部下方的抱枕数量。

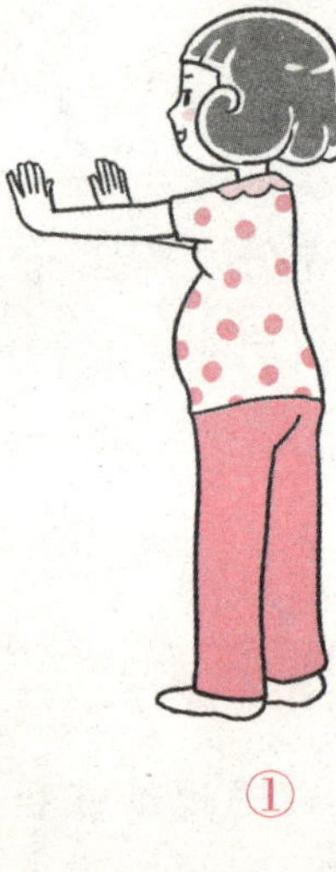

① 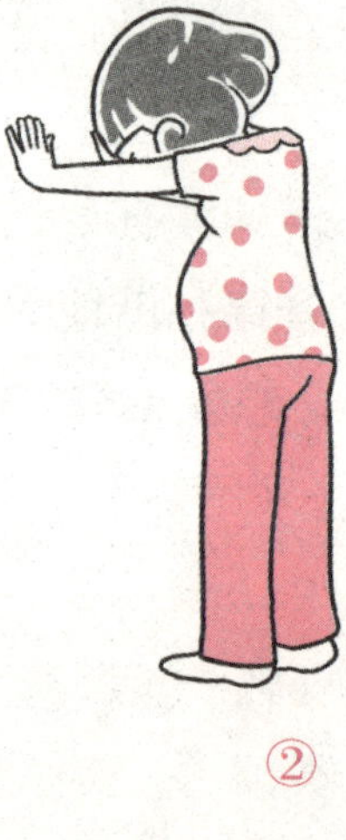 ② 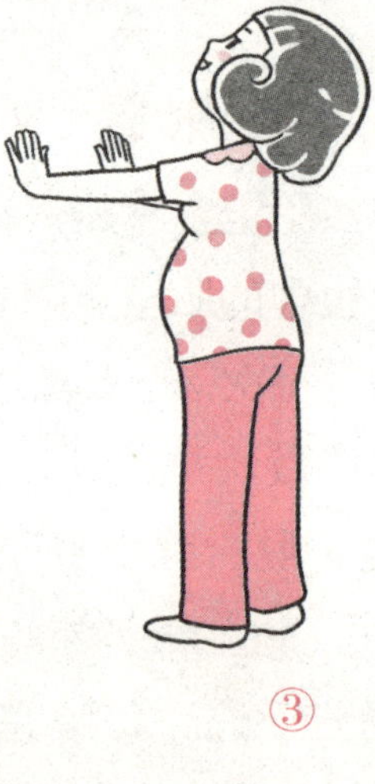 ③

④  ⑤

孕31周最佳胎教方案解析

准妈妈日常防晒的饮食调理

到了妊娠晚期，有些准妈妈脸上经常会出现斑斑点点，太阳一晒就会变得更多。为了避免皮肤色素沉着加深，防晒就变得十分重要了。如果准妈妈多吃一些具有防晒美容作用的食物，就可以免去不敢外出的烦恼。

感光食物要少吃

感光食物有一个共性，就是有感光因子。如果大量摄入，就会降低肌肤的抗晒能力，加速肌肤表面色素的沉着。

比较常见的感光食物主要有：柠檬、橘子、香菜、芹菜、胡萝卜等。这些食物里都含有感光因子，人食用后经阳光或强光照射，肌肤易出现过敏、发炎、色素沉着，会使妊娠斑变得更加明显。

防晒食物大盘点

五谷类：俗话说："吃得越粗，皮肤越细。"五谷类食物含有大量的B族维生素和维生素E，是帮助皮肤增强抵抗力及复原能力的重要营养素。

鱼肉：研究发现，一周吃3次以上的鱼肉，可保护皮肤少受紫外线侵害。经常吃鱼可以为人体提供一种类似于防晒霜的自然保护层。另外，鱼肉蛋白还有营养肌肤、美白肌肤的作用。

——小谜语

①身穿绿衣裳，肚里水汪汪，生的子女多，个个黑脸膛。

②不怕细菌小，有它能看到，化验需要它，科研不可少。

【答案在359页】

欣赏美文《瀑布与石头》

在我有声有色的风景里，你是还未被别人发现的瀑布，清高洁白。就是因为那样清高才跌得这样惨，白白把自己交给山谷，咕噜咕噜积成清潭，嬉玩自己激起的泡沫；潭受不了，推开你，你沿路淙淙流荡，最后只好把自己交给海，变成浪。

一大早，从暗处倾泻下来的阳光就缠着你不放，还制造影子，让你跳入；你怎样奋力都甩不开。阳光甚至嫌四周不够辉煌，还着色，更不合你透明的性格了。本以为入夜就可以免除这些干扰，偏偏月有时幽柔，下来照亮你的山歌。

你的山歌总是奔放，然而即使在晚上都唱不出什么名堂。

鸟曾来过。不能啄你的清高，也不能栖息在你的清白上，怎样重奏合唱都比不过你，你又吵得潭里无鱼。鸟不愿在长年不安定的树上造巢，飞走了。

风总是来。不能在总是冲动的你上面雕刻什么，又抱不走你；它一用力，你就和它挣扎不清。它若发怒挟雨而来，你淋久后也激动，竟不管下面已泛滥，还往下冲，你觉得很不英雄。

因为是水，跌不死，所以才总是那么壮烈。其实你并没有你自己，也不知是谁。水总在推，只好向前，向前，不能再向前时，只好嚷着向下跳。总是向下跳，无时间思考，你觉得没什么可赞美的。

在你无言的素描里，你拒绝是与世隔绝的瀑布。你宁可是无桥的溪中的一块石，硬不怕汹涌；不大，但从水面凸出给脚踏过。不稀罕什么雄伟，什么壮丽，也不计较是否被发现了。

（许达然）

许达然的文字中洋溢着理性的光彩和感性的温暖。质朴的文字、真实的情感，让人读来心中倍感温暖。那么，准妈妈不妨也试着将这份温暖传递给自己的胎宝宝吧。

用心将美传递给胎宝宝

妊娠第8个月时，胎宝宝已具有了初步的意识萌动。所以，此时可以为胎宝宝进行较抽象、较立体的美育胎教。美育胎教要求准妈妈通过听、看，体会生活中一切的美，将自己对美的感受输送给胎宝宝。

听：主要是指听音乐，这时准妈妈在欣赏音乐时，可选择一些主题明确、意境饱满的作品，比如贝多芬的《月光奏鸣曲》、肖邦的《英雄》、维瓦尔迪的《四季》等，这些乐曲都有较鲜明的主题和风格，能促使人们美好情怀的涌动，也有利于胎宝宝的音乐启蒙。

看：主要是指准妈妈要阅读一些优秀的文学作品和欣赏优美的图画。准妈妈要选择那些立意新颖、风格高雅、个性鲜明的作品阅读，尤其可以多选择一些中外名著。比如，我国现代作家朱自清和俄国作家屠格涅夫的散文；中国古代诗词及国外诗歌；西方著名作家雨果、托尔斯泰的作品和我国现当代的著名小说等。准妈妈在阅读这些文学作品时，一定要边看、边思考、边体会，强化自己对美的感受，这样胎宝宝才能受益。准妈妈还可以看一些著名的美术作品，比如中国的山水画、西方的油画等。在欣赏美术作品时，调动自己的理解力和鉴赏力，这样产生的美的体验就会传导给胎宝宝。

体会：既指贯穿听、看活动中的一切感受和领悟，也指准妈妈在大自然中对自然美的体会。准妈妈在这个阶段也要适度走动，可到环境优美、空气质量较好的大自然中去欣赏大自然的美。这个欣赏的过程也就是准妈妈对自然美的体会过程，准妈妈通过饱览美丽的景色而产生出的美好情怀，可以促使胎宝宝脑细胞和神经细胞的发育。

不要对家人指手画脚

准妈妈要改变急躁的脾气，除了认识它的害处，下决心改正之外，还要找出急躁的原因。脾气急躁的人多不理解事物的发展有其客观规律，实现目标需要有一个过程，单凭主观愿望，急于求成是不正确的。还有另一个重要原因，是要求别人的想法、情绪和行为完全符合自己的愿望，一旦发现别人说的做的不顺自己的心意，就勃然大怒，其实内心是要别人顺从自己。很明显，这种做法是非理性的，也是很不对的。

正像自己不乐意受别人支配一样，别人也有自己的想法。如果从内心承认别人和自己一样，有权按自己喜欢的方式做事，就会学会宽容。

讲寓言故事《鹬蚌相争》

一只蚌正张开壳晒太阳，鹬鸟飞过来，伸出长长的嘴巴来啄食它的肉。蚌一下子合住双壳，把鹬鸟的嘴紧紧地夹住了。

鹬鸟对蚌说:“今天不下雨，明天不下雨，看你渴了怎么办!”

蚌对鹬鸟说:“今天不放你，明天不放你，看你饿了怎么办!”

它们两个各不相让，谁也不肯放谁。这时，一个打渔的老人走过来，一下子把它们都捉走了。

这个小故事告诉我们：争狠斗气，往往造成两败俱伤，谁也没有好处。这一点值得准妈妈注意，在孕期千万不要意气用事。

第32周最佳胎教方案解析

名曲欣赏《雪绒花》

美丽的《雪绒花》，静静地开放，带给准妈妈许多美好的回忆。这首童真质朴的歌曲，让人们期待在一个晴朗后的日子，伴着雪绒花，陪宝宝玩耍。

雪　绒　花

1=F $\frac{3}{4}$

作词：奥斯卡·汉默斯坦

作曲：理查德·罗杰斯

mf

3 - 5 | 2̇ - - | 1̇ - 5 | 4 - - | 3 - 3 | 3 4 5 |

雪　绒　花，　雪　绒　花，　清　晨　迎着我

6 - - | 5 - - | 3 - 5 | 2̇ - - | 1̇ - 5 | 4 - - |

开　放。　小　而　白，　洁　而　亮，

f

3 - 5 | 5 6 7 | 1̇ - - | 1̇ - - | 2̇· 5 5 |

向　我　快乐地　播　晃　白　雪般的

7 6 5 | 3 - 5 | 1̇ - - | 6 - 1̇ | 2̇ - 1̇ |

花儿,愿　你　芬　芳，　永　远　开　花

mf

7 - - | 5 - - | 3 - 5 | 2̇ - - | 1̇ - 5 |

生　长　雪　绒　花　雪　绒

渐慢

4 - - | 3 - 5 | 5 6 7 | 1̇ - - | 1̇ - 0 ‖

花，　永　远　祝福我　家　乡。

散步是孕晚期的最佳运动

散步是孕晚期最适合准妈妈的运动。首先，散步可以使肌肉力量得到锻炼，可帮助骨盆运动，有助于分娩时减轻疼痛。其次，散步可以改善准妈妈脚部的血液循环，因而可促进全身的血液循环，使胎宝宝血液供应更充足。第三，通过散步可刺激脚低的穴位，调理脏腑功能，帮准妈妈强身健体。第四，散步能够安定精神，增加肺功能，促进准妈妈的消化、吸收及排泄功能。

用光照帮胎宝宝建立作息规律

利用光照胎教可以促进胎宝宝的昼夜作息规律形成，准妈妈可以在每天早晨起床前，用手电筒的微光一闪一灭地照射腹部胎头的位置，告诉他：“宝宝，从小就要养成早起的好习惯哦！”在晚上准备睡觉时，同样以用手电筒的微光一闪一灭地照射腹部，告诉胎宝宝：“宝宝晚上休息的时间到了！”长此以往，胎宝宝就会和妈妈一样，养成白天活动，晚上休息的作息规律了。

研究证明，用手电筒照射准妈妈腹壁胎头部位5分钟，通过刺激胎宝宝的视觉信息传递，可使胎宝宝大脑中动脉扩张，对脑细胞的发育有益。

给胎宝宝唱首《新年好》

新年好啊，新年好啊，祝福大家新年好，
我们唱歌，我们跳舞，祝福大家新年好。

优美动听的《新年好》，唱出了人们在节日里互相祝福的喜悦心情，准妈妈可以边听边唱给胎宝宝听。

缓解小腿痉挛的孕妇瑜伽

这套瑜伽可以拉伸和强壮腿部肌肉，促进腿部的血液循环，可立刻缓解妊娠期小腿痉挛。

①面向墙，右腿在前弯曲，左腿在后挺直，双手扶墙。

②呼气，手臂弯曲，上身向前，额头贴于手臂上，体会后腿的伸展感。

③吸气，伸展右臂向上。呼气，下落。

④呼气，弯曲左腿膝盖着地。骶部内收，放松背部。同时体会左小腿的放松。以同样的方式换另一侧练习。

⑤双膝分开，上身俯于靠垫上，婴儿式放松。

准爸爸，胜任助教一职

为分娩做好后勤工作

妊娠第8个月，准妈妈的肚子越来越大，负担也越来越重，行动很不方便，容易疲劳，又要面对分娩，有很大的心理负担。所以此时准爸爸要从身心两方面来关心妻子，减轻妻子的负担。除保证做好前几个月要做的事以外，重点应放在营造“产巢”上了。准妈妈要临近分娩了，产后室内装饰要讲究，从摆设方式到颜色搭配都有学问。既要避免房屋新装修产生的污染，又要兼顾到准妈妈的审美要求，产后坐月子最好不要在新房里，把原来住的房间提前进行整理布置，室内颜色以淡蓝或淡绿色为主，床上有五彩缤纷的装饰物，墙上有几幅美丽的风景画和宝宝图片，构成一个明快、舒适、温馨的生活环境，让母子俩尽情享受。

同时，还要保证准妈妈的营养和休息，为分娩积蓄能量。准爸爸要主动承担家务，还要注意保护准妈妈的安全，避免准妈妈遭受外伤。此时准妈妈的子宫变得非常脆弱极易受伤或感染，所以一定要避免性生活。

准爸爸不要忘了陪准妈妈去医院做产前检查，从妊娠第8个月起就应每2周检查1次。准爸爸还要做好家庭中的妊娠监护，以防早产。准爸爸多关心准妈妈的情绪和心态，在准妈妈有恐惧心理时，应及时发现及时解决。

特别提示

准爸爸要和妻子一起学习分娩知识，多用自己亲切的笑脸、暖心的话语，帮助准妈妈消除对分娩的恐惧心理。

孕8月，准爸爸备忘录

越接近分娩，准妈妈越紧张和害怕，这就需要准爸爸做好准妈妈的“开心果”，帮助妻子缓解心理压力，和她一起渡过难关了。

给妻子讲故事

随着怀孕时间的增加，准妈妈会觉得越来越难找到一个舒服的体位睡觉了。但如果你在妻子睡觉之前能给她讲一个故事的话，就可以缓解她的不适感，同时还可以培养给孩子讲故事的能力。

让妻子洗个舒服澡

给妻子买一瓶对母子都无害的洗发水或在浴室中装上浴霸等保暖设备等，然后等妻子走进浴室的时候，你也走进去为她洗头，给她一次浪漫的按摩护理。如果你对自己的按摩技术没有自信的话，可以先咨询一下专业人士。

来次大清洁

在妻子洗完澡的时候给家里来次大清洁，不是简单的地将垃圾堆到一边，而是认真地用吸尘器将角落都打扫一下，还有清洁炉具等。不要以为这是在简单地做家务，只要看看妻子的反应，你就知道你也是在哄她开心了。

小小枕头显功效

准妈妈通常都是侧睡，而且许多准妈妈都会发现抱着枕头睡觉会比较舒服。所以给妻子准备一个小枕头，在上面写上“给老婆睡觉专用”，放在床上让她可以容易看到，这样也会给她一个惊喜。

继续献上真诚的爱

给她写一封信，告诉她20项你爱她的原因，等等。在信封上写上你独特的地址，然后附上一些小礼品等。

给她买新的衣服

无论她有多少衣服，只要你给她买一条裤子或者衣服，都能够给她带来惊喜。将其放在一个礼盒中，在上面写上一些甜蜜的话，不过要记得包装之前要将衣服先洗一遍。

帮她剪指甲

帮她剪指甲不属于极具创意的事。事实上，这种方法也最能够给她提供一种安全感，即使多几次也不为过。

孕9月，为了相见快成长

妊娠第9个月时，胎宝宝即将成熟，其各器官的功能已经与新生儿差不多了。这时，音乐语言、运动、光照等胎教可以全方位地实施，全方位胎教刺激可促使胎儿全面地发展，只是在实施这些胎教时要逐步加强。

准爸爸、准妈妈准备好了吗？和胎宝宝共同踏上新的胎教之途吧！

9月孕情跟踪

“会哭会笑”的胎宝宝

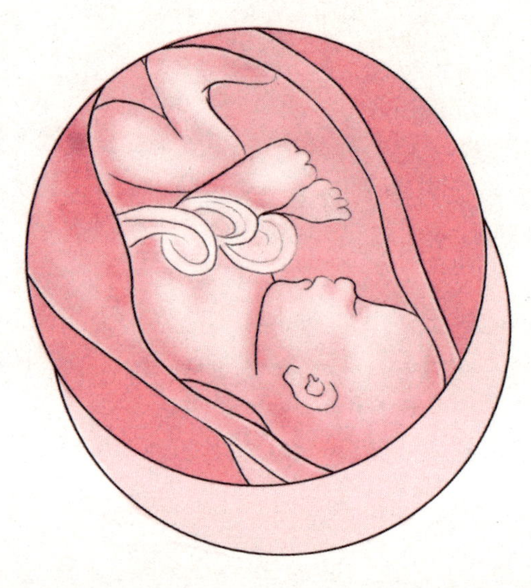

经过9个月的子宫内生活，胎宝宝已发育成一个体重2500克左右、身长接近48厘米的小人儿了。全身开始长皮下脂肪，身体变成圆形，皱纹也少了，皮肤也有光泽了。长满全身的细毛开始逐渐脱落，脸上和肚子上的细毛已经消失。指甲长得很快，直达指尖，但是不会超过指尖，生殖器发育基本成形。

妊娠第9个月时，胎宝宝已较为成熟，皮下脂肪开始变厚， 皮肤的褶皱也越来越少。脸部轮廓清楚，可以表现出笑、哭等表情。

男宝宝的睾丸已经降至阴囊中，女宝宝的大阴唇已隆起，左右紧贴在一起，性器官和内脏已发育完全。到了孕36周，胎宝宝的两个肾脏已发育完全，肝脏也已能够处理一些代谢废物。

内脏及神经系统也相当发达。吸吮的力量，排泄废物、调节体温的能力都具备了。视觉、听觉、味觉、触觉和痛觉等感觉神经与脑干紧密相连，与大脑皮质之间的关系也已经建立。

现在，胎宝宝的大脑机能相当发达，已经具备离开母体自行生活的基本能力。胎宝宝的各个器官基本发育完成，正蠢蠢欲动要出来享受阳光的沐浴呢。

行动不便的准妈妈

子宫底升到最高位置大约是在妊娠第9个月的时候，此时已升到心窝附近而且直接压迫到胃了。因此，会造成准妈妈食欲不振，体重亦有急速增加的倾向。

胸口憋闷

子宫体积增大， 往上顶压准妈妈膈肌，膈肌的活动幅度因而减小。准妈妈便会发生呼吸困难，经常出现气短、呼吸急促等，并有一种窒息感。

食欲减退

子宫也会挤压胃部，影响胃内消化液的分泌，这就是此时准妈妈食欲减退的原因。

特别提示

这一时期，准妈妈极易发生下肢及外阴静脉曲张。同时由于胎头压迫下腔静脉血管，准妈妈会出现水肿、痉挛、腰酸、眩晕等症状，还有可能会逐渐加重。

子宫呈倒梨状

妊娠第9个月时，准妈妈的子宫呈倒梨状，子宫底已长到胸骨剑突和肚脐之间，约在剑突下2横指。尺测耻骨联合上的子宫长度为32厘米左右，这个月末，宫底甚至会升高到心脏的位置。

准妈妈偶尔会焦急

准妈妈怀孕至第9个月时，身体负担变得很重，不仅行动不便，也容易疲倦，因此一些准妈妈便会产生焦急心理，希望早一点把孩子生下来，卸下负担。可 “十月怀胎，一朝分娩”是急不得的事，若妻子无法消除这种心理，无疑会影响胎宝宝的发育。这时，丈夫要努力帮助妻子调整心理和情绪，做好妻子的思想工作，陪妻子愉快地度过分娩前的最后一段日子，和妻子一起把胎教坚持到底，共同走向分娩这个激动人心的时刻。

此外，妻子分娩前行动不便，丈夫还要多加照料，体贴入微。每日陪妻子活动、散步，有利于妻子分娩时的宫缩，但要注意，不能让妻子太疲劳。

孕9月，准妈妈日常保健细则

根据具体情况请产假

准妈妈的产假怎么休，除了遵守国家法律规定、单位制度，还要视个人的具体情况而定。在你做出决定之前，不妨问自己以下几个问题。也就是说，在休产假前，你得同时综合考虑下列因素再做决定：

家庭经济方面

若是双薪家庭，突然失去部分收入，又增加了宝宝的开销，能负担得起吗？有没有买房、买车的贷款压力？

情绪管理方面

你身兼二职，既要照顾家又要在职场上打拼，本已身心俱疲，但宝宝是魔鬼般的天使，当他闹情绪时，你是否有足够的精力与智慧来面对？

公司运营方面

公司运营状态如何，对员工的各种福利待遇会有所不同，所以这也是考虑请产假时需谨慎考虑的一个重点。

家庭支持方面

爱人、父母、公婆对你请产假有什么建议？

职场竞争方面

产假休得越久，对工作会越感到生疏，回到职场出现的落差越明显，你是否有能力弥补这一落差？如果不能，你又有什么解决方案？

亲子关系

除了你自己之外，有无合适的人选照顾宝宝？交给保姆放心吗？为了工作，肯定要失去许多与宝宝相处的快乐时光，你能舍得吗？

高龄初产妇保健要点

高龄初产妇由于产道和会阴、骨盆的关节相对较硬，会延长分娩时间，容易引起难产。而且怀孕期间容易患妊娠高血压综合征，如果早诊断并及时采取措施，是可以预防的。一般情况下分娩没什么异常，不用过于担心，应保持平静和舒畅的心情，可适当注意以下几点：

- 要充分休息，保证足够的睡眠。
- 注意保证营养平衡和多样化，尽量吃软、淡些，预防妊娠高血压综合征。
- 重视定期产前体检，按医生意见去做。
- 有条件的话尽量到设备齐全、医疗条件好的医院去分娩。高龄产妇也有许多优点，如生活经验丰富、情绪平稳、能保持冷静、分娩过程能配合助产，这些都有利于顺利分娩。

宫缩频繁需就医

大约在分娩前一个月，宫缩就已经开始了。宫缩刚开始是不规则的，强度较弱，逐渐变得有规律，强度也越来越强，持续时间逐渐延长，间隔时间缩短。

宫缩太频繁了如果不是即将生产，对胎宝宝也是不太好的，容易造成胎宝宝宫内窘迫。频繁宫缩持续时间长的话建议去医院看看医生，看是否需要做胎儿监护。

临产的重要标志是有规律且逐渐增强的子宫收缩。这种宫缩无法缓解，每次持续30秒以上，间隔5至6分钟。如果宫缩持续时间短且不规律，就表示分娩尚未开始，这种假阵痛是开始真正分娩的前奏和先兆。

——小谜语

① 八只脚，抬面鼓，两把剪刀鼓前舞，生来横行又霸道，嘴里常把泡沫吐。(打一动物)。

② 四蹄飞奔鬃毛抖，拉车驮货多面手，农民夸它好伙伴，骑兵爱它如战友。(打一动物)。

【答案在359页】

正确处理鼻塞和鼻出血

准妈妈在孕期休息不好、营养不均衡，体内雌激素水平升高，加上天气干燥，很容易鼻出血。

大约有20%的准妈妈在妊娠期会发生鼻子通气不畅和鼻出血，尤其以最后3个月多见。这常使准妈妈误以为患了感冒，担心胎宝宝受到影响。

其实，妊娠期鼻塞并非都是患了感冒，其中大部分是由于内分泌系统分泌的多种激素刺激鼻黏膜，使鼻黏膜下血管充血肿胀所致。一旦分娩，鼻塞和鼻出血也随之消失，不会留下后遗症。因此，不必过于紧张，那样只会加重鼻塞程度。另外，也不要自行滥用药物，听从医生指导即可。

鼻子不通气、流涕时，可用热毛巾敷鼻，或用热蒸汽熏鼻部，这样可以缓解症状。

不要擅用滴鼻药物，如麻黄碱、滴鼻净等，尤其是血压高的准妈妈，应用麻黄碱类药物会使血压更高。使用激素类、抗组胺等抗过敏药也应遵照医嘱，以免服用后对胎宝宝不利。

鼻腔血管充血变粗，受刺激破裂出血时，用手捏住鼻翼即能很快止住血，如果难以止血，可在鼻孔中塞一小团清洁棉球，紧压并捂住鼻子5～10分钟。若是出血较多或经常反复出血应及时去医院检查，这极有可能是妊娠高血压综合征、妊娠血管瘤引起的，早诊断、早治疗可防止发生严重后果。

准妈妈切忌抠鼻子，或使劲揉鼻子，以免引发鼻炎。平时应多吃苹果、西瓜等水果，保持大便通畅。可每天用热水泡脚，凉水洗脸，预防鼻出血。

孕晚期痔疮的防治

痔疮在准妈妈中发病率高达66%，主要因膨大的子宫直接压迫直肠，妨碍了直肠静脉丛血液回流造成。早期症状是大便外表带有血迹或便后肛门滴血，严重时血液可喷射而出。内痔常有坠胀感，外痔常有瘙痒感和胀感。形成血栓性外痔时疼痛剧烈，行走困难，使人坐立不安，还会引起头昏、气短、乏力、精神不振等贫血症状。痔疮常令准妈妈很烦恼，不过，如采取一些科学预防方法就会使烦恼大大减少。

- 预防和积极治疗便秘，保持排便通畅，减轻直肠静脉丛的淤血。养成定时排便的习惯。最佳的排便的时间是在饭后，特别是在早餐后。不管有没有便意，都应按时去厕所，久而久之就会养成按时排便的习惯。在每次便后要注意做好清洁工作。用湿润的薄棉纸、婴儿用纸或含药物卷纸（不要用肥皂），轻轻拍干，千万不要擦或蹭。
- 多吃一些含纤维素丰富的绿叶蔬菜和水果。如菠菜、韭菜、李子干、葡萄干、无花果、梨和豆类食品。避免摄取含咖啡因、酒精、辛辣刺激的或者容易导致便秘的食品。
- 形成痔疮时要多卧床休息，不要久坐、久站，适当出去散散步，适当进行一些轻量活动，促进肠道运动，缩短食物通过肠道的时间。
- 经常做“提肛运动”，可改善盆腔血液循环，增加痔静脉丛血液的回流，从而减轻淤血，促使痔疮自愈。方法为：做忍便动作，使肛门括约肌往上提，同时吸气内收肚脐，然后放松呼气，放松复原。如此反复做15～30次，每天早晚坚持各做一次。最好在早上起床前开始做，这样易促发便意产生。

准妈妈每天早晨空腹饮杯开水或凉开水，有助于刺激肠道蠕动，有助于排便。准妈妈每天最好喝6～8杯水。

预防脐带打结

胎宝宝脐带打结是令准妈妈非常敏感和紧张的事情。脐带打结有两种：真结和假结。下面，让我们来了解一下。

假结和真结

脐带假结可以是脐静脉比脐动脉长，脐静脉形成迂曲形结构，外形像结；或因脐血管的长度较脐带长，血管卷曲形似结。这种假结不会有实际危害，很少会因血管破裂而出血。

脐带真结较少见，多发生于脐带相对过长者。开始时脐带缠绕在胎体上，以后胎宝宝可穿过脐带套环而形成真结。多在妊娠第3～第4个月时形成。脐带真结形成后若没有拉紧，并无症状，只有当脐带结拉紧、血管阻塞时才会造成胎死宫内。

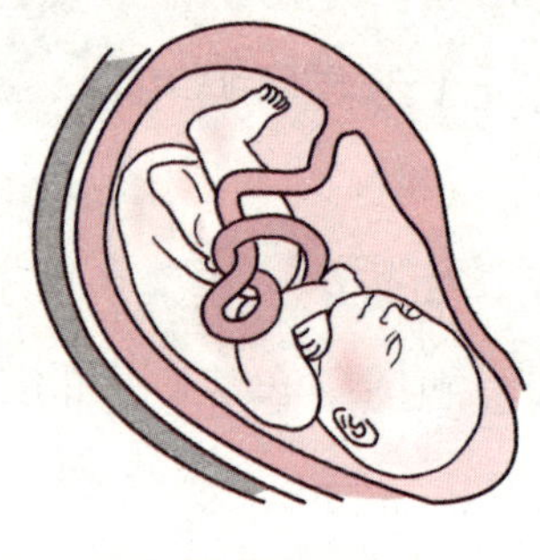

脐带假结

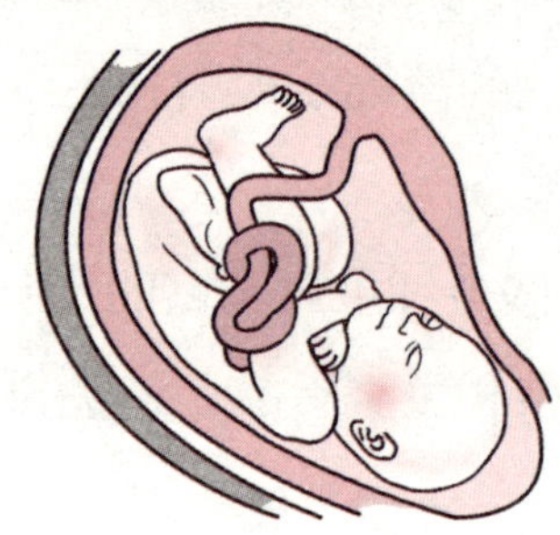

脐带真结

脐带扭转、狭窄与缩窄的危害

足月妊娠时，脐带的直径为1～2.5厘米，脐带中央有一条管腔较大、管壁较薄的脐静脉，两侧有两条管腔较小、管壁较厚的脐动脉，血管外面有含水量丰富的胶质样组织包裹，有保护脐血管的作用。脐带是母体及胎宝宝进行气体交换、营养物质供应和代谢产物排出的重要通道。

脐带扭转较少见。胎宝宝在子宫内活动时，可使正常的脐带呈螺旋状扭转，扭转6～11周属正常生理范围。过分扭转时，脐带多在近胎宝宝脐轮部变细坏死，管腔狭窄可与缩窄引起血管闭塞，胎宝宝会因血液供运中断而致胎死宫内。

此外，还有脐带绕颈现象，产前可通过B超检查胎宝宝身体上有无脐带压迹确诊。

警惕胎膜早破

孕期由于创伤、宫颈内口松弛、妊娠后期性交产生的机械刺激、性交引起的羊膜炎、下生殖道的感染（如细菌、病毒、弓形虫或沙眼衣原体引起的感染）以及羊膜腔内压力升高（如多胎妊娠、羊水过多）、胎宝宝先露部与骨盆上口未能很好衔接（如头盆不称、胎位异常）、胎膜发育不良使胎膜韧性降低等因素，易发生胎膜早破。也有人认为准妈妈缺乏锌、铜等微量元素时，也易发生胎膜早破。

那怎么知道流出的是羊水而不是尿液呢？一般来说，尿液的流出是可受人的意识控制的，而破膜后羊水的流出是不受意识控制的。但尿失禁和阴道炎溢液时，却很难靠个人的感觉来判别是否是羊水，这时应到医院去进行必要的检查。

胎膜早破的危害

胎膜早破可诱发早产及增加宫内感染和产褥感染的机会。破膜48小时后分娩，产妇感染率为5%～20%，败血症发生率为1/145，产妇死亡率为1/5500。脐带脱垂的发生机会也会增加，破膜一般不影响产程进展。

胎宝宝吸入感染的羊水可发生肺炎，宫内羊水量的减少易使脐带受压，造成胎宝宝宫内窘迫，脐带脱垂可造成胎死宫内。若未足月，胎膜早破易诱发早产，增加新生儿发病率和死亡率。

胎膜早破的对策

发生胎膜早破后应立即住院。在家中发生胎膜早破应立即卧床，尽量抬高臀部，同时联系交通工具。在将准妈妈转送至医院的途中，也应尽量保持卧位，以防脐带脱出。胎膜早破的处理应根据不同的情况，采用不同的措施。

孕33周最佳胎教方案解析

孕9月胎教重点早知道

孕9月，准妈妈临近生产，有很多事要做，比如给宝宝准备衣物、尿布等。在准备这些的同时，胎教还是要继续进行的。

抚摸胎教

准妈妈或准爸爸用手在准妈妈的腹壁上能清楚地触到胎宝宝头部、背部和四肢。可以轻轻地抚摸胎宝宝的头部，有规律地来回抚摸宝宝的背部，也可以轻轻地抚摸胎宝宝的四肢。当胎宝宝感受到触摸的刺激后，可以促使宝宝做出相应的反应，进一步促进胎宝宝感觉系统、神经系统及大脑的发育。

抚摸顺序可由头部开始，要轻柔有序。并要注意胎宝宝的反应，如胎宝宝用力蹬腿，说明抚摸得不舒服，就要停下来。

音乐胎教

在本月，音乐胎教依旧要紧跟，一来可以训练胎宝宝的听力、音乐灵感；二来可以帮助准妈妈调节情绪。

语言胎教

此时的胎宝宝虽然具有听力，但胎宝宝并不是通过耳朵，而是通过大脑来感受语言的。所以，父母在讲故事时，一定要注意把感情倾注于故事的情节中去，通过语气声调的变化使胎宝宝了解故事是怎样发展的。故事的内容应丰富多彩，只要是适合胎宝宝成长的主题都可采用。

情绪胎教

妊娠第9个月，距预产期越来越近。怎样让准妈妈始终保持一种平和、欢乐的心态，直接关系到胎宝宝的健康成长。

准妈妈审美有情趣

准妈妈学习一点美学知识，不仅能提高审美能力，培养审美情趣，还可以美化人的内心世界。准妈妈学点美学知识，还有助于改善情绪，使胎宝宝能置身于美好的母体内外环境，受到“美”的熏陶。学习的内容，包括庭院绿化，家庭布置，儿童装和准妈妈装的设计，烹调技术，美容护肤等，都不乏美学知识。

准妈妈还可以和丈夫一起在庭院里种上番茄、黄瓜以及花草；在房间贴上美丽聪慧的宝宝像；自己设计缝制宽松优雅的服装，穿着舒适而高雅；利用家里的旧衣物，给宝宝改做背心；利用闲暇时间给宝宝织毛衣、毛袜；晚上下班后或周末学习新的烹调技术，做上两三道可口饭菜。这些都是很容易做到的事，对母子的影响都是很有益的。

克服分娩恐惧经验谈

准妈妈可以从以下几个方面来进行自我调控，克服对分娩的恐惧。

- 把对分娩的恐惧转移到别的方面。这是“船到桥头自然直”的想法，不要把分娩当作一件严重的事情来考虑，生活中避免和家人过度谈论分娩这个话题，也不要过度打听过来人的分娩经验。

- 正视对分娩的恐惧。将分娩过程中可能遇到的各种问题事先想清楚，同时想法每个问题的解决方法。做好分娩前的准备，这样就不会临时手忙脚乱，也会帮助你稳定情绪。

- 掌握与分娩有关的知识。建议准妈妈在孕期看一些关于分娩的书，了解了整个分娩过程后，就不会有恐惧的心理。

放松盆底肌的练习

准妈妈进行盆底肌的放松练习，将有助于胎儿的娩出。准妈妈快来为顺产做准备吧！

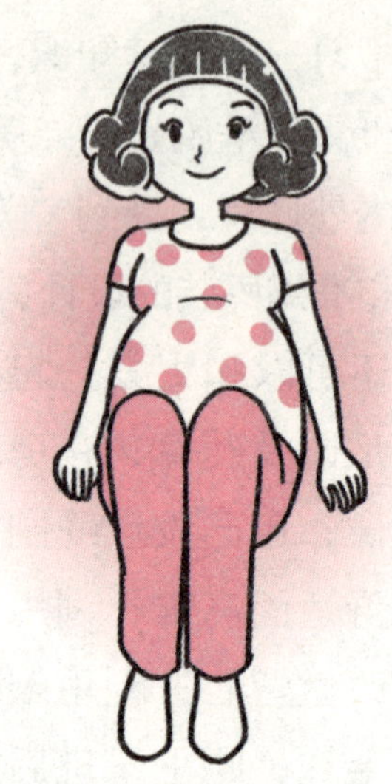

· 躺在床上，双膝弯曲、双脚并拢，支撑住背部。用力使双膝靠在一起，同时收紧盆底肌。注意沿大腿内侧和双腿之间的紧张感；当胎头把产道口撑开的时候，许多女性会不自觉地使这些肌肉紧张。实际上你应该尽力避免这样做，因为它会使你阴道口的肌肉更易被撕裂。应放松一点，小心地留意各部分肌肉的不同感觉，这种畅通的感觉正是你分娩时所应达到的状态。

· 躺在床上， 把枕头垫在背部，双脚分开，双膝弯曲。逐渐使你的大腿和盆底肌放松，这样，你的双膝便会越分越开（你的双脚会向外侧轻微的弯曲起来）。开始时可能会不自然和不舒服，但稍加练习后你就会有彻底放松的感觉。用这种姿势来练习短促的呼吸。

孕9月营养套餐特别推荐

营养早餐：山药蛋黄粥1碗，凉拌黄瓜番茄适量。

灵活加餐：鲜榨果汁1杯，面包2片。

经典午餐：米饭1碗，栗子炖羊肉100克，蒜蓉茼蒿100克，鲜奶花蛤汤适量。

下午茶点：酸奶1杯，坚果适量。

爱心晚餐：米饭1碗，粉丝蒸扇贝2个，凉拌素什锦50克，玉米排骨汤100克。

准妈妈营养食谱精选

山药蛋黄粥

【原料】去皮山药30克，熟鸡蛋黄3个。

【做法】

①将山药切块，放到搅拌机里打碎，加入适量凉开水调匀。将鸡蛋黄捣烂备用。

②将山药浆倒入锅里用小火煮开，并不断用筷子搅拌。

③待沸腾2～3分钟后，加入鸡蛋黄，煮熟即可。

【营养功效】

山药中含有多种营养素，可降低血糖，防治妊娠期糖尿病。山药与蛋黄煮成的粥营养丰富，有提高准妈妈免疫力的食疗功效。需要注意的是，山药切块后需立即浸泡在淡盐水中，以防止氧化发黑。

——小谜语

① 弟兄七八个，围着柱子坐，只要一分开，衣服就扯破。

② 独木造高楼，没瓦没砖头，人在水下走，水在人上流。

【答案在359页】

鲜奶花蛤汤

【原料】花蛤300克，鲜奶100毫升，姜2片，鸡汤半碗，干辣椒1个，盐、糖各半小匙，胡椒粉、植物油各适量。

【做法】

①花蛤洗净泥沙，放入沸水中煮至开口，捞起后去壳；干辣椒洗净切成细末。

②锅内加入植物油烧热，放入干辣椒、姜片爆香，加入鲜奶、鸡汤煮滚后，放入花蛤用大火煮1分钟，加入盐、糖、胡椒粉调匀即可。

【营养功效】

花蛤的肉味鲜美，营养丰富，其中蛋白质、不饱和脂肪酸的含量都很高，非常容易被人体消化吸收，可以帮助准妈妈缓解疲劳。

栗子炖羊肉

【原料】羊里脊肉100克，栗子（鲜）30克，姜2片，料酒1小匙，盐半小匙，鸡精少许。

【做法】

①将羊肉洗净，切块；栗子去皮洗净。

②将锅置于火上，加入适量清水，放入羊肉块、姜片，用大火煮开后，改用小火煮至半熟。

③加入栗子，继续用小火煮20分钟，加入料酒、盐、鸡精拌匀即可。

【营养功效】

这道菜可帮助准妈妈补肾健脾、提高免疫力、缓和情绪、缓解疲劳，还可以帮助准妈妈消除孕期水肿和胃部不适。在炖羊肉时可加入1大匙枸杞子，枸杞子具有益精明目、补肾强筋的作用，可以为准妈妈分娩储备足够的能量。

孕34周最佳胎教方案解析

含锌食物有助于自然分娩

锌是人体必需的微量元素，对人的许多正常生理功能的完成起着非常重要的作用。研究表明，锌对分娩的影响主要是可以增强有关酶的活性，促进子宫平滑肌收缩，把胎宝宝驱出子宫腔。

补锌主要是通过饮食补充。食物中含锌丰富的食物是牡蛎、麦芽，其次是瘦肉、鱼类、牛奶、核桃、花生、芝麻、紫菜、动物肝脏等。准妈妈还应多吃海产品、南瓜、茄子、白菜、豆类、坚果类，这些食物中也含丰富的锌。

孕晚期也需要补充叶酸

为了支撑腹部，准妈妈很容易疲劳，因此应多摄取叶酸。不久即将生产，准妈妈可能有点紧张。此时，可用含叶酸丰富的食品来缓解，你也可以将操心的事告诉医生和长辈，他们会帮你决解的。

含叶酸丰富的食物有胡萝卜、动物肝脏、蛋黄、豆类、南瓜、甜瓜、燕麦面包、杏等。一定要记住，叶酸是妊娠过程中很重要的营养素。

树立恒心，将胎教进行到底

胎宝宝还有1个多月就要出生了，准妈妈常常动作笨拙、行动不便。许多准妈妈会因此放弃孕晚期的胎教训练，这样不仅影响前期的胎教效果，而且还会影响准妈妈的身体与生产准备。

准妈妈要树立持之以恒的信念，要做的事就坚持到底，虽然暂时看不到成果，也不要多想，坚持做下去。对于有些性子比较急躁的准妈妈，一定要在行动之前，告诫自己做事情要有始有终。如果怕坚持不下来，可让丈夫时时提醒自己，鼓励自己。

欣赏《维也纳森林的故事》

乐曲的开始是一段很长的序奏。两支圆号的旋律描绘了优美动人的风景，双簧管和单簧管奏出抒情流畅的曲调，像是牧人的牧歌和角笛。钟声的响起，使音乐增加了很多光彩。然后，大提琴缓缓奏出第一圆舞曲的主题，作为全曲的引子。大提琴浑厚的音调、圆号美丽的牧歌和长笛玲珑的装饰音节，构成了一幅极美妙的且色彩斑斓的意境，十分优雅动人。

在轻柔而华美的乐曲声中，我们仿佛能看到这样一个场面：春天的早晨，在美丽的蓝色多瑙河畔，远处群山起伏，田野一望无际。晨曦的阳光透过大树茂密的叶子洒在挂满露珠的草地上，山边小溪波光粼粼。羊儿在草地上吃草，小鸟在林间婉转啼鸣，牧童吹着短笛，猎人吹响号角，马蹄“嘚嘚”……构成了一幅大自然美丽的图画。一切宛如人间天堂。

给胎宝宝读古诗《江南春》

千里莺啼绿映红，水村山郭酒旗风。

南朝四百八十寺，多少楼台烟雨中。

(杜牧)

本诗是杜牧描写江南风光的一首七言绝句。“千里莺啼绿映红，水村山郭酒旗风”，一开篇就把我们带入了江南那柳绿花红、燕舞莺歌的境界。不仅从整体上描绘了江南春光的明媚，而且还具体到四处莺歌燕舞，四处绿树红花，四处酒旗招展。描写江南烟雨蒙蒙的楼台景色，使读者从一个个具体的景点去体会江南风光细微之处的色彩多姿，妩媚动人。

杜牧受时代气息影响，他的诗注重辞彩的一面。这种重辞彩的共同倾向和他个人“雄姿英发”的特色相结合，风华流美而又神韵疏朗，气势豪宕而又精致婉约。

写下对宝宝的期待

胎宝宝就要出生了，准妈妈可以写下自己对胎宝宝的期待，内容越详细越好，如做事认真负责、长得活泼可爱、懂得关心别人、聪明懂事、乐于助人，等等。做这样一个计划表，准备在胎宝宝出生后，把你的期待融入你对宝宝的教育当中，让他能够在各方面都有优异表现。

在写下这些期待时，一定要怀着美好的情绪，想象着宝宝正如你所期待的那样，这种潜意识里的期待就一定会让胎宝宝感受到，从而对他的大脑起到良性刺激作用。

—— 小谜语

①个儿不算大，帮着人看家，身子用铁打，辫子门上挂。

②兄弟几个人，各进一道门，那个进错了，看了笑死人。

③身细头尖鼻子大，一根线儿拴住它，帮助妈妈缝衣裳，帮助姐姐来绣花。

【答案在359页】

掌握分娩时的呼吸技巧

现在向准妈妈介绍2种可以在分娩时减轻痛苦的呼吸方法：

胸式呼吸法

方法是：仰卧，双手放在胸部，闭上嘴，用鼻子慢慢吸气，使胸腔充分张开，吸足气后，再轻轻地呼出。两三次后，再进行短促而又表浅的呼吸，两者交替，呼气量与吸气量相同，反复练习几回，每天坚持。这种呼吸方式在产前阵痛时有助于镇定情绪，减轻痛苦，还能使体内充分吸入氧气，促进血液循环，而且大口吸气，能增加腹内的压力，促进分娩。

腹式呼吸法

方法是：仰卧，两膝轻轻地屈起，双手轻轻地放在下腹部，慢慢地深吸气，再慢慢地呼气，使肚子瘪下去。一吸一呼，以每分钟12～15次的速度反复进行。这种方法也可以坐着做。

孕35周最佳胎教方案解析

肥胖准妈妈的饮食指导

准妈妈肥胖可导致胎宝宝过大，并易造成妊娠期糖尿病、妊娠中毒症、剖宫产、产后出血等情况。因此妊娠期一定要合理营养、平衡膳食，不可暴饮暴食，注意防止肥胖。

控制进食量

主要是控制糖类和脂肪含量高的食物，米饭、面食等食每日均不宜超过标准供给量。肉类食物可选择含脂肪相对较低的鸡肉、鱼肉、牛肉、羊肉，少选择含脂肪量相对较高的猪肉，并可适当增加一些豆类，这样既可以保证蛋白质的供给，又能控制脂肪的摄入。

多吃蔬菜和水果

准妈妈主食和肉类食物进食量减少后，往往饥饿感较严重。可多吃一些蔬菜水果，要选择含糖少的水果，既缓解饥饿感，又可增加维生素和有机物的摄入。

黄瓜营养又减重

黄瓜含有丰富的钾盐、胡萝卜素以及维生素、糖类、钙、磷和铁等矿物质。鲜黄瓜含有抑制糖转化为脂肪的丙氨酸、乙酸等成分，有抑制糖转化为脂肪的作用，故对防止孕期增重过多有益。

胎教百科，认识动物

在与胎宝宝对话、讲故事的基础上，再进一步进行教胎宝宝认识动物的胎教。还可以制作一些简单的图像卡片，或是去书店买些动物卡片。通过深刻的视觉印象将卡片上的图像、形状与颜色描述给胎宝宝。

比如，准妈妈可以拿出一张画有小猫的卡片，讲给胎宝宝听，教胎宝宝辨认；再拿出一张画有小狗的卡片，也讲给胎宝宝听。最后抚摸着肚皮问胎宝宝，“认得小猫、小狗了吗，说说看，小猫、小狗哪个更可爱……”这样，寓教于乐，达到了母子间感情充分交流，对胎宝宝的身心发育都大有益处。

根据不同情景选取不同的音乐

妊娠第9个月时，胎宝宝的听觉发育已基本完成，此时，准妈妈要给胎宝宝听适宜的音乐，以促进其听觉进一步完善。

准妈妈可根据不同的情况选取不同的音乐，做家务事时可听轻快的《米努哀小步舞曲》；独自一个人冥想时最好听《弥撒曲》或《米赛亚》等宗教歌曲；整理一天的工作和写日记时，可听小夜曲类的音乐；忧郁时，与其立即听高兴的音乐，不如开始先听一会儿单调的悲伤的音乐，然后再听高兴的音乐；稍微有点不安时，听一些弦乐能使情绪平静；不要只听古典音乐，也可听自己喜欢的流行歌曲或民歌等来调节心情。

送给胎宝宝美好的《欢乐颂》

准妈妈不妨来听听《欢乐颂》，它所表现的不是缠绵的情意，而是歌颂仁爱、欢乐、自由的伟大理想："欢乐女神圣洁美丽，万丈光芒照大地，我们心中充满热情，来到你的圣殿里。你的力量能使人们消除一切分歧，在你光辉照耀下面，人们团结成兄弟"。这表现的是一种崇高、圣洁的美。准妈妈除可产生欢乐之情外，还可增添信心和勇气。

准妈妈讲故事：《大船上的小窟窿》

船主要造一艘大船，让工人按图纸选木料，有一块木板正合适，只是木板上有个虫蛀的小窟窿。船主看了看说："这么个小窟窿，没关系！"就让工人把那块木板钉到了船上。船造好了，在海上航行了几年后，蛀虫越来越多，大船的木板上出现了许多小窟窿。有一次，船装满贵重物品刚离港，海上就刮起了风暴，虫蛀的木板被浪头打穿，海水灌进了船舱，船主让工人们赶快排水，可是已经来不及了。大船被越灌越多的海水渐渐地吞没了。

这个故事告诉我们一个道理：不要忽略小事，小事有时也会铸成大错。

特别提示

孕晚期，准妈妈常会出现不规律宫缩，即腹部一阵阵变硬。这时不宜再继续做抚摸胎教，以免引起早产，可多采用音乐胎教或语言胎教。有习惯性流产、早产史的准妈妈，不宜再进行抚摸胎教。

第36周最佳胎教方案解析

海产品更营养

有专家指出：对于脑来说，海产品有非常重要的营养价值。属于冷血动物的鱼类，在接近冰点的温度活动，它的身体组织和细胞结构中含有长碳链比例较高的多不饱和脂肪酸。除了鱼之外，墨斗鱼、虾、淡菜、牡蛎等，也是人获得多不饱和脂肪酸的重要营养源。海产贝类的种类也很多，常见的有赤贝、蝶贝、海螺、蛤蜊、文蛤等。这些贝类含维生素B_1、维生素B_2和钙、磷、铁及其他微量元素很丰富，对胎儿大脑发育有非常重要的作用。

特别提示

烹调海带时宜使用植物油，而不用动物油，因为动物油易与碘发生化学反应，使其挥发，而植物油的性质稳定，不易与碘发生化学反应，利用率高。

海带属海藻类食品，含有蛋白质、氨基酸、维生素、无机盐、微量元素等多种营养素，特别是碘含量非常高，是人体碘的良好来源。

让胎宝宝感受莫扎特的《春泉》

午后，准妈妈不妨静下心来听听莫扎特的音乐，感受一下音乐给自己带来的感官上的享受和心情的放松。莫扎特的音乐清明高远、淳朴优美、真挚温暖，有如天籁一般，常常被誉为“永恒的阳光”。《春泉》就是其中比较有代表性的一首曲子。莫扎特的音乐有人性的关怀，体现着真、善、美。

小故事《小蝌蚪找妈妈》

常言道“言为心声”，准妈妈在孕晚期生活中应增加语言、文学的修养，以优美的语言充实、丰富、美化自己的生活。讲一些优美的童话故事，可使胎宝宝感受感到安全、舒适。比如《小蝌蚪找妈妈》。

暖和的春天来了，池塘里的冰融化了。青蛙妈妈睡了一个冬天，也醒来了。她从泥洞里爬出来，扑通一声跳进池塘里，在水草上生下了很多黑黑的、圆圆的卵。春风轻轻地吹过，阳光照着大地。池塘里的水越来越暖和了。青蛙妈妈们的卵慢慢地都活动起来了，变成了一群大脑袋长尾巴的蝌蚪，它们在水里游来游去，非常快乐。有一天，鸭妈妈带着她的孩子到池塘中来游水。小蝌蚪看见小鸭子跟着妈妈在水里划来划去，就想起自己的妈妈来了。小蝌蚪们你问我，我问你，可是谁也不知道。“我们的妈妈在哪里呢？”……

让胎宝宝猜一猜，小蝌蚪最终找到妈妈了吗？其实呀，妈妈一直都在小蝌蚪的身边，从来没有走远过，因为每位妈妈都是宝宝的守护神。

有选择地欣赏美术作品

美术作品需要准妈妈反复揣摩，才能品味出艺术的醇美，步入艺术的境界，才能油然而生美的感受和遐想。这里推荐准爸妈们去看看近代法国风景画家柯罗的佳作《林妖的舞蹈》，你可以从画面领略欧洲田园生活的美景，想象那令人神往的世外桃园。

也可以去看看威尼斯著名画家乔尔乔内最负盛名的油画杰作《沉睡的维纳斯》。同样能看到大自然浇灌出的宁静，护卫着女神的幻梦，你仿佛也完全融化到了美神的血肉之中，几乎可以感触到女神的脉搏、气息和生命……这些美术作品，一定会使你感受到生命的美好与神奇。

教胎宝宝学算术

有的准妈妈可能会感到疑惑，胎宝宝既不认识数字又不会加减乘除，甚至都看不见准妈妈在干什么，现在上数学课是不是有点为时过早呢？

其实，我们这里说的上数学课，主要是让准妈妈多动手、动脑、动眼、动口，通过想像、思维和声音影响胎宝宝。上完课后，胎宝宝仍然不认识数字，但这种影响是潜移默化的，对宝宝未来的发展很有好处哦。

好了，准妈妈们现在就开始为肚子里的胎宝宝上课吧。

首先要制作一些卡片，即把数字和一些笔画简单、容易记忆的字做成颜色鲜艳的卡片，卡片的底色与卡片上的字分别采用反衬度鲜明的颜色，如黑与白、红与绿等。

训练时，母亲应精力集中、全神贯注，就像教小学生识字一样，一边念，一边用手沿着字的轮廓反复描画。应注意笔顺一定要正确，每天抽出时间定时进行，这样，久而久之，将有助于宝宝识字能力的培养。

数学胎教时，一定要运用形象思维及色彩组合。例如在给胎宝宝讲解数字时，可以先在脑子里想象：1像一根电线杆，2像水中自由游泳的鸭子，3像人的耳朵， 5像秤钩，6像倒置的9，9像小蝌蚪等。又例如：11、33、44等两位数可以将左侧用绿色，右侧用蓝色，这样既形象又富有色彩感。

为了让胎宝宝与教学合拍，在教学之前，准父母必须先给胎宝宝一个信号，如抚摸着胎宝宝的头部说：“乖宝宝，我们开始上课了。”

到公园走一走

准妈妈要经常到空气清新、风景秀丽的地方游览，多看看美丽的图画和花草，以调节情趣。这样可使准妈妈心情舒畅，体内各系统功能处于最佳状态，使胎儿处于最佳的生长环境。

在晴朗的日子到公园散步时，可将手放在腹部，轻轻地对宝宝说："小家伙，你知道现在的天气多好吗?"适量的光线和母亲温柔的声音，对即将出生的胎宝宝而言，是一种舒服的刺激。假日里与丈夫和亲朋好友一起去郊外游玩，也是一种呼吸新鲜空气、享受阳光的好方式。

分娩姿势巧练习

随着妊娠的进展，准妈妈最好为分娩做些准备，抽时间做些分娩姿势的练习。

下蹲式

分娩时，下蹲式是很好的方式之一，因为这种姿势利用了重力的作用，使胎宝宝易于顺产道而下。下蹲运动会使骨盆开至最宽，有助于会阴部(肛门和阴道之间的区域)伸展，防止在分娩过程中撕裂会阴。最初练习下蹲式较为困难，你可以先坐在矮凳子上练习下蹲动作，把双脚的间距放宽，身体前倾，背部挺直，用力将膝关节和肘关节一起向外展开推出。

一旦骨盆联合处变得柔软有弹性，你也适应了这种姿势，便可以不借助矮凳子，用自己的双腿下蹲，以承受自身的体重。如果你的脚后跟不能着地，可以用卷起的毯子或毛巾垫在脚后跟。

盘膝坐式

这个姿势能增强大腿部韧带的韧性，有益于持久保持下蹲姿势，还能改善骨盆的柔韧性。如果一开始时用这种姿势有一定困难，准妈妈可先用一个垫子支撑在大腿下面，或将身体靠墙挺直。当你处于这一姿势时，请把注意力集中在呼吸和放松技巧上。

挺直背坐着，双脚脚底靠在一起，把脚跟朝会阴方向牵拉，并用双臂将大腿往下轻压。

准爸爸，胜任助教一职

细微之处，显爱心

帮妻子剪指甲属于极具创意的方法。事实上，这种方法也最能够给她提供一种安全感，即使多剪几次也不为过。因为，准爸爸这样细心地照顾，会让她很开心。

帮妻子打了一盒洗脸水；给她递一条毛巾：帮她洗洗头；让她坐下来，梳整一下妻子的长发；给妻子做个按摩，都能让准妈妈感觉很温暖，很快乐。

准爸爸要牢记的数字

下面这些知识与数字，准爸爸一定要记牢，因为这些数字都是与准妈妈和胎宝宝紧密相关的。

- 胎动最频繁、最活跃时间：妊娠第28～第34周。
- 胎动正常次数：每12个小时30～40次，不应低于15次。
- 早产发生时间：妊娠第28～第37周。
- 胎心音正常次数：每分钟120～160次。
- 过期妊娠超过预期期天数：14天。
- 准妈妈洗澡适宜水温：42～43℃。
- 准妈妈每周体重增加正常值：应少于0.5千克。
- 孕期体重增加总值：不宜超过20千克。

帮妻子解除失眠的烦恼

一般来说，准妈妈每天至少应保证8个小时的睡眠，并且要注意睡眠质量，睡得越沉、越香越好。如果妻子辗转难眠，你却独自入睡，她会很伤心的。

孕育宝宝就应做到“有难同当”，你可以陪她聊天，或者为她做一些按摩：用双手食指推抹其前额30次左右，或用拇指推擦太阳穴。试一试，这些方法都可以帮她解除失眠的烦恼。

另外，还可以让她与其他准妈妈多交流，学习一些经验。这样可以让她更自信，摆脱烦恼，从而保证睡眠，促进健康。

孕9月，准爸爸备忘录

妊娠晚期，准妈妈身心负担加重，又要面对分娩，更需要丈夫的关心。准爸爸在这一时期的主要责任有：

- 每天陪准妈妈散步、爬楼梯，为分娩做准备。
- 与准妈妈一起学习有关分娩、产后护理及新生儿的知识，做好科学育儿的准备。
- 提前为准妈妈准备好分娩的必需用品。
- 送一份小礼物，给准妈妈增添喜悦，增强她的信心。
- 理解准妈妈此时的心理状态，消除准妈妈的思想压力。对准妈妈的烦躁不安和过分挑剔应加以宽容、谅解。
- 为分娩做好心理上、物质上、环境上的准备，为迎接新生命的来临做好准备。检查宝宝出生后用具是否准备齐全。
- 保证准妈妈的营养和休息，为分娩积蓄能量。
- 参与胎教，做好家庭监护，以防早产。

孕10月，喜迎瓜熟蒂落时

十月怀胎，一朝分娩。随着预产期的临近，准妈妈的孕期就要划上完美的句号了。一方面准妈妈要准备迎接分娩，一方面还要有始有终地对胎宝宝实施胎教，把养胎和胎教坚持下去。所以，准妈妈一定要精神振奋，全身心地将胎教进行到底，把准妈妈的角色演绎完美。

10月孕情跟踪

头部完全入盆的胎宝宝

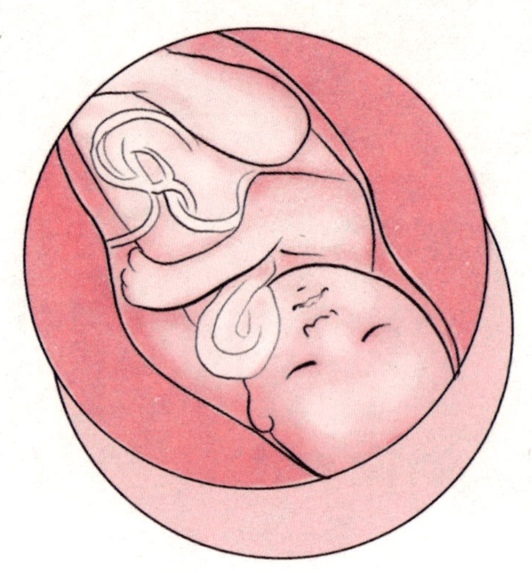

经过10个月的生长发育，胎宝宝的体重大概有3000克了，身长可达50厘米。他身体上的皱纹消失了，变得胖乎乎的，感觉器官和神经系统可对母体内外的各种刺激做出反应，时刻准备冲向新世界。

胎宝宝的循环、呼吸、消化、泌尿等器官已全部形成，已经能够在母体外独立生活了。

此时，由于胎宝宝的头部已在骨盆上口或已进入骨盆中，所以剧烈胎动的情况已经较少了，但是也有些胎宝宝在分娩之前还是动得厉害。总之，跟妊娠第9个月时相比较，胎动的次数已减少很多，感觉上似乎稳重多了。此时期的胎宝宝以睡眠为主，非必要的时候是很少活动的。成熟的动作是胎宝宝本身出现自主性的“动手动脚”，并且已表现出随时准备好要面对外面世界的姿态。

体重达到高峰的准妈妈

准妈妈体重达到了最高峰，笨手笨脚，行动更加困难。焦虑与期盼交织在一起：母子就要见面了。十月怀胎，一朝分娩，准妈妈终于迎来了生命中最重要的一刻：小宝宝马上就要降临了！

子宫的变化

自怀孕开始到现在，准妈妈的子宫纤维增长了几十倍，而且越来越粗，使得子宫弹性不断增加。准妈妈的腰部出现钝痛，出现临产的各种征兆。

为哺乳做好准备

准妈妈乳房正在迅速地发育，现在她已做好了哺乳的一切准备。在准妈妈体内催乳素的作用下，大多数产妇在生产后就可以给新生儿喂奶。

特别提示

准妈妈的阴道纤维变长，弹性在逐渐增加，阴道壁愈加柔软了。由于这一区域血管的扩张，阴道和外阴会因为充血而略带紫色。同时，阴道分泌物也会增加，以便胎宝宝顺利地通过。

尿频、便秘依然存在

由于子宫对膀胱和直肠的压力增加，因此排尿次数会增加，而且容易出现便秘。此外，肚子也会有发胀变硬的感觉。

准妈妈的想法多又多

随着一天天临近生产，准妈妈的身心负担越来越重。准妈妈在期待宝宝出生的同时，也会担心分娩是否疼痛、选择顺产还是剖宫产、宝宝生下是否健康、奶水是否充足、如何养育孩子等问题。这种紧张的心理负担，如不及时疏导，就会产生忧郁的心理障碍。忧郁主要表现为情绪不好，常为一点小事不称心而感到委屈甚至落泪，烦躁焦虑，睡眠不好。

一方面渴望宝宝的到来，一方面对分娩的恐惧就像石头一样压在心头。其实知道分娩是怎么回事，反而会轻松面对。准妈妈可以搜集一些这方面的信息，或参加产前培训班，全面客观地了解分娩，保持轻松和自信的状态，迎接宝宝的降生。

孕10月，准妈妈日常保健细则

孕晚期，睡个好觉

为了能够睡好，可采取下列办法：

睡前洗澡

睡前洗个温水澡。被褥常晒，冬天睡前用暖水袋把被窝焐暖，肩膀用毛巾等垫塞，以防着凉。

注意睡眠姿势

依自己习惯的舒服体位睡眠。妊娠晚期以左侧卧位最为合理。

不要烦躁

睡不着时不要烦躁，因越着急越睡不着。如果睡不着，最好看点书报，或看轻松的电视节目，听听柔和抒情的轻音乐，但应避免阅读能引起神经兴奋的文章，或者看清节激动的电视节目。睡前喝1杯热牛奶，有镇静安眠作用，还可促进钙的吸收，达到补钙的效果。

保持良好的睡眠环境

卧室应宁静清爽，光线幽暗，无嘈杂喧闹声，空气新鲜，温度、湿度适宜，最佳温度为19～26℃，最佳湿度为50%～60%。

卧室切忌嘈杂喧闹，灯火通明。即或有声音，也只能是钟表的滴答声等。单调、低微的重复声响，有助于催人入眠。要求卧室空气流通，能为人体提供足够的新鲜空气，才能保障睡眠质量。

每周一次产前检查

本月，准妈妈要每周做一次产前检查。进行胎心监护、B超检查，以了解羊水以及胎宝宝在子宫内的状况。如果妊娠超过42周还没有分娩迹象，准妈妈应该住院了，因为逾期过久，胎宝宝在宫内将面临缺氧的危险。临产前，准妈妈还要做一次全面的检查，为宝宝顺利来到人间做好“铺垫”。

分娩征兆早知道

分娩日接近时，便会有以下各种征兆告诉准妈妈即将临产，但征兆出现时机，因人而异，较快者在孕36周便有感觉。

子宫底下降

一般是指胎宝宝开始下降，因此，准妈妈在呼吸时会感到比较轻松，胃部不再受到压迫，感觉比较舒畅，食欲也佳。

腹部膨胀

又称前阵痛，这是因为子宫敏感，稍受到刺激， 便容易收缩所致。有时会有疼痛的感觉，却是不规则的阵痛，有些人甚至还会有腰酸的现象。

尿频

这是胎宝宝头部下降压迫膀胱所致。特别是在夜间，准妈妈必须三番五次起床去卫生间，这就是分娩期接近了的表现之一。

胎动减少

这是胎宝宝头部下降至骨盆，难以活动所致。

大腿处鼓胀

大腿或膀胱附近有鼓胀的感觉，甚至会痛得难以举步。

体重不再增加

原本持续增加的体重不再增加，甚至会有降低的情形。

特别提示

临产时，准妈妈宫颈口处的分泌物增多，而且呈黏稠的状态，其作用是润滑产道，使分娩时胎宝宝易于通过。

了解自然分娩与剖宫产

常见的分娩方式有两种：经阴道分娩和剖宫产分娩。阴道分娩中又包括自然分娩和仪器助产分娩。

尽管现在剖宫产技术，已非常成熟，但仍然像其他外科手术一样，会有一定的风险和并发症。所以，除非有手术指征，否则医生不会建议准妈妈选择剖宫产术。与阴道分娩相比，剖宫产具有以下不利：出血多、卧床时间长、住院时间长、增加住院费用、产妇恢复慢以及并发症较多。

健康的准妈妈， 如果骨盆大小正常、胎位正常、胎宝宝大小适中，准妈妈无各种不适宜自然分娩的合并症，无剖宫产的手术指征，医生会鼓励准妈妈自然分娩。

对于准备自然生产的准妈妈来说，必须要有信心，要提前做好心理准备，多阅读一些相关的书籍，了解顺产过程中易遇到的问题和应对方法，要保持平静的心情，一旦宫缩开始，积极配合医生，相信在医生和助产士的帮助下自己会安全、顺利地度过分娩，迎接宝宝的来临。

剖宫产怎样和医生配合

不只自然分娩需要准妈妈的配合，剖宫产也同样需要准妈妈的配合，准妈妈积极配合能使医生准确地掌握情况，顺利地施行手术。

剖宫产的大致过程如下：先进行麻醉，一般会选用针麻、局麻或硬膜外麻醉，有时也会选择全身麻醉，然后，切开腹壁和子宫，取出胎宝宝和附属物。最后，缝合子宫及腹壁各层。

手术需30～60分钟，术后7天可拆除腹壁缝线，产褥恢复需要10周时间。

手术之前，医生会向准妈妈及其家属说明与手术有关的事项，比如手术的理由、手术的全过程、手术中可能的意外，以使准妈妈和家人有充分的思想准备，手术过程中能够密切配合。

在整个手术过程中，准妈妈配合的一个方面就是不大喊大叫。大喊大叫会使准妈妈吞咽大量气体，手术后会腹部气胀；大喊大叫还会使腹压增高，以至于使肠管翻出于切口之外，影响手术操作。

产妇配合的另一个方面就是如实报告自己的感觉，为医生提供准确的信息，以便医生能够有针对性地进行处理。产妇应信赖医生，在手术过程中配合好医生，一般手术都会顺利安全地进行。

特别提示

手术中，大声喊叫无异于噪声，会使人心情烦躁，影响医生的正常操作。手术中准妈妈大喊大叫对本人和手术均不利。所以，准妈妈一定要镇定，控制情绪，积极配合医生。

警惕过期妊娠

过期妊娠的准妈妈中，有部分人是记不清末次月经时间或因月经周期不规则而被误诊为过期妊娠，而这些胎宝宝并没有真正地过期，所以在宫内还会继续生长。

过期妊娠准妈妈的胎盘有两种情况：胎盘功能正常或衰退。前者胎宝宝会继续生长，后者则不会，胎宝宝有一定的危险。人类胎盘妊娠第5个月起开始逐渐衰老，妊娠过期后，胎盘明显老化，功能衰退。20%～40%的过期妊娠围产儿死亡均由胎盘老化造成。如绒毛紧密融合坏死，脱落于绒毛间隙中形成栓塞，血流量明显减少，使得物质交换与血液循环能力下降，以至于胎宝宝缺氧，停止生长。缺氧严重会危及胎宝宝的生命。

把握入院时机

分娩进入了倒计时阶段，宝宝不知道在哪一天说来就来了，准妈妈们难免又多了一重疑惑：我到底什么时候去医院才适合呢？入院太早，在医院吃住不习惯，特别是睡眠不充足，体力过早消耗，不利于分娩。如果去医院太晚，又怕措手不及把孩子生在家里或去医院的途中，那对大人孩子都是危险的。因此，准妈妈要自己掌握好入院的时机。

当出现以下临产征兆时，准妈妈就要去医院待产了：

规律性子宫收缩

准妈妈感到腹部一阵阵发胀、发紧、腹部下坠，这就是子宫收缩。如果子宫收缩持续时间短，间隔时间长且无规律，即为不规律性子宫收缩。当它发生得越来越规则时，就离分娩不远了。对于初产妇来说，由弱渐强的规律性子宫收缩一般要持续8～10个小时，正常分娩的产妇此时应入院待产。若出现规律性子宫收缩，宫缩间隔时间约五六分钟，每次持续时间为30秒钟左右，标志正式临产。

见红

临产前有少量血性黏液从阴道内流出就是见红。这是子宫收缩牵动宫颈，使子宫颈内附近的胎膜与子宫壁分离，毛细血管破裂，宫颈黏液栓脱落，血性黏液自阴道流出。见红后，准妈妈应立即到医院产科报到。

破水

突然阴道流出像尿一样多的水，带点腥味，不能自己控制，这就是破水。此时无论是否有宫缩都要及时去医院。在前往医院的路上，准妈妈应平卧。如果流出的羊水不多，有的准妈妈会误以为是白带增多。如果孕晚期有这种情况，应到医院去检查一下是否已经破水，千万不要大意。

特别提示

有的准妈妈到了预产期，却还是没有任何的临产征兆，我们建议准妈妈最好在预产期前1～2天到医院进行检查，由医生决定是否入院。

首饰，放回百宝盒

准妈妈在去医院待产前，应取下身上全部首饰，在住院检查的时候比较方便。另外即使生了宝宝也不要佩戴，容易刮伤宝宝。

其实，为了准妈妈的自身健康，医生一般会强调怀孕的时候就不要戴首饰。因为怀孕的时候，准妈妈的新陈代谢也会有所改变，体内容易出现水钠潴留，形成组织水肿。因而，很多准妈妈的手指、胳膊、下肢等都会相应变粗。

另一方面，由于夏天出汗较多，金属首饰如耳环、项链、手镯中所含的镍、铬会溶于汗水中，并能渗入皮肤内，从而引起接触性皮炎。所以，夏季准妈妈更不宜佩戴首饰，尤其不要戴着首饰睡觉。

喝红糖水有利于子宫收缩

红糖具有益气补中、健脾暖胃、化食解痛之功，又有活血化瘀之效。产后喝红糖水有利于子宫收缩、子宫复原和恶露的排出等。但食用红糖的时间不宜太长，若无限制地食用红糖，对身体非但无益反而有害。

产后经阴道流出的液体叫恶露，其中含有血液、黏液、坏死蜕膜组织、白细胞及细菌等。按其性质可分为三个阶段：

- 血性恶露，产后第1～第3天，量较多，含有较多的血液，故呈红色，又称红色恶露。

- 浆液性恶露，产后第3～第7天，恶露中血液含量较少，故呈淡红色，持续约一周，量少。

- 白色恶露，产后2周左右，恶露中含有血液极少，白细胞增多，呈淡黄色或乳白色，这种恶露可持续数周之久。总的来说，血性恶露持续时间最多3天，浆液性恶露持续时间为20天左右。产后恶露不行、经血阻滞，食用红糖可起到活血化瘀的功效。

孕37周最佳胎教方案解析

孕10月胎教重点早知道

胎教是每个准妈妈在孕期都应做的一件事情，胎教不但可以增进母子感情，还能促进胎宝宝生长，在临产前更要把胎教做好。

情绪胎教

分娩前恐惧、烦躁不安既消耗体力，易造成宫缩无力、产程延长，又会对胎宝宝的情绪带来较大的刺激。胎宝宝在母亲肚子里待了差不多10个月，终有一天他要“破茧而出”。在分娩过程中，母体产道产生的阻力和子宫的收缩与推挤，会给产妇带来不适，这是十分自然的现象。母亲的承受能力、勇敢心理， 也会传递给即将出生的宝宝，是宝宝性格形成的早期教育之一。

语言胎教

胎龄10个月的小宝宝也到了瓜熟蒂落的时候，不想再待在“宫”里了，准妈妈和准爸爸也盼着与宝宝早日见面。准妈妈应该和小宝宝沟通一下，协同作战，顺利分娩。

视觉胎教

胎宝宝的视觉发育得较晚，在妊娠第9个月时，胎宝宝才对光线的明暗有了反应。测试发现，不太刺激的光线则可给予胎宝宝脑部适度的明暗周期感觉，使胎宝宝有眨眼的动作，并且会感兴趣地将头部转向光源的方向。

补充营养，做好待产

孕晚期，准妈妈往往因为心理紧张而忽略饮食，这个时候应该限制热量的摄入，以免胎宝宝过大，影响顺利分娩。为了储备分娩时需要的能量，准妈妈应该多吃富含蛋白质的食物，每天可加食1～2个鸡蛋，最好一日多餐，保证均衡及全面的营养。

柔和而充满希望的《梦幻曲》

这时可以选择既柔和又充满希望的乐曲来实施音乐胎教，如《梦幻曲》。这首曲子有着柔美的旋律，各声部完美的交融以及充满表现力的和声，刻画了一个童年的梦幻世界，表现出了儿童天真、纯洁的幻想。

准妈妈随着柔美平缓的主旋律，进入沉思的梦境，在梦幻中出现美丽的世界，在那梦幻中升腾，仿佛看见了一个圣洁的小天使，那期盼了好久的、可爱的小宝宝正朝你走来。

向胎宝宝介绍家庭成员

胎宝宝就要出生了，提前和推后的时间如果不是很长，都属于正常范围。所以，准妈妈要抓紧时间来为胎宝宝介绍家庭成员，让胎宝宝感受一下大家庭的温暖。准妈妈可以一边轻轻抚摸肚子里的胎宝宝，一边对他说："我可爱的宝宝，这是咱们家的全家福，妈妈给你介绍一下我们的家庭成员；慈祥的爷爷、奶奶——他们是爸爸的爸爸、妈妈；和蔼的姥姥、姥爷——他们是妈妈的爸爸、妈妈；还有最热切盼望你到来的爸爸和妈妈。总之，我们大家都期待着你的到来。"

孕10月营养套餐特别推荐

营养早餐：牛奶1杯，全麦面包2片，蔬菜沙拉适量。

灵活加餐：苹果1个，坚果适量。

经典午餐：米饭1 碗，鱼香虾球100克，黑木耳银芽炒肉丝100克，奶汁烩生菜50克。

下午茶点：板栗红枣粥1碗。

爱心晚餐：玉米面小窝头2 个，清蒸冬瓜熟鸡100克，糖醋银鱼豆芽50克，菠菜丸子汤适量。

准妈妈营养食谱精选

清蒸冬瓜熟鸡

【原料】熟鸡肉250克，冬瓜250克，枸杞子少许，鸡汤2碗，酱油、料酒各1大匙，葱3段，姜1片，盐适量。

【做法】

①熟鸡肉去皮切块，把鸡肉皮朝下，整齐地码入盆内。

②加入鸡汤、酱油、盐、料酒、葱段、姜片、枸杞子，上笼蒸透，取出，拣去葱、姜，把汤汁倒入碗内备用。

③冬瓜洗净切块，放入沸水中汆烫一下，捞出码入盘内的鸡块上，将盘内的冬瓜块、鸡肉块一起扣入汤盆内。

④将锅置于火上，倒入碗内的汤汁，烧开撇去浮沫，盛入汤碗内即可。

【营养功效】

冬瓜中钠和钾的含量都比较低，具有利水消肿、清热解毒的药食功效；鸡肉具有补益气血、滋养精气的作用。两者搭配食用，可以帮助准妈妈预防贫血和生理性水肿。

黑木耳银芽炒肉丝

【原料】豆芽、水发黑木耳、瘦肉各100克，腐竹10克，姜1片，生抽、水淀粉各1大匙，香油1小匙，盐、鸡精、植物油各适量。

【做法】

①将水发黑木耳择洗干净，切成细丝；豆芽择洗干净，放进沸水锅中汆烫一下捞出；姜洗净切末。

②腐竹泡发，切成斜丝；肉洗净切丝，用生抽和水淀粉抓匀。

③锅内加入植物油烧热，放入姜末爆香，倒入肉丝炒散，再放入豆芽和黑木耳丝煸炒，加少量水，放入盐、鸡精和腐竹。

④用小火慢烧3分钟，转大火收汁，然后用水淀粉勾芡，淋入香油即可。

【营养功效】

此道菜可以帮助准妈妈补气养血，利水消肿，同时还具有美容养颜的食疗功效。

鱼香虾球

【原料】对虾750克，鸡蛋清4个，泡椒15克，葱、姜、蒜瓣、料酒、醋、白糖、淀粉、酱油、色拉油、盐、高汤各适量。

【做法】

①将对虾去壳，用刀从虾背部片成合叶形，洗净。用料酒、盐、鸡蛋清、淀粉调成浆汁，为大虾上浆。将醋、白糖、酱油、高汤兑成调味汁。泡椒、葱、姜、蒜剁成末备用。

②炒锅烧热，倒入500克色拉油，待油六成热时，放入虾肉，滑透后倒入漏勺中控油。锅中留少许底油，下入泡椒、葱、姜、蒜末，翻炒均匀。

③倒入调味汁，炒至汁色发亮，倒入虾球颠匀，盛入盘中即可。

【营养功效】

虾肉中含有丰富的蛋白质，且肉质松软，极易消化。

孕38周最佳胎教方案解析

做好分娩心理准备

由于分娩日期临近，准妈妈心理负担会越来越重，害怕分娩时太疼，担心不能顺利生出小宝贝或做剖宫产，担心生出不正常的小宝贝，等等。于是，每天精神紧张，甚至出现失眠。准妈妈着急，心情不好，也会使胎宝宝在最后一段时间里生活不宁，这实在要不得。

每一个准妈妈在怀孕期间，尤其到了快生的时候，还会产生一种不必要的忧虑，那就是担心不能成为好母亲。这些反应都是正常的，只要有信心，你慢慢地就会发掘出做母亲的本能。既然你体内的激素帮你孕育了宝宝，它也会让你的心理有所准备，使你能够清楚地了解宝宝出生后的需求。在分娩前保持良好心理状态十分重要，因此准妈妈一定要对分娩有心理准备，消除紧张和恐惧情绪。

其实，分娩前，准妈妈不必过于多虑。对于你“能否顺利分娩”的问题，更用不着去担心，还没有发生的事，想它又有什么意义呢？况且你并不一定会难产啊。让还没有发生的事，徒然增添你的精神紧张，是没有必要的。准妈妈尤其不要听信别人关于分娩如何可怕的说法，生活中自有喜欢夸大其词之人。准妈妈应该做的是，临产前吃好，睡好，养足精神。同时准妈妈要保持坦然的心理，平稳的情绪，冷静的头脑，以必胜的信心迎接生产的来临。

欣赏名曲《月光》

《月光》又名《明月之光》，是德彪西早期代表作《贝加马斯卡组曲》中的第3曲，作于1890年。德彪西留学罗马期间，游历了风光秀丽的贝加马斯卡地区，《贝加马斯卡组曲》就是因此创作的。

乐曲为行板，一开始，明亮的旋律以缓慢的速度向下浮动，宛如月亮正把银色的光芒洒向人间。接着，在连续的和弦进行中，上声部轻轻地奏出优雅如歌的“月光曲”。中间部分由3个段落组成，是一个富于抒情意味的部分，好似抒写了人们在银色月光下浮想联翩、舒心歌唱的情景。准妈妈和胎宝宝一起享受《月光》的美妙吧!

走进准妈妈的冥想

准妈妈应使自己保持平和的心态。休息时，可以进行冥想胎教，与腹中的胎宝宝就即将到来的分娩进行对话。下面介绍一些孕晚期准妈妈可以冥想的内容。

我是这个无比珍贵的孩子的妈妈。

我确信：孩子的诞生是我人生中无比幸福的时刻。

我周身都洋溢着母爱之光。

我现在是一个孩子最引以为傲的妈妈。

因为爱，人生中的任何事情我都能做到。

孩子的诞生将使我和丈夫之间的爱情更加深厚。

我给孩子最珍贵的礼物，就是我的爱。

有助于分娩的食物

孕晚期，准妈妈马上要面临的就是分娩，所以准妈妈从现在开始就应多进食一些有助于分娩的食物。

含锌类食物

多吃含锌量高的食物有助于准妈妈的分娩，可增强子宫有关酶的活性，促进子宫肌收缩，促使将胎宝宝“驱出”子宫。产前准妈妈每天锌摄入量越多，其自然分娩的机会越大。

巧克力

很多营养学家和医生都认为，巧克力可以充当“助产大力士”。理由：一是它营养丰富，含有大量的优质碳水化合物，而且能在很短时间内被人体消化吸收和利用，产生大量的热能，供人体消耗；二是体积小，热量高，产妇只要在临产前吃一两块巧克力，就能够补充分娩过程中所需的大部分热量。

水果粥

有些水果粥也有助于分娩，如蜂蜜水果粥、香蕉百合银耳汤、水果沙拉等水都含有丰富的营养成分，具有滋阴养胃、清心润肺的作用，还可大大提高产妇的产力。

练习分娩时的用力方法

准妈妈可以从这一周开始，每天练习一两次分娩时的用力方法，一边想象着胎宝宝娩出时的感觉，一边练习。具体方法和步骤如下：

准妈妈仰卧，屈膝，抬起双脚，用双手从外侧抱住膝盖的内侧（右手抱起右腿，左手抱起左腿），脚后跟尽量靠近臀部，使双腿靠近下腹部，并充分地张开。大口吸气将胸部充满，然后像解大便时那样慢慢地向肛门用力。这时下颌要抵在胸口上，用力时不能漏气。稍后用鼻子将气慢慢地呼出，从吸气→用力→呼气结束，大约需要15秒钟左右。

孕39周最佳胎教方案解析

产前忌吃难消化的食物

临产期间，由于宫缩的干扰及睡眠不足，产妇胃肠道分泌消化液的能力降低，蠕动也减弱，吃进的食物时间也由平时的4小时增加至6小时，极易积食。因此，产前最好不吃难消化的油炸或肥肉等油腻的食物。

可吃些容易消化、高热量、低脂肪的食物，如粥、面条、牛奶、鸡蛋、鱼汤等，以增加体力。还可以饮一些红糖水、猪骨汤等，以补充足够的水分，为分娩时失去过多水分做好储备。

准妈妈需有勇敢的心理

分娩的过程尽管相对于宝宝的一生来说是极为短暂的，但这一过程将影响一个人未来的性格、脾气和气质。

准妈妈在分娩的过程中，子宫是一阵阵收缩，产道才能一点点地被攻开，宝宝才能顺利生下来。在这一过程中，母体产道产生的阻力和子宫收缩帮助胎宝宝前进的动力相互作用，给产妇带来不适，这是十分自然的现象，不用紧张和害怕。母亲这时的承受能力，勇敢的心理，也会传递给胎宝宝，是胎宝宝性格形成的早期教育。

欣赏《春天来了》

《春天来了》是根据福建民间歌舞《采茶灯》曲调编成，充分表现了采茶姑娘欢快的劳动和对春天到来时的喜悦、赞美之情。

此曲的引子是节奏自由的散板，好似春回大地，万物苏醒。

主部：以福建民歌《采茶扑蝶》为主部的、轻快活泼的旋律，歌唱春天的到来。

第1插部：转为抒情的慢板。抒发了采茶姑娘们怡然自得的喜悦之情；接着是主部的第1次再现，更增添了音乐的欢快气氛。

第2插部：与主部的对比更强烈，它以云南民歌《小河淌水》的音调为主题，鲜明地刻画了春回大地的动人意境。

准妈妈在倾听音色丰富、配乐多样、形式新颖的乐曲时，要努力营造出自己内心的欢快、喜悦之情。

尾声中速度不断加快，力度不断加强，最后在高潮中结束全曲。

给胎宝宝更多光明

孕10月，准父母要继续对胎宝宝进行光照胎教，因为这个时期准妈妈的腹壁、子宫壁已变得更薄，光线易于透过，用不刺眼的柔和光线可以增加胎宝宝对明暗的感觉，以此提高胎宝宝对光的敏感度，初步促进生物钟的建立，对胎宝宝大脑的发育和成熟极为有利。

每晚在听完音乐之后，准爸爸用手电筒，将玻璃光罩直贴在准妈妈的腹壁上，约在宫底以下三横指处对胎宝宝进行照射，每次照射2~3分钟。

和胎宝宝聊聊相见的话题

快临产了，准妈妈该和胎宝宝聊聊如何见面的话题。可以多和胎宝宝说话，告诉他，父母会爱他，保护他，会给他以安全和快乐，父母时刻期待他安全降生。

阵痛好比胎宝宝发给准妈妈的短信息，是在告诉准妈妈：“妈妈，我已准备好要出来了。”准妈妈要用行动和母爱迎接宝宝诞生。

准妈妈可以对胎宝宝说：“宝宝，你就要离开妈妈的身体，到这世界上来了，妈妈和爸爸很想早日见到你，你一定要和妈妈配合好，勇敢地走出来。”

准爸爸贴近妈妈的肚皮说：“宝宝，爸爸妈妈非常欢迎你，时刻等待你降生，你看爸爸给你准备了床、衣服和被子，还有你爱玩的玩具，出来吧，全家都在欢迎你。”

如果胎宝宝对准爸爸、准妈妈有轻轻的胎动回应，你们一定要夸奖一下这个“懂事的好孩子”呀！

教胎宝宝认识图形

此时胎宝宝的感官器官都已发育成熟，视觉、听觉、触觉等都已具备，准妈妈可以着手进行图形教学。

用鲜艳的彩色硬纸，剪成几个不同颜色的正方形、长方形、三角形、圆形等形状，准妈妈深情地告诉胎宝宝：“你看妈妈手里拿的黄颜色的正方形，正方形是4个边一样长，4个角相等，都是直角，你看咱家的餐桌是正方形的。你再看这个，这是绿颜色的长方形，长方形是两个边长两个边短，4个角也都是相等的直角。”

然后把三角形和圆形也都如此讲一讲。

孕40周最佳胎教方案解析

为产后哺乳储备营养

到了妊娠第10个月，打算母乳喂养的准妈妈就要开始为产后哺乳储备营养了。此时应适当吃些牛奶、鸡蛋、鱼、肉等优质动物蛋白或大豆制品。另外，妊娠最后一个月，准妈妈也要适当多吃一些素食，既可控制体重增加，又可补充充足的维生素和矿物质，缓解身体不适。

丝瓜络

老一辈的都喜欢将丝瓜与鲤鱼、猪蹄、腰花一起煨汤，喝下后发现乳汁分泌旺盛。其实这主要还是高汤的作用，单纯将丝瓜煨汤是达不到催乳的效果的。如果把丝瓜络和肉炖煮，可以起到催乳的作用。

莴笋

莴笋也是很好的催乳食物，有很好的催乳功效，准妈妈可用莴笋烧猪蹄，这种食法不仅不油腻，清香可口，而且比单用猪蹄催乳效果更佳。

花生

花生富含脂肪、人体生命活动所需各种氨基酸，并且很容易被人体消化吸收。花生适用于脾虚反胃、水肿、女性白带过多、贫血及各种出血症及产后催乳时食用。

①世界上最小的岛是什么？

②有一个人走在沙滩上，回头却看不见自己的脚印，为什么？

③一头牛，向北走10米，再向西走10米，再向南走10米，倒退右转，问牛的尾巴朝哪儿？

【答案在359页】

每餐吃点水果

宝宝从出生到3个月大，这期间的健康保障完全依赖于在胎儿时期从妈妈身体里得到的免疫功能和母乳中所含的免疫物质，这里最重要的是维生素C。

维生素C有“天然的抗氧化剂”之称，对疾病的抵抗能力很强。尤其是可减弱过敏源的作用及缓和特异性皮炎等作用。

准妈妈们每餐都要吃水果以摄取维生素C，因为维生素C在体内只能存在2～3小时，很快就要排泄掉。以含维生素C丰富的柑桔为主，多次摄取是最好的方法。

让助产音乐帮助母子放松

在妊娠的最后一个月里，准妈妈可综合多种方法对胎宝宝进行胎教，以促进胎宝宝大脑的发育，但要注意不能选用高频声波宜选择舒缓优美、节奏不强、音量不大的音乐。

分娩是每一位母亲必须经历的大事。如何消除产妇的恐惧，减少分娩的痛苦，有关专家们研究出了不少方法。这里向准妈妈介绍一种助产音乐。准妈妈可以不失时机的借助产音乐，给胎宝宝进行最后的音乐胎教。

助产音乐在准妈妈分娩的过程中使用，可以帮助准妈妈专注于生产，缓解激动、不安的情绪。

助产乐曲长70分钟，其中除了有各种乐器声如小提琴、和弦和打击乐器外，还有胎宝宝的心跳声。乐曲以16节拍的主旋律为主，不断重复节奏，使准妈妈产生相应的节奏感，呼吸变得更有规则和有层次，从而提高准妈妈在分娩过程中的呼吸技巧。不论乐曲从何处开始播放，准妈妈都能轻松地融入主旋律，而胎宝宝也将在这种轻松的音乐当中完成从子宫内分娩出的过程。

准妈妈，产前多溜达

在分娩之前，最好的运动方式就是在准爸爸的陪伴下多溜达溜达。在溜达的同时，准妈妈稍稍调整一下自己的步伐，还可以达到减压的效果。

首先要以放松短小的步伐向前迈，一定要以一个你感觉到舒适的节奏进行，手臂自然放在身体两侧，你还可以在散步的时候训练分娩时的呼吸方法：用鼻子深呼吸，然后用口呼吸。当然，如果你能够在空气清新的户外或者绿荫下进行这种散步就更好不过了。

各种方法灵活运用

妊娠的最后一个月，胎宝宝已基本发育成熟，此时各种胎教对胎宝宝都可以使用。所以，准妈妈在这时要将各种胎教方法综合进行，灵活应用，对胎宝宝进行全面的胎教训练，提高胎宝宝的先天素质。

做法是：每天清晨起床，都要轻轻拍着腹中的胎宝宝，对其说一些关于天气或问候的话语。然后到户外散步，可以边散步边对胎宝宝进行抚摸和说话。晚上睡觉前则进行音乐胎教，一边听音乐一边抚摸胎宝宝。

准妈妈也可以用包括写字、书法、绘画进行胎教，给胎宝宝胎教的同时要联想实物，如：苹果、梨、牛、羊、蔬菜等。边讲边想像物体的形态、颜色。准妈妈写字或绘画时，也边写边讲。如：画竹子时可讲“先画一个圆圆的、长长的竹身，竹子是一节一节的，再画两根半圆弧的曲线，这是竹的节……”

当然，每个准妈妈可以根据自己的实际情况来选择适合自己的胎教方法。

随着妊娠天数的一天天增加，尤其到了妊娠晚期，准妈妈开始盼望宝宝早日降生。宝宝出世，也就意味着胎教的结束。准妈妈在期待同宝宝见面的同时，也要好好把握最后的胎教时刻呀！

准爸爸，胜任助教一职

准爸爸要克服焦虑情绪

临近预产期，不仅准妈妈会出现焦虑情绪，准爸爸的心里也不会很轻松。但为了准妈妈和胎宝宝的健康，准爸爸一定要勇敢地面对，及时调整，努力克服产前的焦虑情绪，准爸爸的自信能给准妈妈树立好的榜样，帮助胎宝宝顺利出生。

需要注意的是，作为妻子精神上的支持者，准爸爸一定调整好自己的情绪和心态，这样才能给予妻子积极的心理暗示，让她积极地面对这个自然的生理过程，而不要总是给她带来坏消息，让她未战先怯。

准爸爸要把正确、实用的生育知识告诉准妈妈。平时可以向那些有顺利分娩经验的人请教，并把这些好的消息带给你的妻子。你还可以常和她一起想象未来的宝宝有多可爱，有了宝宝以后，家庭是多么的幸福。

准爸爸被焦虑情绪困扰时，不妨多参考以下建议：

- 多看看孕产专业的书籍，了解相关知识，做到心中有数，增强自信。
- 不要把宝宝的到来只看成是一种责任和压力，应该是一种乐趣。用平和的心态去对待即将出生的胎宝宝，不要有太多过高的期待，压力自然就变小了。

- 如果对于准妈妈生产过于担心，可以抽出半天时间去医院实地查看一下，那样准爸妈就会发现之前所担心的场景，其实在准妈妈生产时都不一定会出现。

临产前的任务

这个时期，准爸爸应该把所有的一切都准备好，随时准备迎接宝宝的到来。在临产之前，准爸爸要张罗好多事情：每周陪准妈妈去医院检查，联系好医院；如果老人不在身边，又没有别的亲人帮忙，准爸爸就得合理安排好工作，抽出一定时间陪伴准妈妈；做好家务，鼓励准妈妈做好胎教最后一课，千万不可就此放弃了胎教；除了做饭洗衣服之外，还要陪着准妈妈多活动，出去散步（不宜走得过远，在家附近为好）；充实准妈妈的孕期生活，必要时还得做好准妈妈的思想工作，帮她调整心态，使之不焦不躁，内心平和，这些对分娩都大有好处。

特别提示

孕晚期，准妈妈容易多梦，这些梦总与怀孕、宝宝等有关。准爸爸不要对她的诉说表现得心不在焉，哪怕再困，也要认真听她诉说。

另外，到了孕晚期，准妈妈睡眠可能会很少，一夜醒好几次。她反复翻身时会把你吵醒，这时，你可以起来陪她聊聊天，听会儿音乐。

孕10月，准爸爸备忘录

准爸爸最好从准妈妈预产期的前2周开始，就陪伴在准妈妈身边，以免准妈妈独自一人面对分娩。这也是准爸爸义不容辞的责任。

- 准妈妈面临分娩，可能有些思想压力，有些烦躁不安的情绪，准爸爸除了给予宽容、理解外，还要给予关心和照顾。
- 帮助准妈妈学习有关分娩的知识，了解分娩是一个自然的生理过程，不让准妈妈过分担忧。
- 为准妈妈分娩、小宝宝的到来做好精神上、物质上、环境上的准备。可以和准妈妈共同学点哺育婴儿的知识，检查宝宝出生后用具是否准备齐全。

小谜语、脑筋急转弯答案

40页　①把“冰”字去掉两点，就成了“水”。 ②傻瓜。
③最后一个小朋友把盆子一起拿走了。

69页　①风车。 ②打瞌睡。

87页　①镜中的小华。②用来包蛋清和蛋黄。 ③小明是老师。

176页　①晕过去了。 ②逃跑的犯人名字叫“全都”。 ③当然叫小明。

178页　①飞机停在地上。 ②盲人。 ③铁锤当然不会破了。

188页　①日报。 ②她用历史课本当枕头睡。

203页　①牙刷。 ②暖水瓶。

209页　①炒鱿鱼。②两个半小时不就是一个小时吗。

223页　①没有彩色照片。 ②他在瞄准敌人。

267页　①镜子。 ②锅。

269页　①冰箱。　②袜子。　③不倒翁。

272页　①绵羊。　②荷花。　③碗。

297页　①西瓜。　②显微镜。

311页　①螃蟹。　②马。

319页　①蒜。　②雨伞。

323页　①锁。　②扣子。　③针。

354页　①马路上的安全岛。　②因为他倒着走。　③朝下。

内 容 提 要

人类的教育源于生命的初始，胎教的意义远远大于胎教本身。准妈妈的说话、走路、工作、起居、运动、娱乐甚至看书、写字都与胎教相关。胎教更像是一种陪伴，陪伴准妈妈走过十月怀胎的幸福、艰辛之路，陪伴胎宝宝从无到有，从“小”到“大”。本书正是集胎教内容之精华，聚胎教知识于实操，给准父母以最轻松、直接、简洁的胎教素材，让准妈妈开心做胎教，快乐过孕期。当然，胎教不能把准爸爸拒之门外，在书中，准爸爸也可以找到自己的胎教“角色”。

图书在版编目（CIP）数据

完美胎教全解/刘婷编著.--北京：中国纺织出版社，2013.11

（亲·乐悦读系列）

ISBN 978-7-5064-9243-0

Ⅰ.①完… Ⅱ.①刘… Ⅲ.①胎教—图解 Ⅳ.①G61-64

中国版本图书馆CIP数据核字（2013）第156450号

策划编辑：樊雅莉　　责任编辑：杜　磊　马丽平　　责任印制：何　艳

中国纺织出版社出版发行
地址：北京市朝阳区百子湾东里A407号楼　邮政编码：100124
邮购电话：010-67004461　传真：010-87155801
http: //www.c-textilep. com
E-mail: faxing@c-textilep. com
北京佳信达欣艺术印刷有限公司印刷　各地新华书店经销
2013年11月第1版第1次印刷
开本：635×965　1/12　印张：30
字数：271千字　定价：36.80元
